U0079056

普天之下・盡是好書
普天出版家族
Popular Press Family

A-Plus Creative Company
凌雲文創

史上最牛的曹操正史
講述亂世奸雄稱霸之路
曹操是史上最牛的梟雄，也是史上最卑鄙的奸雄，臉厚心黑，卻具雄才大略！
在東漢末年各家軍閥逐鹿糾結的情勢中，曹操橫空出世，挾天子令諸侯，
把皇帝當傀儡的同時，也廣納人才，聽取諫言，開創自己的雄圖霸業。
眾所皆知，曹操是個心機深沉、疑心病重的人，也是個聰明靈活的領導高層，
更是個在青史上翻起滔天爭議的梟雄人物！
你可能不認同他的卑鄙奸詐、跋扈專斷，
卻必定會為他的一生感到驚奇，
一個遊蕩無度的少年，
究竟如何在群雄競逐中走向稱霸之路，
成為千古第一奸雄？
厚黑奸雄曹操
Despicable Hero Cao Cao
梟雄爭霸·千古奸雄
齊山峰 著

《作者序》

厚黑奸雄稱霸之路

從一個小吏成長為魏王，曹操的故事是一部活生生的成功史。你愛他也好，恨他也好，他就是這麼一個成功的人，你不得不佩服他。

曹操是史上最牛的梟雄，也是史上最卑鄙的奸雄，臉厚心黑，卻具雄才大略！在東漢末年各家軍閥逐鹿糾結的情勢中，曹操橫空出世，挾天子令諸侯，把皇帝當傀儡的同時，也廣納人才，聽取諫言，開創自己的雄圖霸業。

眾所皆知，曹操是個心機深沉、疑心病重的人，也是個聰明靈活的領導高層，更是個在青史上翻起滔天爭議的梟雄人物！

你可能不認同他的卑鄙奸詐、跋扈專斷，卻必定會爲他的一生感到驚奇，一個遊蕩無度的少年，究竟如何在群雄競逐中走向稱霸之路，成為千古第一奸雄？

本書以史料為基礎，以年代和具體人物為主線，並加入小說筆法，對曹操和其他英雄人物以及小人物的命運進行全景展示，尤其對官場政治、戰爭著墨最多，並加入對當時政治經濟制度、人倫道德的演義，講述曹操如何由一個問題少年慢慢變成一名成熟的政治家。

曹操從二十歲出道，打黃巾、反董卓，占兗州、討陶謙，到挾天子以令諸侯，後來發兵征張繡、伐袁術、滅呂布、擊劉備、破袁紹，最後獨霸中原，一直到征劉表，赤壁兵敗，再到曹、孫、劉三方鼎立……

筆者努力為大家展示一個有血有肉、有情有性的眞實曹操人生，重現三國那段波瀾壯闊的時代，講述一個英雄的亂世生存之路。

因為曹操身份特殊，是宦官之後，這對他一生的影響很大，因此筆者從他爺爺曹騰說起，不惜大筆書寫曹騰的奮鬥史，因為沒有曹騰，就沒有後來的曹操！

本文態度嚴謹，語言幽默風趣，旨在讓大家更加瞭解曹操，屬於老少咸宜的歷史通俗讀物，還受到文史研究學者沈忱沈前輩的好評。

現在市面上寫曹操的書很多，不過，相當多的書還是以說教的形式講述，枯燥無味，相信沒幾個人願意拜讀。有的甚至正史野史混在一塊，給人的感覺很亂，不僅不能引導讀者認識眞正的曹操，反而誤導讀者。

此外，很多寫三國的書都是照著《三國志》、《後漢書》翻譯一遍，只簡簡單單地講，而沒有解，有的甚至受「揚劉抑曹」思想的影響，不能客觀對待歷史。

事實上，從一個小吏成長爲魏王，曹操的故事是一部活生生的成功史。

他出身不好，幾乎白手起家，卻能雲集如此多高手，並在艱險複雜的環境下屹立不倒，實乃當時第一人。

你愛他也好，恨他也好，他就是這麼一個成功的人，你不得不佩服他。

拜羅貫中《三國演義》所賜，一提起曹操，大家就罵「殺人不眨眼」、「奸賊」、「小人」……等等，筆者不想爲曹操正名，也沒那個能耐幫他正名，只想展示給大家一個眞眞切切的曹操。

我寫的曹操，參考《三國志》、《後漢書》以及其他衆多相關的著作，在尊重歷史的前提下，以嚴謹的歷史態度、通俗幽默的語言、小說的筆法，講述一個眞眞實實的曹操，有血有肉有情有性，努力還原那段波瀾壯闊的歷史，絕對讓讀者們耳目一新。

當然，裡邊還夾雜著我自己的一些看法，相信也能給讀者帶來一些啓示。

為了讓本書更吸引人，我在字裡行間刻意減少枯燥乏味的議論，大量採用敘述、抒情的方式講述曹操生平事蹟，同時努力挖掘曹操的心理層面活動，展現出這位千古奸雄不為人知的一面。

本文著重講述他的人性，透過本書，讀者將看到一個生性狡詐，擅長權謀霸術，雄才大略而又活生生的歷史梟雄。

有人說他性好漁色，有人說心思深沉，也有人說他是毫無人性的屠夫，這樣一個備受爭議的人物，如何在腥風血雨的戰場、陰謀密佈的官場，靠著心機、手段，一一幹掉自己的對手？

翻開本書，相信你會得到想要的答案！

・本書是《卑鄙奸雄曹操》全新修訂合集，謹此說明

【作者序】厚黑奸雄稱霸之路

第1章 家世不明

曹騰被孫子的孫子曹叡追封為高皇帝，成為中國歷史上唯一一個擁有皇帝稱號的宦官，他為曹家的發展壯大開闢了道路，沒有他，就沒有後來的曹操。

第2章 外戚VS宦官

外戚派也好，宦官派也罷，他們的工作宗旨都一樣，毫不利人，專門利己。無論誰握著權柄，首要工作都是先解決門派內部人員的就業問題。

第3章 初入江湖

曹副局長一上任，第一把火就是先維修辦公樓，又造出若干根五色棒，掛在公安局門口，發下通知，聲明凡是有人敢違法京師治安管理條例，不管你是誰，一律亂棒打死。

第4章 全國通緝犯

曹操沒有袁紹那樣的家庭背景，沒人甘願冒著生命危險替他向董惡魔求情，他只能馬不停蹄地往東逃，從此隱姓埋名、餐風宿露，逃得甚為辛苦。

第5章 打倒奸賊董卓

曹操雖然已經三十多歲，仍舊血氣方剛，一直堅守著自己的理想，原本以為關東聯軍和自己有著同樣目標，才會走到一起，沒想到自己大錯特錯！

第6章 王者霸業

能夠找到荀彧這樣一位同志，曹操欣喜若狂，把荀彧比作自己的張良，其實曹操錯了，他低估了荀彧的水準，荀彧＝張良＋蕭何！

第7章 地盤越大越好

曹操暗自冷笑，老子辛辛苦苦才終於把兗州擺平，怎麼可能拱手送人？接著派人到半路上截堵金尚。金尚無法進入兗州地界，只好拐個彎，到南陽投奔袁術去了。

第8章 天下第一勇士

「人中呂布，馬中赤兔！」眾所皆知，呂布騎射功夫了得，單挑功夫更是天下第一，可此人沒有謀略，放到現代來說，就是個頭腦簡單、四肢發達的運動型人才。

第9章 奉天子以令不臣

曹操認真聽取董昭同志的意見和建議，深切表示贊同之情，與董昭交談完後，便向大家宣佈，「由於洛陽城過於殘破，又沒有糧食吃，暫請天子去魯陽住上一段時間。」

第10章 跳槽專業戶

賈詡跳槽後，段煨果然對他的老婆孩子很周到。另一方面，張繡也熱烈歡迎賈先生，更以子孫之禮拜見接待。顯見他看人的眼光賊準……

第11章 戰河南

呂布忽地發現劉備在曹操身邊，自己先前曾經轅門射戟救過他，對方應該會在危難之中拉自己一把吧？一直保持沉默的劉備終於開口，不想，這一開口竟要了呂布的命！

第12章 決戰官渡

打仗就是燒錢，沒錢的人玩不起，古今皆然，與袁紹這個大富豪相比，曹操頂多是個鄉下的小地主，地盤沒有袁紹大，人口也沒有袁紹多，錢糧更是沒有袁紹充足。

第13章 定河北

曹操輕兵前進，五月抵達無終，卻逢夏天多雨，電閃雷鳴暴雨不斷，雨水阻絕道路，曹軍只得停下，等這場雨停，沒想到一等就是兩個月過去。

第14章 建安十二年

建安十二年，曹操失去郭嘉，便如折斷一隻胳膊，氣勢趨弱。另一方面，劉備得到臥龍諸葛亮，猶如長出一雙翅膀般，正待肆意飛翔，天下大勢開始向劉備一方傾斜。

第15章 建安十三年

曹操的理想已不再是所謂的興復漢室，大漢這座即將坍塌的大廈已經沒法扶，他要開闢一個嶄新的時代，一個屬於自己的時代！

第16章 江東大開發

71天下英雄誰敵手／367

江東能在三分天下當中占有一席之地，除了孫權領導有智慧有衝勁之外，其中，還有五個很重要的人，若沒有這五人，絕無法與天下群雄相爭。

第17章 目標，荊州！

曹操順利地到達荊州，舉行了隆重的受降儀式，不費一兵一卒，荊州便成為囊中之物。

亂世奸雄
曹操

第21章 新的開始

曹操表現得倒很鎮靜，「猶據胡床不動」，眼看就要死於非命了，說時遲那時快，許褚、張郃趕緊拉起曹操，立馬往船上奔。

第22章 曹營第一將

合肥一戰中，能以七千守軍力敵十萬之眾，不僅前無古人，恐怕也後無來者。從此，張文遠光榮當選為江東群眾嚇唬小孩的形象代言人。

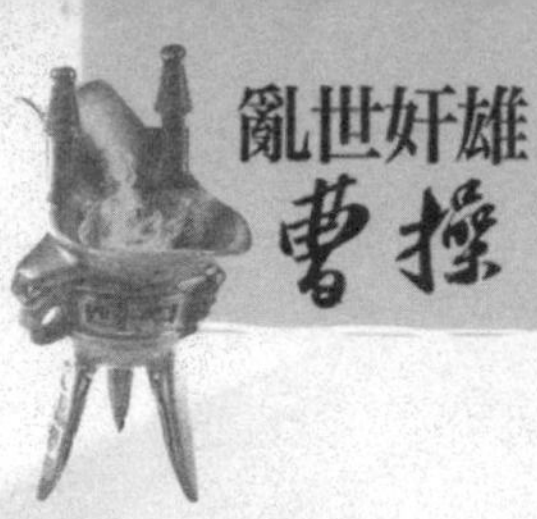

第23章 世外桃源

曹操情報工作沒做好，一聽人說張魯很好打，陽平關本身沒啥地形，易攻難守，便真的相信了，興高采烈地前去一看，登時傻眼，什麼易攻難守？簡直扯淡，易守難攻才是真的！

第24章 野心

隨著權力越來越大，野心也越來越大，加上意識到大漢已經扶不起來，人力也無法阻擋，現在曹操腦海中想的只有一件事，取漢而代之！

第25章 接班人

曹操臨之前，沒有召見曹丕，也沒有召見曹植，反而想見曹彰。之後，曹彰跟曹植說：「先王召我來，就是想立你！」千古之謎都出在這句話上，曹操真這麼想嗎？

第26章 最後一戰

事情弄到這般田地，關羽心想，荊州是回不去了，不如去益州吧，劉老闆一定會替自己做主的。不幸的是，他哪裡也去不了，因為孫權壓根不想讓關羽活下去！

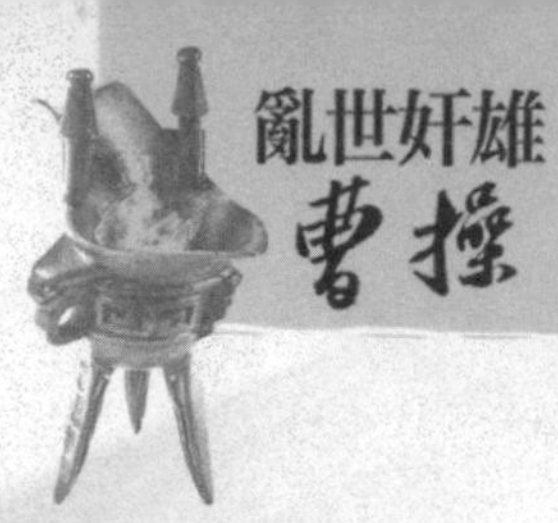

第27章 大結局

當你們看到這段文字時，或許有人會指責嘲笑，有人會罵我。但我心裡怎麼想就怎麼說，不會遮遮掩掩，我曹操就是這樣的人，隨你們怎麼看，我就是我！

第1章 家世不明

曹騰被孫子的孫子曹叡追封為高皇帝，成為中國歷史上唯一一個擁有皇帝稱號的宦官，他為曹家的發展壯大開闢了道路，沒有他，就沒有後來的曹操。

1 爺爺做了宦官

小曹騰很幸運，做完閹割手術後，堅強地活了下來——要知道，古代手術沒麻醉也不衛生，風險相當高，能在手術後安然存活，真是阿彌陀佛，菩薩保佑啊！

話說東漢年間，豫州沛國譙縣裡住著一個老實人，叫曹節，字元偉（有的史書寫作「曹萌」），一切的一切，就從曹節開始說起。

不知是沒有機會，還是沒有興趣，曹節同志一生不曾做過官。

反正閒著也是閒著，在家養豬吧，那年頭養豬可不像現在，一夜之間便能製造出若干暴發戶，古代養豬基本上就等逢年過節時宰了，拿來祭拜祖先或是自己享用。

沒想到，養豬還真能養出事來。

某天，鄰居家的豬離家出走，碰巧那頭豬跟曹節家的豬長得很相似，鄰居到他家一看，怒道：「原來我們家的豬跑到你這來了！」接著不管三七二十一，馬上把豬帶回自

己家裡去。

曹節畢竟是個老實人，沒有和這位沾有流氓習氣的鄰居爭執。

後來，離家出走的那頭豬可能在外邊找不到東西吃，自己跑回來，鄰居很不好意思，把曹節同志的豬送回來，並表示深深的歉意，「大家都是街坊鄰居，還望元偉兄多多見諒。」

曹節同志道德修養很高，不是那種得理不饒人的主，不管怎樣，自己的豬回來就好，其他皆一笑而過。

這件事，經過報導，全村都知道了，說不準村長還發出了一份向曹節同志學習的公告，最後被西晉史學家司馬彪記在《續漢書》裡頭。

曹節有四個兒子，小兒子叫曹騰，字季興，就是曹操的爺爺。史書上沒有記載其他三位哥哥名字，只知道他們的字分別是伯興、仲興和叔興。

雖然有養豬，但曹節家人多，溫飽問題還是無法解決，畢竟人口一多，糧食就不夠吃。曹節實在沒轍，爲了全家人塡飽肚子，他痛下決心，讓最聰明的兒子曹騰去做宦官（「太監」一詞要到遼國時才會出現）。

所謂不孝有三，無後爲大，中國人的傳宗接代觀念很濃，雖然宦官有錢領、能溫飽，算是個不錯的職業，但畢竟挨了一刀，失去生育能力，不男不女，飽受歧視，是件極不光彩的事，非到萬不得已，不會去當宦官。

曹節也是在痛苦中掙扎了很久，才不得不讓兒子走上這條路。

小曹騰很幸運，做完閹割手術後，堅強地活了下來——要知道，古代手術沒麻醉也不衛生，風險相當高，能在手術後安然存活，眞是阿彌陀佛，菩薩保佑啊！

2 宦官圈子

皇宮裡的宦官有數千人，其中大多數都只能打雜幹活做勞力，被歷史的塵沙重重掩沒，想出人頭地，必須混到小黃門、中常侍……這些上層宦官行列才行。

宦官有多種稱謂，比如寺人、閹人、中官、貂璫、黃門及太監等，最後一個大家肯定相當熟悉，罵人時經常用得到。

不變的是，只要一提起宦官，廣大人民群衆便深惡痛絕，印象中，宦官面目猙獰、心狠手辣、卑鄙無恥、殘害忠良、無惡不作，是群身心不健全的變態。

其實，相當多的宦官來自貧困家庭，吃不飽穿不暖，嘗盡人生悲苦，在走投無路的情況下，爲了活下去，才以大無畏的精神勇敢踏上手術台，挨了這醫療風險極高的一刀，淨身入宮做宦官。

進宮後，作爲新來的，主要工作是打掃衛生，幫主子端尿盆，同時還得忍受上司或前輩的欺負。伴君如伴虎，宦官必須時刻小心謹慎，哪怕只是做錯芝麻大的事，也可能馬上提前到閻王爺面前報到。

在皇帝主子眼裡，宦官是一群會說話的狗，說句更不好聽的，地位甚至連狗都不如，他們雖然是人，卻沒有尊嚴、沒有人格、沒有地位，更沒有權益，天天受人鄙視、供人驅使，過著心驚膽跳的日子，怎一個慘字了得！

這幫沒有文化的宦官，落在皇帝手中，可是相當不錯的工具，不要以爲會重用宦官的皇帝都是傻瓜，他們可聰明了，懂得利用宦官來對付外戚、士人。

士人很惹皇帝討厭，皇帝想蓋房子，這群人說是勞民傷財；要是出去遊玩，就是不務正業、不體恤民情；連想跟老婆睡覺，也會被說有損龍體，不可過繁……還會勸皇帝多讀書，多向某某古聖先賢學習，相當使人討厭。

外戚就不一樣，完全不會嘮叨，卻會看皇帝年紀小好欺負，直接架空帝權，弄得一國之主對這些人不僅僅厭煩，還有更多的恨意。

在這種情形下，皇帝需要找幫手來對付他們，最接近身邊的就是宦官，便選擇讓他們幫把手，賦予他們權力，讓他們爲自己賣命。

宦官手中有了權力，一旦掌權，這些人就由可憐變成可怕！

由於比正常人少某樣東西，宦官本來就有心理陰影，再加上長期受到豬狗不如的非人待遇，更是容易產生屈辱感、自卑感，恐懼一天天膨脹，內心越來越憋屈，最終導致心理扭曲變態，等到掌權後，便徹底爆發，用極其殘暴的手段向社會證明自己的存在。膨脹的權力使他們變得極度自私貪婪、殘忍無恥，順便發揮結黨營私、排斥異己、玩弄權術、撥弄是非的特長。

不過，皇宮裡的宦官有數千人，當中大多數人都只能乖乖打雜幹活做勞力，被歷史的塵沙重重掩沒，要想出人頭地，必須混到小黃門、中常侍、大長秋、長信少府這些上層宦官行列才行。

在這裡先為大家簡單介紹一下高級宦官們的日常工作。

小黃門，當諸公主及王太妃有病時，使問之，表現得好，就有機會被提拔為中常侍或大長秋。

中常侍：掌管文書，傳達詔令，侍奉皇帝左右，是皇帝近侍首領。長期在皇帝身邊工作，與皇帝的關係肯定不一般，有志宦官們多以中常侍作為自己的奮鬥目標。

大長秋：負責宣達皇后宮命，管理長秋宮（皇后所居宮殿）各事，是皇后的近侍首領，也是級別最高的宦官。

長信少府（或者叫長樂少府）：負責宣達太后宮命，管理長信宮（太后所居宮殿）各事，侍奉太后左右，是太后的近侍首領。皇后熬成了太后，大長秋也會跟著升級。

要是能爬到前述任何一個位置，就能脫離低階層級，躍升為一名成功的宦官，受後世景仰——基本都是供後人唾罵，免遭口水的也就那麼幾個。

做宦官難，做一個名宦官，更是難上加難！

作爲一個有志青年宦官，想從數千人中脫穎而出，除了要靠自己拼死拼活地努力奮鬥，也得盼著祖墳冒青煙，總之，曹騰的路還很長。

做完手術，靜養一段日子後，小曹騰便進宮了。皇宮裡的一切都是那麼新鮮神奇，他卻沒時間欣賞，他是來給人當奴僕，不是來參觀旅遊的。

就像當兵一樣，爲了「照顧」這位新來的小弟（不知道這個稱呼合不合適），髒活累活苦活都分配到曹騰同學身上，說不定還要處理早來幾天的宦官一些洗襪子、倒洗腳水之類的瑣事，三百六十行，行行不好混啊！

畢竟是從窮苦人家走出來的孩子，曹騰沒有抱怨，不偷懶、不違紀，也不惹事，只是認認眞眞、踏踏實實地工作，對他來說，只要能有口飽飯吃已經足夠。

懂事的曹騰很快被提拔爲黃門從官，調到上司（黃門令或小黃門）身邊工作，與最高領導照面的機會也多了，不管業務水準如何，起碼先混個臉熟再說，自盤古開天闢地、女媧造人以來，凡是行走江湖，混臉面一直是相當重要的竅門。

日子一天天過去，表現穩定的曹騰很受上級重視。

3 皇帝的同學

皇太子是什麼?是未來的皇帝啊!跟他混,準沒錯!太子一旦執掌天下,身為老同學的曹騰再怎麼樣也能沾些光吧?加官晉爵、榮華富貴是早晚的事。

當時的皇帝是漢安帝,名叫劉祜(音同護),這位同學除了吃喝玩樂以外什麼都不會,讓臨朝主政的鄧綏鄧太后極爲傷心。恨鐵不成鋼之餘,老太太只好於永元元年(西元一二〇年)時立十五歲的劉祜之子劉保爲皇太子,另尋後路。

爲了將劉保同學培養成一個拿得出手的皇帝,鄧太后決定加強皇太子的教育工作,還下令爲他找名陪讀人員,以免劉保過於孤單。

畢竟是替皇太子選同學,自然得精挑細選馬虎不得,爲此,評委鄧太后提出幾項參選條件:

一、必須是黃門從官,其他部門從業人員別來湊熱鬧。

二、年齡要小，約莫十五歲左右，以免與劉保同學有代溝，年齡太大的青年免談。

三、性格謹愼，忠厚老實。有多動症、愛惹事或是品行不端的小子全都靠邊站。

改變命運的時刻到了！

這些條件可說是爲曹騰同志量身打造，他從事黃門從官工作已經很長一段時間，因爲從小進宮，年齡也不算大，只比劉保早生幾年，最重要的是，他繼承了曹老爹忠厚老實的優良傳統，在宮中做事謹愼，爲人低調。

上司也沒多留心眼，直接把曹騰推薦上去，這麼一來，符合各項指標的曹騰便光榮中選，成了皇太子劉保的同學。

皇太子是什麼？是未來的皇帝啊！跟他混，準沒錯！太子一旦執掌天下，身爲老同學的曹騰再怎麼樣也能沾些光吧？加官晉爵、榮華富貴是早晚的事。

曹騰同志前途光明一片，還可以學習衆多文化知識，也不用繳學費，相信很多人既羨慕又嫉妒，這也沒辦法，誰讓顯靈的是人家祖宗呢？

鄧太后的這個決定，不僅改變曹家的命運，更改變了大漢王朝的命運！

從此，曹騰與未來的皇位接班人劉保同學天天泡在一塊兒，一起上學，一起玩耍，一起聊八卦，久而久之，兩人建立起一份深厚的友誼。

劉保同學肯定不止一次地對曹騰同學承諾，「哥兒將來發達了，絕對忘不了你，有我一口飯吃，就有你一口湯喝！」

事實證明，劉保同學沒有撒謊，完全做到「苟富貴，毋相忘」的心意，西元一二六年，當他接過老爹的棒，坐在龍椅上變成漢順帝後，先是讓老同學曹騰當上小黃門，隨後便提拔爲中常侍，把曹同學放在自己身邊，如此一來，不僅身邊有個值得信任的人，腦袋不夠用要找人出主意時也非常方便。

作爲宦官中的成功人士，曹騰既自豪又驕傲，現在有老同學劉保罩著，又當上了宦官頭頭，再也不用怕受人欺負，誰敢欺負他啊？換成別人，此時一定忘乎所以，橫行霸道，但曹騰依舊秉持低調做人的作風。他頭腦清醒得很，明白自己即使位階再高，說難聽點只是個奴才，其他不該做的事別做，管理好自己的一畝三分地就行。

到最後，也正是這種風格救了曹騰。

東漢末年，舉凡說得出名號的大宦官幾乎都身敗名裂、遺臭萬年，不是車裂就是被擊殺，後果悲慘無比，只有謹慎低調的曹騰能全身而退。

4 曹騰的選擇

基本上，東漢的宦官與外戚勢如水火，曹騰與梁冀走到一塊去的情況極為特殊，正所謂沒有永遠的朋友，也沒有永遠的敵人，只有永遠的利益。

轉眼間，十八年過去了。

這些年來，曹騰同志靠著與劉保同學的關係，要風有風，要雨有雨，生活很是滋潤，他也極爲滿意自己的生活。

然而，這一切在建康元年（西元一四四年）時開始轉變，因爲這一年劉保死了，曹騰頓失靠山。

即位的劉炳小朋友才兩歲，第二年就掛了，八歲的劉纘上崗，小朋友膽子很大，敢當著朝臣的面指著大將軍梁冀的鼻子說出「此跋扈將軍也」的話。

梁大將軍很生氣，後果很嚴重！一不做二不休，擺出「我是流氓我怕誰」的架勢，

直接把劉纘毒死，全然不負「跋扈將軍」的美名。

劉纘死時才剛滿九歲，沒來得及留下龍種，國家不可一日無君，天下不可一日無主，必須馬上找一個姓劉的塡補皇位的空缺。

當時，候選人有兩個。

候選人一號：

名字：劉蒜

爵位：淸河王

支持者：太尉（相當於國防部長）李固、司徒（相當於最高行政首長）胡廣、司空（相當於最高監察長）趙戒、大鴻臚（相當於外交部長）杜喬等

支持理由：劉蒜道德高尙，品行端正，與皇室血統最近，年齡也最長。

候選人二號：

名字：劉志

爵位：蠡吾侯

支持者：梁太后、梁冀兄妹等

支持理由：劉志是梁氏兄妹的準妹夫。

由於衆人意見不一，很難決定由誰當選下一任皇帝，弄得兩位候選人很著急，各方評審也很著急，就連曹騰也急得很。

在官場摸爬滾打多年，現在的曹騰已不是當初那個乳臭未乾的青澀少年，他成熟了，也學會了官場生態，知道老同學劉保不在，要想繼續混下去，必須重新找一座靠山，舉目四望，能投靠的人實在不多……經過一系列考察評估後，他決定投靠梁冀。

早些時候，曹騰本打算站到劉蒜的隊伍裡，也曾提著禮品，屁顛屁顛地奔劉蒜家去。令曹同志想不到的是，人家劉蒜根本就沒把他瞧入眼，完全不待見他。

碰了一鼻子灰的曹騰同志很是尷尬窩火，也很害怕，要換成劉蒜當皇帝，自己前途肯定完蛋，哪能讓他當皇帝？絕對不能！

爲了前途，坐立不安的曹騰只好帶著親信，連夜趕去梁冀家串門子。

梁冀何許人也？一個長得很對不起觀衆，也影響市容的惡霸；一個貪戀財色，患有妻管嚴的流氓；更是一個厚顏無恥、道德淪喪、心狠手辣、不講道理的人渣！

他一生好事不做，壞事做盡，連皇帝都敢殺，還有什麼不敢做的事？身爲大將軍（相當於三軍總司令），他手握兵權，黑白兩道都混得開，誰要是得罪了他，就得趕緊回家跟老婆孩子告別了。

梁冀，跋扈將軍也，沒人惹得起！想要平安無事地待著，投靠他確實沒錯，但這同

時意味著自己即將站在公道的對立面。

然而此時，對曹騰來說，前程顯然比公道重要得多。

梁大將軍在百忙之中熱烈歡迎和接待曹騰一行人，賓主雙方在親密友好的氣氛中進行會晤，雙方回顧了多年來的傳統友誼，並就共同關心的問題交換了意見。

曹騰同志指出，「將軍乃皇親國戚，手握大權，家中打手衆多，不免大錯常犯、小錯不斷。清河王是個聰明人，如果他當皇帝，一定會想方設法整死你，劉志當選的話，將軍才可永保富貴。」

梁冀同志對這觀點深表贊同，表示會認眞考慮，同時再次表達自己擁立劉志的立場，到最後，雙方一致認爲應該繼續加強各領域的合作，促進共同發展。

基本上，東漢的宦官與外戚勢如水火，曹騰與梁冀走到一塊去的情況極爲特殊，正所謂沒有永遠的朋友，也沒有永遠的敵人，只有永遠的利益，這份共同的利益把兩人推上同一條船。

第二天，梁冀召開緊急會議，與會者包括李固、杜喬、胡廣、趙戒等公卿大臣。會議上，梁冀再次申明自己支持劉志的立場，充分展示自己的惡霸嘴臉，態度極其蠻橫。

大家都清楚梁冀的流氓爲人，爲了人身財產安全，紛紛表示以梁大將軍馬首是瞻，只有李、杜二人本著與惡勢力鬥爭到底的大無畏精神，堅決地支持劉蒜。

見狀，梁冀氣得袖子一甩，宣布散會！

李固是一個正直固執的人，深信正義的力量終將戰勝，又向梁冀同志寫了一封信，信中動之以情、曉之以理，希望大將軍能改變心意，投劉蒜一票。

梁冀大為光火，看來對方不見棺材不落淚，便與梁太后合計，直接罷免李固，立劉志為帝，是為漢桓帝。

按照傳統，接下來就該大肆封賞功臣，這也是極為重要，大家最期待的一項手續，辛辛苦苦這麼久，還不就是為了分紅的一瞬間。

當中，出了不少氣力的曹騰同志被封為費亭侯，升任大長秋，加位特進。

「特進」是官職名，並非一般官員能得到，必須是有特殊貢獻的人才能獲封，雖然只是個沒有實權的散官，卻代表最高領導賞賜的特別待遇和獎勵。

曹騰終於安穩渡過這場政鬥，逐漸攀升至人生事業的巔峰。

史上唯一有皇帝稱號的宦官

曹騰被孫子的孫子曹叡追封為高皇帝，成為中國歷史上唯一一個擁有皇帝稱號的宦官。曹騰為曹家的發展壯大開闢了道路，沒有他，就沒有後來的曹操。

延熹二年（西元一五九年），漢桓帝劉志在宦官單超、徐璜、具瑗、左悺、徐璜、及唐衡等人幫助下，發動奪權鬥爭，斬殺專橫跋扈的梁冀。

本著斬草必除根的覺悟，不管是梁冀的親朋好友還是其他梁黨成員，總之只要是與梁冀沾上點邊兒的在職公務員，劉志一律下令清除——這樣做的後果，弄得朝廷各部門完全沒人手辦事。

與此同時，對梁冀的抄家工作也基本完成，查抄梁冀不法財產共三十億，「以充王府，用減天下租稅之半」（語出《後漢書》）。

就在梁黨猶如過街老鼠人人喊打時，身為梁黨資深成員的曹騰同志卻成了漏網之魚，沒受到任何牽連，不禁令人感到不可思議，也很不合理。

有人會說，是劉志念在當年曹同志擁立自己的份上才饒了他一命。但這可能性不大，劉志可是梁冀扶上皇位的，照這說法，他根本不該殺梁冀。

曹騰之所以逃過一劫，筆者推測是因爲此時他早已退休，不在朝中，才倖免於難，更甚者，或許他早已不在人世，曹家才得以在這場風暴中躲過一劫。

最有可能的時機是，曹騰是在和平元年（西元一五〇年）梁太后死後聰明地選擇退休，太后一死，身爲太后宮中總管的曹騰要想再就業已不可能，退休是最好的選擇。

史書記載，他在宮中工作三十多年，在西元一二〇年時當上劉保的同學之前已經在宮中待了數年，照推算應該是在一五〇年左右退休，才得以躲過十年後的劫數。

作爲一個宦官，能在二十四史中留下自己的傳記，可說是相當了不起，更不用說，他竟能讓史官在傳記中寫下「未嘗有過」四字，相當有能耐。

到了三國魏太和三年（西元二二九年），曹騰被孫子的孫子曹叡追封爲高皇帝，成爲中國歷史上唯一一個擁有皇帝稱號的宦官。

曹騰爲曹家的發展壯大開闢道路，沒有他，就沒有後來的曹操。

地球人都知道，宦官沒有生育能力，死後，辛辛苦苦幾十年撈的財產、封的爵位都無法帶走，那該怎麼辦？

對於廣大宦官同志來說，漢順帝劉保絕對是個好領導，他想群衆之所想，急群衆之所急，爲群衆辦實事，辦好事。

爲了解決宦官們的後顧之憂，好讓他們一心一意地給自己當奴才，陽嘉四年（西元一三五年），劉保推行一個驚天地泣鬼神的重要政策，允許宦官收領養子以繼承家產、爵位，此外還可以娶老婆（當然只是形式上滿足一下而已）。

宦官們拍手稱慶，紛紛稱讚陛下聖明，是一個貼心的好領導，於是都出去找兒子了。曹騰同志不甘人後，積極回應領導號召，收養了一個兒子。

這個兒子就是曹嵩，也就是曹操的老爸。

曹嵩的身世一直是個謎，陳壽在《三國志》說：「莫能審其生出本末」，這句話似乎是在刻意隱瞞什麼。

《曹瞞傳》與郭頒《魏晉世語》則說曹嵩出自夏侯氏，是夏侯惇的叔父，曹家與夏侯家關係很鐵，似乎證明這一說法。

也有人認爲曹嵩本來就是曹家的人，是曹騰的哥哥過繼給曹騰的。

曹騰發達了，曹家肯定跟著脫貧奔小康。雖然哥哥們沒文化，但娶一房媳婦應該不成問題。那時又沒有計劃生育，想生多少生多少，送給曹騰一個也很合乎道理，清末大太監李蓮英的養子不就是從兄弟那兒過繼來的嗎？

曹嵩雖不是曹騰的親骨肉，卻有著曹家老實厚道的優良傳統，爲人低調，從不打著養父的旗號跑出去作惡。

憑著養父的關係，曹嵩當上司隸校尉，漢靈帝時期，更成了大司農（即財政、農業部長）、大鴻臚，承襲父爵費亭侯。

可能是頭腦發熱，官迷心竅，靈帝在西園賣官時，曹嵩花了一億錢買了太尉一職，後來反曹人士咬住這一點不放，罵得狗血淋頭，把曹家人當成是偷吃米缸的老鼠家族。

第2章

外戚VS宦官

外戚派也好，宦官派也罷，他們的工作宗旨都一樣，毫不利人，專門利己。無論誰握著權柄，首要工作都是先解決門派內部人員的就業問題。

6 問題少年

那時的娛樂活動實在不多，這群無所事事的「官二代」成天在洛陽城裡瞎轉，無聊得很，孟德兄又極不安分，不鬧出點事來不舒服。

漢桓帝永壽元年，西元一五五年的某天，沛國譙縣曹家大院。像所有產房外的準父親一樣，曹嵩同志既激動又盼望，既興奮又焦急，同時還有一絲擔憂。

突然，一聲清脆的嬰啼響起，曹嵩同志的妻子丁氏生下一個男嬰，這男嬰就是曹操！印象中，牛人降生時總會出現異常天象，比如刮大風、下大雨，或冒些紅紫藍光之類的異彩，但曹操同志出生時，天象毫無異常，可能是老天爺太忙，還沒來得及表示「誠意」，曹操便已迫不及待地來到這個奇妙的時代。

剛剛成為父親的曹嵩很激動，抱著自己的兒子，樂得合不攏嘴。

與很多同齡人相比，曹操小朋友根本沒吃過苦，沒挨過餓，自然也沒受過寒或下地幹活，不過，他卻少了一樣相當重要的東西，母愛！

曹操很小時，母親就去世了，生在富貴之家的曹操沒能享受多少母愛，父親又長期忙於工作，根本沒時間管教他。他無法像別的孩子那樣跑到母親懷裡撒嬌，也不能向父親問這問那，「自惜身薄祜，夙賤罹孤苦。既無三徙教，不聞過庭語」……這些詩句，正是後來曹操同志的情感回顧。

科學研究表明，單親家庭的孩子由於缺乏母愛或父愛，沒有安全感，對人對事特別敏感多疑，經常有叛逆舉止，久之，心理會出現陰暗面，覺得自己做什麼都對，完全不理會別人的說法看法，事實證明，他們的脾氣也不好。

孟德兄正是這樣一個孩子，小時候總是調皮搗蛋、不務正業，還愛搞惡作劇，成天只知道玩，完全不學習。

夏天天氣燥熱，很多小朋友會到附近的小河裡玩耍，孟德兄也是常常到渦河裡游泳。他十歲那年，有次特地翹課去渦河裡玩耍，突然出現一條鱷魚，孟德兄卻不慌不忙，毫無懼色，竟直接去跟鱷魚單挑，還把牠打跑了……

匪夷所思，眞是匪夷所思！

按理說，鱷魚跑了，就該趕緊回家休息，孟德兄居然還有力氣，玩了好一會兒才穿上衣服，屁顛屁顛地回去，也沒刻意向人炫耀，直到又看見鱷魚，同行的人掉頭就跑，他笑話人家膽小，得意洋洋，不小心露了口風，才把自己大戰鱷魚的英勇事蹟說了出來。

這個故事記錄在專門記載神童光輝事蹟的兒童讀物《幼童傳》裡，裴松之替《三國志》作注時引用了一下，可惜的是，這本書已經佚失。

實在想像不出，一個十歲兒童要如何痛扁一條鱷魚，如果此事不屬虛構，那麼筆者也只能豎起大拇指，曹操這哥們果眞強悍啊！

一天天長大，曹操依然是「飛鷹走狗，遊蕩無度」，他的堂叔實在看不下去了，再繼續這樣下去，這聰明孩子早晚得毀，便到曹嵩那裡打小報告。

曹操因爲這個挨了老爹不少罵，心裡很不爽，我爸都不管我，你哪兒來那麼多事？別以爲我年齡小就好惹，讓你嘗嘗我的厲害！

報復的機會說來就來，有一次，小孟德在路邊碰上了這位堂叔，二話不說，便將口一歪、眼一斜，渾身不停抽搐。

叔父問怎麼了，這位古靈精怪的小朋友回答道：「我突然中風了！」

堂叔一聽，這可不得了，這孩子可是咱老曹家的長孫啊！萬一有個三長兩短，如何是好？趕忙跑去告訴曹嵩。

曹嵩一聽，立馬衝回來看自己的寶貝兒子，卻發現他安然無恙，問道：「你叔叔說

你中風了，是怎麼回事？」

孟德兄臉不紅、心不跳，一臉委屈地說道：「我沒中風啊！肯定是叔叔不喜歡我，故意撒謊騙你的。」

眞不愧是孟德兄，佩服！

自此之後，這位仁兄再說曹操什麼話，都被曹嵩同志認爲是別有用心，再也不相信了，好心就是這樣變成驢肝肺的。

從此，曹操更加肆無忌憚，誰也不再管教他，更確切地說，誰都不敢管教他，惹不起難道還躲不起嗎？

曹操從此自由自在、爲所欲爲了！

無數社會事實告訴我們，一個人只要有過度自由，缺乏合理束縛，一定會惹是生非、闖下大禍，不久後，孟德兄果然捅出婁子，做出違法行爲，構成犯罪。至於具體什麼事件，很抱歉，史書上沒說。

只知道當曹操犯罪後，當地父母官非常明白事理，知道老曹家是當地大族惹不起，也沒打算拿曹操嚴辦。

此時，曹操的夥伴夏侯淵（字妙才）跳出來，本著爲兄弟兩肋插刀，上刀山、下火海的大無畏精神，自願頂替孟德兄進牢裡去，享受那污濁空氣裡有蒼蠅蚊子老鼠蟑螂爲伴的待遇。

在《三國志》裡，陳壽說曹操是西漢相國曹參的後人，這分明是睜著眼睛說瞎話，胡說八道，曹操與曹參八竿子打不著關係！

不過，他老人家說夏侯淵是夏侯嬰的後代，這倒是貨眞價實。

夏侯嬰何許人也？劉邦的司機是也，西漢開國功臣之一，有這麼牛的祖宗罩著，地方官根本不敢把妙才兄怎樣。

感動之餘，曹操還是得想辦法把妙才兄救出來，這好辦，派人送些錢，然後在酒桌上談談天，一下子搞定。

曹老爹在朝爲官，爲了照顧這個讓人極爲頭疼的兒子，便把他接到無數有志青年嚮往之地，京師洛陽。

在這座當時世界上最繁華的城市裡，曹操結識了袁紹（字本初）、張邈（字孟卓）等一批高幹子弟，一起玩的時間長了，大家也成了鐵哥們。

那時的娛樂活動實在不多，不能上KTV唱歌，也不能上網玩遊戲，球也沒得打……這群無所事事的「官二代」成天在洛陽城裡瞎轉，無聊得很，孟德兄又極不安分，不鬧出點事來不舒服。

當時有戶人家結婚，他跟袁紹同學跑去湊熱鬧，偷偷溜進主人家中，到了夜晚，他倆扯開嗓子大聲叫喊：「有賊啊！」

鬧洞房的人一聽全跑了出來，曹操趁亂鑽進洞房，把刀架在新娘的脖子上，劫持了她，與袁紹一起逃跑。

本初兄可能有些緊張，慌不擇路，鑽進灌木叢中出不來，見他困住，曹操急中生智，大喊一聲，「賊在這裡啊！」

袁紹心裡一急，便猛地跳了出來，當然他們不是真想搶新娘，只是一場惡作劇而已，不過動作確實過激，估計把這對新人嚇得夠嗆。

曹操的事蹟很快傳到眾人耳裡，誰也不願意撞上這樣一位搗亂的大爺。

無數歷史證明，小時候的搗蛋鬼，長大後往往是個了不起的天才，不知道牛人是不是小時候都有這種調皮搗蛋的習慣。

雖說孟德兄不喜歡坐在教室裡學習，但他很愛讀書，最喜歡讀的是從問世到現在便一直排在世界暢銷書排行榜前頭的《孫子兵法》，還在上頭寫寫畫畫做筆記，寫出自己的看法，這份筆記傳到後世，便成了知名的《魏武帝注孫子》，可見大家讀書時得勤做筆記，說不定幾千年後，會受萬人景仰。

年少的曹操無憂無慮、沒心沒肺地玩鬧著，享受美好的青少年時光，完全不曉得外面的世界已然亂了套。

7 外戚圈子

外戚可不跟你講究什麼君子動口不動手，說辦人就辦人，他們知道對付文人最好的方法就是耍流氓，只要把帶頭鬧事的人廢掉，其餘便會老老實實。

按照老祖宗的意思，親戚分爲兩種：一是父親家裡的人，叫做宗室；一是母親或妻子家裡的人，叫做外家。爲了與父系血統的親戚相區別，才在母系稱謂上加個「外」字，比如外祖父、外甥、外孫等。

所謂外戚，說得淺白一點，就是皇帝他媽或者他老婆的娘家人。

作爲皇親國戚，這群外戚地位待遇自然比普通百姓高上一截，但這幫子人不喜歡待在家裡享受高品質生活，卻一個勁地往政府部門裡鑽。

他們一湊上來，朝廷便肯定出事。攤上個有能耐有野心的，便六親不認，把皇帝踹下去，自己坐在龍椅當老大；要是碰上無才無德的更慘，全國人民都得遭殃。

東漢，是外戚同志們的美好時代，歷史導演把他們提拔成時代主角，他們也沒有辜負期望，輪番上台折騰一番。姓馬的走了，姓竇的就來了，鄧家下台，又換梁家上台，一個接一個，你方唱罷我登場，大家一起砸這老劉家的場子，砸得不亦樂乎。

說到東漢的皇帝們，大多命比紙薄，說掛就掛，今年可能才爲上任皇帝舉行告別式，說不定明年又得去參加下一任皇帝的追思會。

皇帝陛下只要眼一閉、腿一蹬，撒手不管了倒也輕鬆自在，可留下的爛攤子還在，讓誰收拾？新皇帝才剛斷奶，新太后也就二十幾歲，剛死老公，精神正處在恍惚之中，又多是不懂政治的女人家，根本沒有能力治理國家。

孤兒寡母難免受人欺負，爲了防止大權被搶走，只能依靠自己娘家的父兄了。

這些外戚便被封爲大將軍，掌權後，馬上進行部門機關大換血，派自己人上任，要是有人看不慣或不聽話，全轟回家去。

這時，總會有幾個二愣子跳出來叫罵，口水噴得到處都是。

這些外戚可不跟你講究什麼君子動口不動手，說辦人就辦人，他們知道對付文人最好的方法就是耍流氓，只要把帶頭鬧事的人廢掉，其餘便會老老實實，唯大將軍是從。

控制一切的外戚，是報效祖國還是禍國殃民，全靠自己看著辦，反正沒人管，也沒人敢管。但沒人管不代表沒人反對，心中不平的人只要蓄積好實力，便會勇敢地跳出來，抄起傢伙打上一場。

外戚派與宦官派在總結、吸取前人經驗教訓的基礎上，貫徹落實前輩們的指導，在思想上不斷創新，經過長期建設與發展，終於成為東漢名聲最響的兩大門派。

所謂一山難容二虎，這兩大門派爲爭奪天下第一派的寶座，勢同水火，誰也不服誰，誰也看不上誰——宦官派有武林至尊皇帝陛下撐腰，自然橫；外戚派的後台則是武林至尊的老娘或老婆，再加上與其他門派關係搞得不錯，支持率相對來說比較高。

兩大派每次碰面都得幹架，每次也絕不是小打小鬧，一定要拼個魚死網破，在成王敗寇的年代，不是你死就是我亡，沒有別的選擇。

簡單來說，東漢政治的發展主線便是：幼帝即位→外戚專權→皇帝奪權→宦官干政，如此往復惡性循環，一點一點侵蝕著東漢帝國大廈。

外戚派與宦官派原本無冤無仇，勉強算是相安無事，但一切從漢章帝章和二年之後便開始走樣。

8 黨錮之禍

宦官雖然沒文化，也明白「先下手為強，後下手遭殃」的道理，使出古往今來最狠最要人命的一招，跟皇帝告密，說士人結黨圖謀不軌，煽動皇帝陛下下詔抓捕黨人。

章和二年（西元八八年），三十三歲的漢章帝劉炟去列祖列宗那兒報到，年僅十歲的兒子劉肇登基，竇太后臨朝主政。

麻煩的是，兩人之間不但沒有融洽的情感，還有著說不清的疙瘩——劉肇非但不是竇太后的親生兒子，他的母親梁貴人還是被竇太后害死的。爲了把權力牢牢握在手中，竇太后只能依靠老哥竇憲，於永元元年（西元八十九年），下旨拜竇憲爲大將軍。

大將軍的地位原本在三公（即太尉、司徒及司空）之下，不過，這位仁兄實在太牛，領軍把匈奴打得落花流水，大家決定，從此以後，大將軍的地位將高過三公，竇家掌門開始專權後，野心更大，想直接坐上龍椅。

一天天長大的劉肇同志對竇掌門早已忍無可忍，發誓要對得起列祖列宗，絕不讓竇大壞蛋的陰謀得逞，哪怕粉身碎骨，也要誓死保衛老劉家的江山。

不過，劉肇只是一個傀儡，孤零零地被囚在深宮之中，根本沒有機會聯絡朝中同志，舉目四顧，不由得心下茫然。

突然有一天，他發現身邊還有一個人——宦官鄭衆，便心驚膽顫地把自己的想法告訴中常侍鄭衆，尋求幫助。

鄭常侍當即表示願爲陛下效犬馬之勞，爲國家剷除竇大壞蛋，肝腦塗地，在所不辭。

皇帝陛下便在鄭衆等人的大力幫助下打倒竇掌門，結束長久以來的人質生涯，對好同志鄭衆感恩戴德，升他爲大長秋，同時特允他參政議事，擁有影響朝政的實權。

自此，宦官派鹹魚翻身，笑傲江湖。

然而，一個外戚倒下，無數個外戚站起來了，之後，鄧家、梁家重新振興外戚派，但每個武林至尊又會利用宦官派，一次次地把外戚打倒……在這一來一往，此起彼落的更迭中，宦官派出現「十九侯」、「五侯」、「十常侍」等一大批名聲顯赫的人物。

外戚派也好，宦官派也罷，他們的工作宗旨都一樣：毫不利人，專門利己。無論誰握著權柄，首要工作都是先解決門派內部人員的就業問題，拉人結派，結黨營私，拼命使勁地撈好處。

這時，另一大幫派士人派坐不住了。這幫人學問很高，素以名門正派自居，有理想、

有思想、脾氣倔，自比爲清流，平時最鄙視的，就是身上少了某樣東西的宦官。

爲了把宦官從權力的寶座上拉下來，士人派掌門陳蕃聯合外戚派掌門竇武，以「打倒權閹」爲號召，建立起統一戰線。

另一方面，宦官雖然沒文化，也明白「先下手爲強，後下手遭殃」的道理，使出古往今來最狠最要人命的一招：跟皇帝告密，說士人結黨圖謀不軌，煽動皇帝陛下下詔抓捕黨人。

皇帝一生氣，舉凡有點名氣的讀書人全被認作黨人，進了黑名單。

黨錮，東漢歷史上有兩次：第一次是在漢桓帝延熹九年（西元一六六年），禁錮李膺、范滂等二百多名黨人。第二次發生在漢靈帝建寧元年（西元一六八年），殺李膺、范滂等二百多黨人，老婆孩子則發配到邊疆，又禁錮六、七百人，在這之前，外戚派掌門竇武和士人派掌門陳蕃都早已被宦官派幹掉。

所謂黨錮，就是禁錮黨人，不得做官，也不能參政議事，用今天的話來說，就是褫奪政治權利終身。

不料，這群黨人反而以此相互標榜激勵，覺得能爲光榮的抗閹事業犧牲非常驕傲，以後還可以跟鄰居大媽炫耀，想當年，兄弟我在裡面怎樣怎樣……

同時，全國人民把他們視爲抗閹鬥士精神領袖，太學生、地方官員、豪門貴族全成了追星族粉絲，還給這群偶像弄出一份名人榜：以竇武、陳淑、陳蕃等人爲「三君」，李膺、王暢等人爲「八俊」，郭泰、范滂等人爲「八顧」，張儉、劉表等人爲「八及」、度尙、張邈等人爲「八廚」……等光榮稱號。

如此一來，黨人逃到哪，宦官就追到哪，可偏偏怎麼樣也抓不到，他們可是全國人民的偶像，能讓你抓到？地方早把黨人保護起來了！

每一個黨人返回故里時，都會受到家鄉人民的熱烈歡迎。例如，第一次黨錮之禍後，范滂獲釋回汝南老家，迎接他的車足有幾千輛；更妙的是，打敗黃巾軍的皇甫嵩將軍有個叔父叫皇甫規，竟因自己沒被寫入黨人名單而耿耿於懷，上書力證自己是黨人，強烈要求「臣宜坐之」，也想進牢裡坐上一陣。

在現代人眼中，這人腦子肯定有問題，不是精神病就是神經病。

外戚派、士人派被打倒，宦官派自此在江湖上橫行霸道、肆意妄爲。武林至尊漢靈帝劉宏對江湖不感興趣，只一心研究水利工程，經過長時間鑽研，終於讓皇宮工作人員及京師人民群衆喝到自來水，同時也耗盡了國庫。

劉宏同志對錢也有著濃厚的興趣，喜歡做買賣，相當有經濟頭腦。光和元年（西元一七八年），他發現了商機——賣官！這可是他們老劉家獨有的資源，絕對沒人能和他競爭，於是在西園設立一所賣官機構，除了皇位不賣之外，其餘上從太尉下至縣令，全

都明碼標價。

這引起朝臣們的反對聲浪，但劉宏同志本著死豬不怕開水燙的精神一意孤行，反正在士人眼中自己已是一個甲魚卵（俗名王八蛋），被罵幾句又算得了什麼？

更讓人稱奇的是，劉宏還說：「張常侍（張讓）是俺爹，趙常侍（趙忠）是俺娘。」身為堂堂天子，竟毫不羞恥地認宦官做乾爹乾娘！

宦官派掌門人張讓都成了皇帝老兒他爹，但這時，當代憤青曹孟德仍私自闖入張掌門家中，這不是找死嗎？

張讓的打手們一湧而上，曹少俠武功蓋世，輕功絕頂，手持戰戟且戰且退，最後翻牆頭跑了，真是一位藝高人膽大的青年少俠！

第3章 初入江湖

曹副局長一上任，第一把火就是先維修辦公樓，又造出若干根五色棒，掛在公安局門口，發下通知，聲明凡是有人敢違法京師治安管理條例，不管你是誰，一律亂棒打死。

9 阿瞞出道

奸賊也好，英雄也罷，這些都不重要，重要的是，許大師終於給了曹操一句評語，這才是他真正想要的，因為不管好壞，許大師的評語就是最好的宣傳。

生在東漢，要想混出個人樣，家庭出身相當重要，這是無法改變的時代風氣。曹操是宦官養子的兒子，家庭出身不好，這也不能怪他，雖然東漢宦官位高權重，卻到處受人鄙視，身爲宦官之後的他被人看不起也很正常。

被人鄙視的滋味很不爽，曹操難免有些自卑，但出身這回事，罵老天爺也沒用，要想讓江湖人士知道世界上還有曹操這號人物，仍須努力。

還是那句話，在社會上混，臉面是很重要的，憑藉著老爹的人脈關係，孟德兄三天兩頭到尙書令（主管政務的首腦）橋玄家串門子。

橋老爺子是當世名人，在江湖上享有崇高地位，爲官清廉，死後都沒錢辦喪事。

曹操與他結交，是想讓世人知道，自己雖是宦官之後，卻十分識大體，會堅定不移地站在士人隊伍裡。

古人，特別是知名古人，似乎都具備某種神奇的預言天分，橋老爺子也不例外，他一看到曹操，就知道這哥們不簡單，是「命世之才」，開始免費幫曹操做廣告、弄宣傳，更把自己的老婆孩子託付給他。曹操感激涕零，把老爺子看作知己，一直到多年後途經橋玄之墓時，依舊沒忘記橋老爺子的知遇之恩，著文緬懷。

此外，何顒、王儁、李瓚等人也非常欣賞曹操。

何顒與黨人陳蕃、李膺等人走得很近，宦官派恨之入骨，他只好隱姓埋名，遠走異鄉。《後漢書》記載，當逃亡中的何先生見到曹操時，曾歎曰：「漢家將亡，安天下者必此人也！」

王儁則稱曹操有「治世之具」。在袁紹、袁術母親的追悼會上，曹操見到了王先生，當時曹操曾偷偷對王先生表示，擾亂天下的一定是袁家兄弟。

王先生深表贊同，「濟天下者，舍卿復誰？」語畢，兩人會心地笑了。

李膺的兒子李瓚「異其（指曹操）才」，臨終前還對子孫留下遺囑：「時將亂矣，天下英雄無過曹操，張孟卓（張邈的字）與我善，袁本初（袁紹的字）汝外親，雖爾勿歸，必歸曹氏。」這段話記載於《後漢書．黨錮列傳》。

在這些宣傳發出後，大家漸漸意識到曹操是一個人才，不再是之前那個搗蛋鬼，橋老爺子認爲曹操的知名度還不夠高，要想造出更大的聲勢，就得去找許劭才行。

許劭，字子將，汝南平輿人，絕活爲鑑定人物，是東漢輿論界的權威人士。每月初一，他都會和堂兄許靖召開新聞發佈會，對鄉黨人物品評一番，叫做「月旦評」，只要被說牛，不管你是不是眞的牛，第二天早上絕對走紅，身價倍增。

得到老爺子提點，曹操便提著厚禮屁顚屁顚地奔去，可是許大師很鄙視曹操，根本不想搭理他，即使孟德兄幾次低聲下氣懇求，不評就是不評。

孟德兄急了，估計用了某種非常手段威脅許大師，極有可能是把刀架在了人家脖子上，「你說不說？」

許大師一看不說不行，只好給了孟德兄一句千古評語。奇怪的是，這句評語卻有著截然不同的兩個版本，《後漢書》的記載是「君清平之奸賊，亂世之英雄」，晉人孫盛的《異同雜語》中則是「子治世之能臣，亂世之奸雄」。

達到目的後，曹操大笑而去。

奸賊也好，英雄也罷，這些都不重要，重要的是，許大師終於給了曹操一句評語，這才是他眞正想要的，因爲不管好壞，許大師的評語就是最好的宣傳，只要有就好，從此大家才會對「曹孟德」另眼相看。

漢靈帝熹平三年（西元一七四年），曹操已從一個問題少年長成二十歲的小夥子，二十歲時舉行成人禮，穿上正裝，戴上帽子，走完程序後，搖身一變成了大人。

同年，曹操被舉爲孝廉。

孝廉是漢武帝時設立的察舉考試，是用來任用官員的一種科目，在東漢，更是求仕者的必由之路。雖然每年郡國都向中央舉薦孝廉，但名額有限，尤其是東漢和帝之後，要求更形嚴格：人口滿二十萬的郡國每年舉一人，不滿二十萬的兩年舉一人，不滿十萬的三年舉一人……以此類推，名額肯定不多，另外考慮到邊疆地區經濟文化不發達，才特別予以照顧，人口超過十萬的每年舉一人。

那年頭還沒有科舉，要當公務員就得通過察舉制度，平常人家的孩子想都不敢想，因爲根本沒有機會，不像現代的公務員考試，只要有學歷、有文憑就可以考，雖然錄取率極低，至少是一條相對公平的路。

不過，孝廉不算是官，舉爲孝廉後，得先爲郎官，擔任宮廷宿衛，熟悉朝廷各處行政事務，過了「實習期」，中央單位才會做出評定，分派衆郎官的去向，可能是到地方上任縣令縣長（漢制：萬戶以上的大縣長吏稱為令，不足一萬戶的小縣稱為長），或是留在中央任職，之後，才算是眞正走上漢朝公務員之路，可以大顯身手。

憑藉著雄厚的家庭背景以及許大師的評語，孟德兄成了孝廉，征拜爲郎官，去相關部門當了實習生。

10 政治新星冉冉升起

到新單位上班的曹操仍是個熱血青年，不願意整天坐在機關裡喝茶看報紙混日子。沒幾天，敬業的孟德兄就向世人展示言官本色，要上書為竇武、陳蕃等黨人翻案！

很快，實習期結束了，司馬懿的老爹司馬防推薦曹操出任洛陽北都尉，相當於市公安局的副局長一職。洛陽畢竟是首都，地盤大，設有東、南、西、北四個尉，年薪四百石，誰知孟德兄竟得寸進尺，認爲以自己的本事做副局長太過屈才，應該做洛陽市市長，也就是洛陽令才對。

當時的人力資源部門主管梁鵠梁大人很生氣，「你小子能當上副局長就不錯了，還敢挑三揀四？不願意幹拉倒，後面排隊的人多著，不差你一個！」

孟德兄沒辦法，只好接受洛陽北都尉一職。

新官上任三把火，或許去維修廟宇，不然就挖幾條水渠，建幾所學校……總之，一

定得幹出幾件好事拉攏人心，同時也為了告訴大家，你們統統得聽話，長官說什麼就做什麼！曹副局長一上任，第一把火就是先維修辦公大樓，又造出若干根五色棒，掛在公安局門口，發下通知，聲明凡是有人敢違法京師治安管理條例，不管你是誰，一律亂棒打死。

這份通知書大家收到後，都很給局長面子，沒人出來鬧事，只是日子一久，大家漸漸開始不把他當一回事。

治安管理條例中有一條「不准夜行」，可偏偏小黃門蹇碩的叔叔吃飽閒著沒事，在夜裡散步亂逛，被曹副局長逮個正著。這事可真是棘手！蹇碩雖然只是個小黃門，卻是皇帝身邊的紅人，俗話說得好，打狗也得看主人，不能不顧慮到人家的皇帝靠山。

但曹操管不了那麼多，先前已經說得很清楚，就是天王老子犯法，也得依法懲處，再說他一心想脫離與宦官集團的關係，眼下正是一個證明自己和宦官不同路的大好機會，本著殺一儆百的原則，硬是處死這位仁兄。

這事轟動大街小巷，大家力挺父母官曹青天，另一方面，蹇碩卻對曹操恨得咬牙切齒，恨不得馬上抄起傢伙把這愣頭青剁了！

幸好曹操有老爹在朝中撐腰，再加上輿論的支持，蹇碩沒能將想法付諸實行。

轉眼間，孟德兄二十三歲了，他當了三年洛陽北都尉，天天帶著屬下在街上巡邏，狠抓社會治安，成了豪強貴族們的剋星，人氣居高不下。

可皇帝身邊的近習寵臣實在忍耐不了，要是這位爺兒繼續幹下去，他們眞沒法活了，大夥閉門商量，聯繫相關部門，最後把曹操調離洛陽，外放去頓丘當縣令。

孟德兄對自己在頓丘令任內的所作所爲甚爲自豪，後來還曾對兒子曹植說：「吾昔爲頓丘令，年二十三，思此時所行，無悔於今。」可惜史書沒有正式記載孟德兄此段時期的光輝事蹟，沒法告訴大家更詳細的情況。

只是，曹縣令在頓丘才待沒多久，就被免職了。

光和元年（西元一七八年），漢靈帝的第一任妻子宋皇后在殘酷的後宮鬥爭中敗下陣來，娘家人全被殺了，她弟弟宋奇同志的老婆的堂兄，恰巧就叫曹操，於是曹操一併連坐免職。

本打算在頓丘轟轟烈烈幹一場，才剛開始就被叫停，孟德兄一顆火熱的心被一盆冷水澆滅，顯得相當鬱悶，只得無奈地捲起舖蓋，回老家休息。

官場失意的孟德兄情場得意，在老家娶了卞姑娘做小老婆。

卞姑娘二十歲，職業爲倡家，是一位文藝工作者，要是放在今天，便是娛樂圈的超級明星，可惜在古代的地位相當低下。孟德兄可不管這些，只要自己喜歡就好，用他的話來說，卞家姑娘「怒不變容，喜不失節」，屬於賢妻良母型。

先前，孟德兄已迎娶了大老婆丁夫人和小老婆劉夫人。劉夫人爲他生下長子曹昂及

長女清河公主後不久便不幸去世，沒有兒女的丁夫人便把曹昂當成自己的親生兒子撫養。

這段時間，孟德兄生活很平靜，日子很愜意。不做官的日子很清閒，不用理會瑣碎的公務，倒也逍遙自在，孟德兄利用這段日子，天天在家啃書，努力學習科學文化知識，加強理論修養，尤其對《尙書》等古籍很有研究，還成了權威人士。

機會，永遠親近那些做好準備的人。光和三年（西元一八〇年）六月，漢靈帝突發奇想，下詔讓公卿大臣舉薦精通《尙書》、《毛詩》、《左氏》、《穀梁春秋》的學問大師做議郎。聞訊，學者曹操自然應徵入朝，捲好鋪蓋，收拾包裹，帶著老婆孩子重新回到洛陽。

所謂議郎，就是言官，沒有實權，一張刀子嘴卻是相當厲害，白的都能說成黑的，再加上膽子大，天不怕地不怕，手中的筆桿子比大刀還要人命。

曹孟德又回來了！

到新單位上班的曹操仍是個熱血青年，不願意整天坐在機關裡喝茶看報紙混日子，沒幾天，就向世人展示言官本色，要上書爲竇武、陳蕃等黨人翻案！

大家一致認爲曹操瘋了，竇武、陳蕃是被宦官弄死，爲他們平反，等於向宦官派開火宣戰，現在宦官掌權，連皇帝陛下都是他們的乾兒子，這不是找死嗎？

人們準備爲比清流還清流的曹操同志收屍開追悼會，宮裡卻遲遲沒有動靜，曹操的上書也早就被扔進廢紙簍。宦官派似乎已習慣這位愣頭青的折騰，皇帝陛下也沒有多說什麼，不殺你就已經是皇恩浩蕩。

撿回一條命的曹操還沒有覺悟，仍然不斷上書，弄到最後，估計靈帝也被他搞煩了。

當時，太尉許馘（音同玉）、司空張濟與宦官站在同一戰線，對宦官子弟的違法犯罪行爲不管不問，只會一個勁地欺負邊疆那些道德高尚的小官。

嫉惡如仇的孟德兄聯合司徒陳耽上書批評，靈帝終於有了反應，對許、張二人進行深刻的批評教育，並警告他們下不爲例。

宦官派很不高興，表示要爲盟友討回公道報仇雪恨，於是亮出撒手鐧：誣陷。可憐的陳耽同志被宦官弄死在牢房裡，至於曹操，他們早已恨之入骨，不過還是很有耐心地等待時機出現。

陳司徒死後，曹操變乖了，也醒了，明白目前的東漢王朝已經無藥可救，自己一人便想力挽狂瀾，無異於癡人說夢，從此再也不上書言事，只坐在單位裡侃侃八卦打發日子。不說話，卻不代表曹操沒了責任心，他開始反思自己，並捫心自問，先前做的那些事有意義嗎？隨後恍然發現以前行徑多麼幼稚可笑……從這一刻起，他才眞正開始走向成熟，萌發代替漢朝給人民安定的志向。

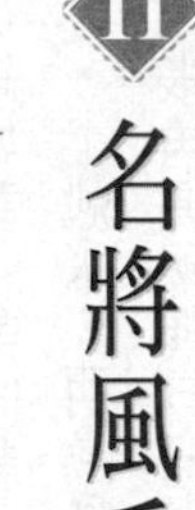

11 名將風采

起義軍頓時大亂，損失慘重，過了幾天，曹將軍也趕到前線，與朱將軍、皇甫將軍合力大破黃巾軍，又殺了好幾萬人，局勢就此扭轉。

政府內部激鬥正酣，底層的老百姓卻在水深火熱之中痛苦掙扎，今天地震，明天可能便有水災，再加上政府官員總是變著法子搜刮，老百姓的日子該怎麼過下去？最後只好被迫流離他鄉，浪跡天涯，哀鴻遍野。

其實，他們的願望很簡單，無非是老婆孩子熱炕頭，有吃有穿有踏實日子過就已經很滿足，但連這樣的生活，腐敗已久的東漢王朝也無法帶給老百姓。

大家對東漢王朝已經不抱希望，這時，冀州鉅鹿（今河南平鄉）人張角挺身而出，信誓旦旦地表示要帶大家奔向光明。

原來十幾年前，張角從道士于吉那裡得到一本《太平清領書》，皇天不負有心人，經過多年潛心研究，終於結出碩果，創立了太平道，自稱「大賢良師」。張角同志能力極強，是一名出色的社會活動家，積極在全國招收學員，培養教徒。

太平道宣傳的太平盛世，等於爲絕望中的人民帶來希望，大家紛紛前來投奔，其中還有政府幹部，甚至宦官。大家跋山涉水，爭先恐後，造成交通擁擠，甚至發生嚴重的踩踏事故……才短短幾年，太平道的信徒人數已達到幾十萬人，張角同志確實有魅力，不服都不行。

被逼得走投無路忍無可忍的農民兄弟，拿起鋤頭鐮刀，跟著張角同志開始革命。張角自稱「天公將軍」，二弟張寶爲地公將軍，三弟張梁爲人公將軍，他們的口號是：「蒼天已死，黃天當立。歲在甲子，天下大吉。」

「蒼天」自然是指東漢王朝，「黃天」意喻太平道。

根據五德終始說，東漢爲火德，火生土，土爲黃色，所以起義軍以黃巾裹頭，象徵取代衰敗的東漢王朝，「天下大吉」是忽悠人的，天下大亂倒是眞的。

歷代統治者爲了說明自己的政權合法，是「天命所歸」，便從五行學說中衍生出了五德終始說，鼓吹朝代的更替是按五行相生相剋的規律進行：秦爲水德（另一說秦為木德），土剋水，西漢爲土德；木剋土，王莽新朝爲木德；木生火，東漢爲火德；火生土，所以張角便堅稱自己是能代東漢興替的土德。

光和末年（西元一八四年），甲子年，二月，這場有預謀的農民起義爆發，史稱黃巾之亂。黃巾軍首先選擇在三個地區造反：冀州，由張角兄弟親自指揮；潁川（今河南許昌）則由波才負責；南陽交由張曼成領軍。三路大軍在洛陽周圍形成三面夾擊之勢。

黃巾起義很快影響全國，由於道出百姓的心聲及渴望，聲勢浩大，當時民間還盛行著一首民謠，「髮如韭，剪復生。頭如雞，割復鳴。吏不必可畏，小民從來不可欺。」

千萬別看不起廣大的人民群眾，把他們惹毛，一旦爆發就是不可收拾的災亂！

身為政治中心的洛陽頓時炸了鍋，朝廷上下一片恐慌，漢靈帝劉宏召開了緊急會議，希望能集思廣益，得到退敵良策。可惜的是，宦官耍陰謀在行，打仗這種玩命的活兒從來沒想過；士大夫是嘴皮子功夫厲害，舉刀拿槍的活根本做不來……就算再笨，劉宏同志知道這幫人無法指望，但又能指望誰？

朝堂之中死一般的沉寂，劉宏掃視著眾人，萬分期待有人能出來說句話。

終於，皇甫嵩站出來，大聲表達自己的意見，「解除黨錮，大赦黨人，並且把賣官賺的錢以及西園的馬廄貢獻出來，以充軍實。」

劉宏聞言呆住，臉色陰晴不定，當初可是他親自下詔禁錮黨人，現在如果解除黨錮，不是自己搧自己耳光嗎？

就在此時，一位有良心的宦官中常侍呂強（這位仁兄後來被同門陷害，自殺身亡，史載他「為人清忠奉公」）的一句話堅定劉宏解除黨錮的決心，「皇上，聽說……黃巾賊正在積極聯繫黨人。」

這就是水準，輕描淡寫幾句話就讓皇帝陛下恍然大悟，農民起義一旦與知識份子攀上關係，便如火上澆油，燎原之勢大起！

面子誠可貴，生命價更高，漢靈帝劉宏判明情勢後，立馬在解除黨人的聖旨上蓋章，同時鼓勵黨人繼續發光發熱，爲祖國做出「應有」貢獻，也虛心接受皇甫嵩的意見，忍痛把賣官賺來的錢捐出去。

他是個明白人，知道形勢危急，片刻耽誤不得。

朝廷緊急部署出穩固京師洛陽的措施，設立函谷關、大谷關、廣成關、伊闕關、轘轅關、旋門關、孟津關、小平津關八個關隘，每一關都派出一名都尉指揮軍事，同時動員地方有志之士，一同爲打擊黃巾軍出錢出力。

劉宏還算有眼光，精心挑選出三個猛人，分別是盧植（即劉備和公孫瓚的老師）、皇甫嵩、及朱儁，命他們率軍出征。

更要命的是，帝國的精銳部隊正在西北跟羌人拼殺，抽不出身，能挪來平內亂的部隊實在不多，只有中央軍北軍五營（屯騎、越騎、步兵、長水、射聲）及三河騎兵（河東、河內、河南），再加上剛招來的新兵，最後總算湊出四萬多人，勉強撐住場面。

劉宏任命盧植為北中郎將，皇甫嵩為左中郎將，朱儁為右中郎將，哥兒仨帶著大家的祝福與期待上路。

大家的心已無法平靜下來，誰也不知道結局會是什麼樣，現在能做的只有在等待之中祈禱三位將軍英勇殺敵，把勝利的消息帶回來。

不幸的是，前線傳回的消息是皇甫嵩和朱儁都被包圍，在長社（今河南長葛）等待救援。原來，農民兄弟們熱情高漲、幹勁十足，又受到仇官仇富心理影響，見到官軍便猶如見到殺父殺母的仇人，拼命拿出吃奶的勁，攔也攔不住，漢軍節節敗退。

聞報，皇帝陛下不由得再做了一次熱鍋上的螞蟻，連公卿大臣們也睡不著覺，還有誰能指望呢？打仗是個技術活，不同於街頭混混打群架，誰人多誰夠狠誰就能贏，一般人玩不了。

突然，大家想起了一個人——曹操！他不是很橫很牛，讀過《孫子兵法》嗎？讓他去打黃巾吧！另一方面，宦官派也想借黃巾賊之手除掉這個眼中釘，於是大家達成共識，一致推薦曹操去前線支援。

正逢而立之年的曹操被任命為騎都尉，掛帥出征。

每個人的心中都有一個英雄夢，都想做英雄，但不是每個人都能做英雄，現在，做英雄的機會到了曹操面前，至於能不能把握住，就得看他的造化了。

雄姿英發、一身戎裝的曹操跨上戰馬，帶著眾人的殷切希望馬不停蹄地趕往長社，他終於有機會馳騁疆場、橫掃千軍，兒時的英雄夢就要實現了！

救戰如救火，曹將軍一路上密切關注前線戰況。

此時，經驗不足的起義軍犯了致命的錯誤，把軍營紮在草木茂盛的地方。嗅覺靈敏的皇甫將軍抓住機會，選擇在某個月黑風高的夜晚偷襲起義軍大營。

月黑風高好殺人，還在夢中的起義軍頓時大亂，損失慘重，過了幾天，曹將軍也趕到前線，與朱將軍、皇甫將軍合力大破黃巾軍，又殺了好幾萬人，局勢就此扭轉。

起義軍雖然人多，但與政府軍的實力相差實在太過懸殊，農民沒有經過訓練，只發給他們刀槍讓他們去砍人，等於是送死。

南部戰場，黃巾軍很快就被名將皇甫嵩滅了。北部戰場，冀州那邊本來也很順利，可是成事不足敗事有餘的宦官派因盧將軍沒有拿錢孝敬他們，便到皇帝那兒告黑狀，說盧植「消極怠工」。

精神高度緊繃的靈帝馬上大怒，罷免盧植，改把董卓調到最前線。

董將軍天生是塊打仗殺敵的料，在大西北曾把羌人打得落花流水、滿地找牙，不想到了冀州大平原，卻突然沒了手感，處處被動挨打，連黃巾軍的主力在哪都沒弄清楚，弄得自己一肚子氣沒處撒。

董卓只好往上遞了辭職報告，並推薦皇甫將軍代替他，皇帝批准。

關鍵時刻，大賢良師張教主與世長辭，張梁接過大哥的棒子，但他的運氣實在太背，才剛當上老大，對手就換成一代名將皇甫嵩，也許這就是命吧！幾場仗下來，皇甫將軍斬殺了張寶、張梁哥倆，順便還挖了張角的墳，撬開他的棺材，戮屍斬首。三人首級被送到洛陽後，黃巾起義總算被成功鎮壓下去。是年，改年號為中平，興許是想改個年號圖圖吉利吧。

黃巾起義沒有改變農民的命運，卻改變了曹操、劉備、孫權（這時候他還只是個娃娃）等一堆人的人生，在奄奄一息的東漢王朝身上狠狠踹了一腳，使東漢再也沒有力氣爬起來。

第一次在戰場上拼殺的曹操真正體會到什麼是生與死，他成了英雄，但這一切是用無數人的鮮血換回來的。說實在，曹操這次還真撿了一個大便宜，領軍參戰之時，政府軍已經展開反攻，黃巾軍失去鬥志，曹操也沒碰到什麼強敵，只跟著皇甫嵩及朱儁兩人打個幾下，立馬成了英雄。

一幫吃飽撐著沒事幹的人則大罵曹操是鎮壓黃巾軍的劊子手，殘害農民罪大惡極。

筆者倒挺替他們感到悲哀，生在那個時代，就說那個時代的話，做那個時代的事，難不成還能指望曹操他們這些人超脫歷史，化身成偉大的無產階級戰士？

12 曹青天的太守夢

曹操的夢想是做一個好太守，當了幾個月的濟南國相，他明白了，這不現實，他再牛也牛不過現實，立馬放棄不幹，因為這個夢根本不可能實現。

把黃巾軍擺平，這幾個月眞是糾結，現在總算能喘口氣了。

按照傳統程序，接下來得大封功臣，劉宏同志還算大方，先拜皇甫嵩爲左車騎將軍，領冀州牧，封槐里侯；又拜朱儁爲右車騎將軍、光祿大夫，封錢塘侯，加位特進；曹操則被提拔爲濟南相。

漢朝實行郡國並行制，中央下設郡、國。郡國是地方行政單位，相當於一省，西漢七國之亂後，諸侯親王只能享受封地國內的賦稅，沒有行政權，由國相行使治理權並直接對中央負責，地位相當於一郡太守。

曹操被舉爲孝廉後，一直想做一名太守，他知道自己家庭出身不好，便想當一名太

守，致力於地方建設，建立起好名聲，才能吸引政壇的注意力，如今，正順利走在通往這個夢想的路上。

濟南國裡的社會關係比較複雜，底下十多個縣的縣令縣長都和貴戚宦官往來密切，甚至勾結地方黑社會，在魚肉百姓方面表現積極，成果極為顯著。由於前幾任領導都是老好人，對他們的行為視而不見，這些人日子過得極為滋潤。

曹青天眼裡可揉不得沙子，一上任後，便開始緊鑼密鼓的掃黑行動，經過微服暗訪，明查細問，摸清這些人的底細，最後一口氣奏免了八個。

十年前他的厲害大家就已經見識到，現在濟南國內的貪官污吏個個膽顫心驚，知道自己的好日子馬上到頭，一些有前科的更沒有時間考慮，急忙收拾包袱，帶著老婆孩子到鄰郡尋求政治庇護去了。

打黑行動結束後，濟南國歌舞昇平，老百姓過上了好一段安穩日子，曹青天又把整頓重點放在「淫祠」上。

所謂淫祠，就是不合法制的祭祀。

西漢初年，劉章在周勃、陳平誅殺諸呂的鬥爭中立功，被封為城陽王，死後有人專門為他建立祠堂，青州各個郡爭相效仿，濟南國更是出手大方，立了六百多處。

無孔不入的商人們與朝中權閹及地方官吏達成合作共識，借用淫祠來聚斂錢財，豪門貴族生活因此日益奢侈，老百姓卻越來越窮。

可濟南國歷任父母官都不敢管，誰管誰倒楣，睜一隻眼閉一隻眼過去。

曹青天是現實主義者，無法容忍如此大肆搞迷信活動，採取鐵血政策，下令強制拆除這些祠堂，嚴禁祠祀等迷信活動，據說，當地居民從此皆不敢再論問鬼神之事。

對老百姓來說，曹操是青天大老爺，對朝中宦官、權貴、地方豪族、黑社會來說，他曹操等於是一個噩夢！發財之道全被斷絕，恨不得除之而後快！

這幫人做事從不講原則，真把他們惹急了，什麼都做得出來……曹操越想越怕，再這樣下去肯定沒好果子吃，不久便遞交了辭職報告，請求回洛陽擔任警衛工作。

宦官權貴們打死也不願意這位爺兒回洛陽，又聯繫有關部門，把曹操調到東郡當太守去。

曹操的夢想是做一個好太守，當了幾個月的濟南國相後才終於明白了，這不現實，他再牛也牛不過現實，立馬放棄不幹，因爲這個夢根本不可能實現。大家都在魚肉百姓，若偏偏有人愛民如子，爲群眾辦實事、做好人，絕對是個異端，而世界上是不允許異端存在的，爲了人身財產安全，他只好乾脆請病假回老家隱居。

漢廷沒有挽留，直接扔給他一個議郎的閒差。

在當時，隱居也是一種時尚，名士多用這種方法提高自己身價——政府高薪來聘請他們，他們就是堅決表示不會上任，也甭管究竟是不是作秀，反正當時的人就好這一口。

孟德兄自二十歲出道以來，個人簡歷中還沒有「隱居」這一條，未免有些遺憾，所以想先隱居個十幾二十年，到時再出來做官也不晚。

回到老家後，孟德兄在譙縣東五十里的地方建了一棟別墅，閉門謝客，「秋冬讀書，冬春射獵」，德智體全面發展。

沒多久，卞夫人爲曹操生下了第二個兒子曹丕。

與老爹不同，曹丕同學出生時，天象出現異常，天空出現一團青色雲氣，狀如車蓋，在曹操家屋頂整整待了一天才散去，四周鄰居都說這肯定不是一般人的氣，是帝王之氣。

孟德兄的心情很不錯，沒有人來打擾他，他有大把大把的時間與家人享受天倫之樂，生活得有滋有味。

沒想到，越想清靜別人越不讓他清靜度日。

冀州刺史王芬同志對靈帝的表現很不滿意，也很有行動力，準備趁劉宏同志回冀州老家巡視時廢掉他，另立合肥侯爲帝。

參與這次行動的骨幹分子有王芬、陳蕃之子陳逸（顯然是想為老爹報仇）、南陽人許攸、沛國人周旌，以及道士襄楷等人。這幾個哥們想拉曹操入夥，便給他寫了封信，強烈希望他入盟。

孟德兄看完信後搖搖頭，廢帝可是高風險的技術活，如果老天幫你，那有高收益，反之，就是九族陪葬的下場，這王芬眞是不知天高地厚！

基於禮貌性的勸導，曹操寫了封回信，表示拒絕參加行動，首先指出「廢立之事，天下之至不祥也」，然後引經據典、旁徵博引，寫出一番有理有據的論證，最後更是告誡王芬等人勿太過天眞，這件事成功的機率幾乎等於零。

王芬等人認爲曹操是膽小鬼，執意繼續謀劃，一切準備就緒，只等靈帝自投羅網。

誰知，計劃不如變化，變化不如領導的一句話，靈帝竟突然說不來了！王芬那個鬱悶啊，這麼多天以來的籌謀全白費了，還得猜測會不會之中出了內賊去告密。最後，王芬懷著忐忑不安的心情自殺了，整件事無疾而終。

此後，各地的造反活動不斷，大西北羌人也時不時來殺人放火。內憂外患把東漢王朝逼進死胡同，孟德兄的隱居生活仍在繼續。

所謂時勢造英雄，之後歷史之神選擇了曹操，把重任放在他肩上，這種機會絕對不是每個人都能有的，能被歷史之神選中，是份驕傲和自豪。

曹操將陪著東漢王朝走完最後一段路。

第4章

全國通緝犯

曹操沒有袁紹那樣的家庭背景，沒人甘願冒著生命危險替他向董惡魔求情，他只能馬不停蹄地往東逃，從此隱姓埋名、餐風宿露，逃得甚為辛苦，

13 重出江湖

曹操在譙縣已經過了將近五年的隱居生活，察覺到天下很快就會亂成一鍋粥，要是走文官的老路，絕對沒有什麼前途，要想在亂世中生存，就得當武將！

三十三歲的漢靈帝劉宏同志身子一天不如一天，老實說，這皇帝眞不是人幹的活，坐龍椅如坐針氈，沒有讓人省心的一天。

宦官、外戚、士大夫們事事鬥，時時鬥，從未消停過；地方上，黃巾主力雖然被擺平，但各地農民造反的情勢仍然不歇，報告的奏摺也堆積如山；在西北，與羌人的戰鬥早成一個無底洞，完全望不到盡頭，韓遂等人又才在涼州造反；北面的匈奴、烏桓、鮮卑也蠢蠢欲動……現在的大漢，可說是個爛到不能再爛的爛攤子，不管是誰都想上去踢個一腳。

作爲現任老闆，劉宏同志隨時都有掛掉的危險，他很累很糾結，越來越覺得有必要

加強自己身邊的保安工作。

中平五年（西元一八八年）八月，劉宏同志在後花園組建西園軍，設立八名校尉，是一支專司護衛的保鏢隊伍，絕不能是花瓶擺設，必須找些自己信得過，又有眞本事的人才行。

很快，他公佈了人選名單：蹇碩爲上軍校尉，袁紹爲中軍校尉，鮑鴻爲下軍校尉，曹操爲典軍校尉，趙融爲助軍左校尉，馮芳爲助軍右校尉，夏牟爲左校尉，淳于瓊則是爲右校尉。

這份名單讓人大跌眼鏡，最有爭議的便是由蹇碩出任上軍校尉，一個身上少樣東西的宦官怎麼可以帶兵呢？再說了，他會帶兵嗎？

漢靈帝可不管這些，甭管蹇碩身體健不健全，會不會帶兵，重點他是自己的親信！還發下命令，西園軍各校尉及大將軍何進都得聽蹇校尉的指揮。

有沒有搞錯？士人和外戚會聽從宦官指揮？他們恨不得把這群男不男女不女的人妖千刀萬剮，蹇碩不過是劉宏的一隻狗，袁紹他們卻是一群狼，一隻狗管得住一群狼嗎？

至於曹操，自從他打黃巾歸來後，劉宏一直對他有好感，全然不管人家孟德兄還在老家玩隱居，直接派使者快馬加鞭，到譙縣宣達聖旨，大意是：你別隱居了，趕快起程進京上班，皇帝我對你很夠意思，讓你做典軍校尉，排行老四。

曹操在譙縣過了將近五年的隱居生活，察覺到天下很快就會亂成一鍋粥，要是走文官的老路，絕對沒有什麼前途，想在亂世中生存，就得當武將，拉起一支自己的隊伍才行，便欣然領旨謝恩，重出江湖。

雖然成了蹇碩的下屬，諒他也不能把自己怎樣……孟德兄放棄悠閒的隱居生活，收拾好包袱，懷著美好的嚮往，向洛陽進發。

既然孟德兄做了武官，就簡單說一下東漢的武官級別。

東漢武官可分為將軍、中郎將、校尉三級，將軍設有大將軍、驃騎將軍、車騎將軍、衛將軍、前將軍、後將軍、左將軍、右將軍等；中郎將設有五官中郎將、左中郎將、右中郎將、虎賁中郎將、羽林中郎將、匈奴中郎將等。

如果是平民出身，參軍後在戰場上表現出色，砍人成績突出，就會被提拔為伍長（五人戰鬥小組的組長，相當於軍中的班長），靠著自己的努力，可以一步步升為什長（可管理二十個人，相當於排長）、百夫長（相當於連長），或是都統都尉。

假如命好，武功超群沒被砍死，交際能力也強，跟領導處得不錯，再加上這時家裡祖墳又冒了青煙，就能當上校尉。這時就到了事業的巔峰，不可能再往上走，因為出身不夠好，沒有任何家庭背景的人，能從一介草民幹到校尉，已是相當大的成就，很多人也會把這當做是自己的榜樣。

不過，事情總有例外，比如董卓同志，他是一介平民，最後卻成了權傾天下的太師，

實在是不容易啊！

假定家庭背景深厚，是皇帝或貴族權宦的親戚，或是名臣名將的後代，只要先下基層做做樣子，絕對能從校尉開始起跳，如果這時又有戰事，只要上場打仗時有兩下子，做個中郎將絕對不成問題。

當上中郎將後，就得花時間去前線拼命，沒有幾分眞本事不行，否則就得讓位給更牛的人。平時，武官能獲得的最高級別就到中郎將，將軍的頭銜不可能隨便送出手，除非要上場打仗，政府才捨得給領軍出征的人一個將軍稱號。至於「大將軍」、「驃騎將軍」、「車騎將軍」這些大多是留給外戚派掌門人用的。

到了東漢末期，戰事越來越多，立功的人也隨之增多，有將軍頭銜的人一大把，將軍就不值錢了，中郎將的地位跟著貶值，校尉更不用說了。

介紹完東漢時代的武官歷程，接著說回曹操。

在新單位，孟德兄見到老朋友袁紹，也認識了新朋友淳于瓊等人，但蹇碩每次看見他，都恨不得一口吃了他，永遠不會忘記自己的叔叔是怎樣被他亂棍打死的。可孟德兄不怕你瞪眼，你能奈我何？

是啊，蹇碩又能把他怎麼樣呢？雖然名義上是這夥人的領導，但是沒人聽他話，皇帝陛下再寵也沒有用。

同年，劉宏還做出個意義重大的決定，改刺史為州牧。說它意義重大是因為，這紙命令讓東漢王朝徹底失去翻身的機會。

漢武帝設十三州刺史部，每州設刺史一人。刺史等級低於郡守相國，由中央派出，巡查地方，並非擁有實權的行政官員，後來到了東漢，刺史地位升高，也有了行政權。

改刺史為州牧，州牧就成了地方最高行政長官，行政單位由郡、縣二級變成了州、郡、縣三級，不僅如此，州牧手中還握有兵權，要是碰上個思想清高的便沒什麼，可如果遇上野心勃勃的人，一定會跟中央對著幹，擁兵自重，朝野勢必四分五裂。

這主意是劉璋的老爹劉焉出的，他雖是老劉家的人，腦袋裡想的卻不是保衛老劉家的江山，是拓展自己勢力……連自家人都這種態度，東漢王朝還指望誰扶呢？

果然沒過幾年，秦漢大一統便走到盡頭，下一次的大一統要到隋唐才能安定，其間的三百多年，只有一個字，亂！

曹操在這個時候選擇重出江湖，等於選擇刀光劍影的戎馬生活，選擇邁向一場成王敗寇的慘烈鬥爭，從現在起，踏上人生中的新旅程。

14 宦官與外戚的最後PK

何進犯難了。關鍵時刻袁紹再次站出來出主意，他建議何進號召四方猛將帶兵進京，玩兵諫嚇唬嚇唬何太后。何進想都不想就同意了。

中平六年（西元一八九年）四月，漢靈帝死了，到列祖列宗面前彙報工作成績，從某種意義上來說，終於從東漢王朝裡完全解脫。

之前，他設西園八校尉，改刺史爲州牧，無疑把東漢王朝向死亡的邊緣使勁推了一把，在歷史之神拋棄大漢的關鍵時刻，劉宏同志完全不辱使命，出色地完成歷史賦予他的重大任務。眼下最要命的是，劉宏沒說清楚到底讓誰接班。選擇繼承人向來是歷任領導同志極其頭疼的難題，劉邦、李世民等一批牛人也曾被弄得焦頭爛額，就連曹操後來也對這道千古難題鬧心得很。

劉宏有兩個兒子，長子劉辯，十四歲，次子劉協，九歲。如果按嫡長子繼承制原則，劉辯做皇帝理所當然，可劉宏喜歡的是劉協，因爲劉協小朋友長得像自己。

據內部知情人士透露，靈帝之所以寵信蹇碩，就是因爲蹇碩支持他選劉協爲接班人，臨走前，更是把劉協託給蹇碩。蹇碩是個好奴才，爲了不辜負老領導的栽培與厚愛，更爲了保住手中的權力，決定先幹掉外戚派掌門何進，然後立劉協爲帝，完成先帝遺願。

他計劃在何進進宮時幹掉他，誰知道助理潘隱竟做出吃裡扒外的勾當，以眼神向何掌門告密示警。何掌門拔腿便跑，才總算躲過了一劫。

蹇碩不死心，又以議事爲由召何進進宮。何掌門不傻，用腳趾頭就能想出來蹇碩在耍陰謀，硬是裝病不去。

蹇碩沒轍，只能眼睜睜地看著劉辯坐上龍椅，史稱少帝，後爲弘農王。

權力鬥爭向來你死我活、殘酷無情，只要參與，就得一條路走到底。

何進知道蹇碩不會死心，他不想等死，也不想讓敵人得逞，再說，劉辯可是自己的親外甥，拼了老命也得保住他的皇位，於是召開緊急會議。

出席會議的有袁紹、袁術、何顒、荀攸、王允等當代知名人士。

會議上，大家就宦官干政問題進行一場深刻討論並達成共識：要想安定天下，必須與宦官鬥到底！

另一方面，蹇碩意識到何進會對自己下手，便向老領導的乾娘中常侍趙忠同志遞了一封信，指出何進一定會來剿滅宦官，自己能調動西園軍，應該先下手爲強幹掉他們。

趙忠對蹇碩的意見表示贊同，馬上召開內部會議進行討論，這時，一個人悄悄從會場溜了出去，誰也沒有發現。

他叫郭勝，職業中常侍，是何進的老鄉。

在每個人的一生中，總會碰到一個人，這個人會徹底改變你的命運，對何進來說，這個人就是郭勝。

當初要不是郭勝把何進的妹妹介紹給漢靈帝劉宏，老何一家人都還在南陽殺豬呢！

聽完郭勝的報告，何進本著「先下手爲強，後下手遭殃」的原則，搶先一步幹掉蹇碩，並收編了他的隊伍。

袁紹唯恐天下不亂，跳出來用當年竇武血的教訓告誡何掌門，要他把宦官趕盡殺絕。

何進已經養成一個習慣，什麼事都聽袁紹的，袁紹叫讓他做什麼他就做什麼，似乎成了袁紹手中的提線木偶，袁紹才是眞正意義上的大將軍。

何進把殺宦官的計劃告訴何太后。

何太后喜歡虛榮，宦官們天天圍著她阿諛奉承，滿足了虛榮心，當然捨不得把這些人殺掉。何太后的老母親舞陽君及弟弟何苗則受了宦官們的賄賂，所謂拿人錢財替人消災，母子倆很遵守遊戲規則，多次向何太后替宦官求情。

這下，何太后更不允許何進殺宦官。

何進犯難了。關鍵時刻袁紹再次站出來出主意，建議何進號召四方猛將帶兵進京，玩兵諫嚇唬嚇唬何太后。

秘書陳琳當即反對，這是引狼入室！可何大將軍只聽袁紹的，反對無效，下令前將軍董卓、東郡太守橋瑁及武猛都尉丁原一起來玩兵諫。

事實證明，這是一個徹頭徹尾的餿主意，悲劇就此開始。

曹操得知何進的這些動作後，笑了，表達了自己的觀點，「宦官古今都有，只要領導不給他們權力，他們什麼都不是。要懲治他們的罪也沒必要趕盡殺絕，幹掉幾個帶頭大哥就行了，這種事一個看牢房的就能給你辦好，何必把狼叫來呢？你搞出這麼大的風聲，不失敗才怪。」

董卓收到何進的詔書後，高興得睡不著覺，馬不停蹄、風塵僕僕地往洛陽趕，知道自己的機會來了！要不是何進，更確切地說，要不是袁紹，董卓這個生活在大西北的鄉巴佬，恐怕一輩子都沒機會到首都旅遊參觀，更不可能掌握最高權力。從這個意義上說，他實在應該好好謝謝袁紹。

等待董卓的同時，何進也做出了幾個重要的人事安排。

首先，任命王允為河南尹。京師洛陽在河南郡內，河南郡的地位自然要高於其他郡，其長官不叫太守而叫尹。

任命丁原為執金吾。

執金吾是近衛軍統帥，皇帝陛下下去視察工作的時候，執金吾便留守京城。同時還掌管儀仗隊，是儀仗隊的隊長，十分拉風，走在大街上回頭率百分之二百。

這個職務很風光，當初劉秀同志還沒當皇帝的那會就曾感慨道：「仕宦當作執金吾，娶妻當得陰麗華。」

任命袁紹為司隸校尉。

司隸是行政區，包括京兆、左馮翊、右扶風三輔和河東、河南、河內、弘農四郡，是東漢十三州之一，因此也稱司州。司隸是京畿地區，不同於其他州，行政長官的稱號自然得與他們不同，不能叫刺史或州牧，俗！得管人家叫司隸校尉！司隸校尉不僅是京畿地區警備司令，還握有監察權，甭管你是三公還是芝麻小縣令，只要敢違法或得罪了他，他就敢彈劾你。

司隸校尉一直是外戚派與宦官派積極爭取的對象，誰得到他的支持，成功也就八九不離十了。孟德兄的老爹曹嵩也擔任過此職。

這一系列人事安排把宦官派逼進了死胡同，形勢一片大好！

袁紹沒有耐心等下去了，手癢得厲害，天天吵著讓何進快點動手，打心眼裡想整死這幫身上少一樣東西的人妖，一個不留。

豈料，何進犯了一個致命的錯誤。

何掌門不愧是殺豬的，現在也開始用豬腦子思考問題了，竟敢獨自一人進宮去找妹子聊天，眞是不長記性，自己找死，老天爺也幫不了你。

宦官雖然沒文化，卻永遠不會優柔寡斷，馬上抓住了這個可能是絕無僅有的機會，幾十個人圍上去一陣亂砍亂踹，可憐外戚派最後一位掌門何進何大將軍就這樣告別了這個美麗的世界。

不過，宦官派也沒能鹹魚翻身，因爲還有袁紹呢！

袁紹等人聽說何大將軍被殺，抄起傢伙奔向皇宮，頓時火光沖天，殺聲四起，宮內宮外全亂了。張讓、段珪他們挾持著皇帝劉辯、陳留王劉協從密道逃出了宮，趙忠同志體力跟不上，動作有些慢，被砍死了。

袁紹他們已經殺紅了眼，見到沒長鬍子的就砍！可不長鬍鬚未必就是宦官啊，就算是宦官也未必是壞蛋啊，但他們管不了那麼多，寧可枉殺一千不能放走一個。聰明機靈動作快的，脫下褲子才保住了命，在這個恐怖的夜晚，二千多人成了刀下之鬼。

張讓等一直逃到了黃河邊上的小平津。袁紹一夥正在宮中忙著砍人，早把皇帝陛下忘得一乾二淨。

尚書盧植同志很擔心皇帝陛下的安危，一直在追。王允放心不下，派部下跟著。

張讓知道自己是活不成了，哭得很傷心，「臣等一死，天下必定大亂，願陛下保重。」說完，這群宦官就跳進了黃河，滾滾黃河水捲走了宦官派最後一位大掌門。

15 狼來了！

此時的董卓已不同於往日，這幾年他拉起了一支自己的隊伍，這裡面以涼州人為主，既有漢人也有羌人。這支部隊只聽他董卓一個人的。

張掌門說得很對，天下眞的要大亂了！

還在路上的董卓望到了洛陽上空的火光，於是快馬加鞭，疾馳洛陽，聽說皇帝被劫後又急忙趕往小平津，在北芒山見到了劉辯、劉協，樂不可支地把人接回了洛陽。

如果說袁紹他們這群狼，有組織、有紀律、有道德、有文化、有理想，心裡多少還惦記著大漢，那麼董卓這匹野狼絕對是無組織、無紀律、無道德，也沒文化，但是有理想，他想圖謀天下，做皇帝當老大！

本來再怎麼算，董卓都沒有機會在中央舞台上表演，但他抓住了機會，成功躍到台前，當選爲主角。

董卓，字仲穎，隴西臨洮（今甘肅省岷縣）人。在講究家世出身的東漢，只是一個小尉兒子的董卓能抓到帝國的最高權柄，說明此人還是有兩把刷子。

隴西西邊是羌人的地盤，羌人是遊牧民族，生性野蠻勇猛，過著群居生活。無論是人還是其他動物，這種社會生活結構的顯著特點是強者爲王。

爲了生存，羌人的老大領著小弟們天天出去打劫搶地盤，目標自然是富有的鄰居東漢。

東漢政府對這幫土匪很是頭疼，一會兒安撫，一會兒討伐，一百多年來雞犬不寧，安撫得花錢，討伐更花錢，羌人問題成了漢廷的沉重包袱，甩也甩不掉。

董卓同學年輕時，經常去鄰居羌人那裡旅遊參觀，還跟當地的頭領們拜把子，後來回家種地，諸位頭頭還常常來他家串門子，增進友誼。

董卓兄大方好客，每次都殺牛款待大夥，大口吃肉大碗喝酒，痛快是痛快，但日子長了，家裡牛再多也不夠這樣吃喝啊！

羌人頭領們過意不去，便合計合計，給他送來了一千多頭牲口。

董卓是個壯漢，膂力驚人，能左右開弓射大雕，後來見在亂世種地沒前途，便扔掉鋤頭，跑到部隊發展。

他這人可說是爲打仗而生，會砍人又不會被別人砍掉，羌人見了他就打哆嗦，很快便當上中郎將張奐的參謀，從此步步高升，做到并州刺史、河東太守。

光和年間，黃巾軍勢不可擋，政府拜董卓為東中郎將到冀州戰場打黃巾。黃巾軍打一槍換一個地方，董卓根本就找不到他們在哪，結果被黃巾痛扁。領導很失望，罷免了他。

第二年春天，積雪融化，萬物復甦，小樹小草發出了新芽，邊章、韓遂也行動起來，打著打倒宦官的旗號和幌子造反。

董卓被任命為中郎將，跟著皇甫嵩去討伐。皇甫嵩打不開局面，朝廷便換上了張溫。剛開始時張溫也不行，直挨到冬季才出現轉機。

一個冬夜，皓月當空，群星璀璨，流星劃過長空，留下了一道十餘丈的光。這道光彷彿照明彈一樣照亮了邊讓、韓遂的軍營，驚得戰馬嘶鳴。被驚醒的士兵覺得這是不祥的徵兆，還勾動大家的思鄉情結，人心思動，整個軍營騷動不安。

第二天董卓、鮑鴻一起發動進攻，對方幾千人就被砍死了，邊讓、韓遂跑到了榆中（今甘肅金城縣）。

張溫認為消滅敵人的時機到了，讓周慎帶領三萬人追擊。參謀孫堅勸他窮寇莫追，張溫聽不進去，帶兵包圍了榆中城。

張溫可能忘了一點，這裡是羌人的地盤，邊章、韓遂反而切斷了周慎的後路，周慎丟盔棄甲，狼狽地逃了回來。很快，羌人對董卓他們實施了反包圍。

援兵指望不上，糧食又吃光了，大家很著急，萬幸，旁邊有一條河。

董卓帶領大家築了一座堤壩截斷水流，從堤下消消溜走。等羌人發現時，只能看著滾滾河水東流，目送董卓走遠。

這次戰鬥，別的部隊都遭到痛扁，只有董卓全師而還，表現突出成績斐然，被封為斄鄉侯。

轉眼到了中平三年（西元一八六年），又是一個春天。張溫升任太尉，回洛陽主持工作去了。

另一邊韓遂發揚窩裡鬥精神，殺了戰友邊章等人後，領著十萬大軍到隴西打劫。隴西太守李相如決定跟著韓遂混，與韓遂合作殺了并州刺史耿鄙，搖身一變，從公務員轉業成了土匪。耿鄙的參謀馬騰、漢陽人王國一看大家都造反了，也紛紛跑到韓遂那兒要求合作，這年頭，似乎造反變成了一種時尚。

韓遂比較有腦筋，中平五年（西元一八八年），率軍包圍了陳倉。陳倉，兵家必爭之地，一旦失守，西部基本就屬於韓遂的了，朝廷急了，拜董卓為前將軍，與左將軍皇甫嵩一起努力，解了陳倉之圍。

此時的董卓已不同於往日，他拉起了一支自己的隊伍，裡面以涼州人為主，既有漢人也有羌人，只聽他董卓一個人的話，聖旨都調不動。說白了，是董卓的私人武裝部隊。

這下漢政府不開心了，你自己養軍隊想幹嘛？不過還是要給董卓一點面子，沒有直接要他交出兵權，而是任命他為少府，讓他來中央上班。

少府是九卿之一，所謂三公九卿，三公前面說過，是太尉、司徒、司空三職；九卿則是太常、光祿勳、衛尉、太僕、廷尉、大鴻臚、宗正、大司農、少府。

少府主要負責皇宮的後勤保安，又苦又累，搞不好還挨人罵，董卓同志是那種願意做後勤工作的人嗎？顯然不是。

董卓不是傻子，直接上書表示涼州還很亂，羌人還需要自己擺平，不是我不想去，是他們拉住我的車子哭著鬧著不讓我走，我也很爲難，只好先順從民意，待在這看看情況再說。

政府拿他一點辦法都沒有，只能默默接受。

不聽話的董卓成了政府的一塊心病，連靈帝臨死前都還惦記著他，下令道：「咱們不是剛剛改刺史爲州牧嗎？你去做并州牧吧，把你的軍隊交給皇甫嵩就行。」

董卓再次上書，「我在部隊裡混了十年，與將士們兄弟情深，大家都樂意在我手下打工，我還是帶他們一起去并州吧，讓他們爲保衛邊疆做出自己的貢獻。」

此時，董卓的狼子野心已暴露無遺，除了幾個腦子不好使的，人們都知道董卓是個什麼樣的人。

如今，天下只剩一個人還能治得住董卓，不是剛即位的小皇帝，而是皇甫嵩！

16 人民公敵

洛陽城已不同以往，宮裡的皇帝陛下淪為人質，董卓才是真正的主人，想做什麼就做什麼，因為他手裡有兵，有兵說話才能大聲，才能控制一切！

幾年前，一個叫閻忠的曾以商湯及周武王的事蹟鼓舞皇甫將軍，希望他能俐落地改朝換代，爲人民帶來希望。

皇甫嵩不是一個有野心的人，他這輩子的志向只有一個，就是爲大漢盡忠，當時並沒有聽從建議。

現在他的侄子又跑來跟他說：「天下已經大亂，有能耐安邦定國的也就只有您和董卓。你們倆本來就有怨隙，不可能和平共處。董卓兩次抗命不從，現在洛陽亂套了還在一旁看熱鬧，肯定是個大奸賊，您應該代表人民，代表政府，興兵幹掉他！」最後，還用齊桓公、晉文公的事蹟來鼓勵皇甫嵩。

然而皇甫嵩卻只說了一句，「專命雖罪，專誅亦有責也。」

可悲啊！皇甫嵩雖然是個好將軍，卻算不上一個好臣子，殺董卓有責任，可不殺他更有責任！

董將軍長期生活在環境惡劣的西北偏遠山區，這回來到繁華的首都洛陽，享受美好生活的同時，也要大幹一番。

這次帶來三千涼州兵，董卓覺得人太少，鎮不住場子，便想了一個法子，讓這三千人白天進城。晚上又偷偷溜出去，等到第二天早上，再敲鑼打鼓放鞭炮，人人唱歌喧嘩地進城，鬧騰了四五天，不知實情的洛陽人民及朝廷，還以為是董卓的部隊人數源源不斷，陣容十分堅強。

大忽悠董卓是個軍人，知道槍桿子的厲害，又收編何進、何苗兩兄弟的部隊。目前的洛陽城只剩執金吾丁原還有兵。董卓明白，想放開手腳做大事，必須除掉丁原，讓誰來做這件事好呢？他最後選中了呂布。

呂布當時是丁原的秘書長，丁原待他不錯，沒少給他好處，但董卓給他的卻是丁原不能給的——高官厚祿、金銀美女。

呂布是個經不住誘惑的人，意識到有必要對自己的前途重新評估，發現投奔董卓比替丁原當秘書強，於是二話不說，拿著丁原的腦袋作為見面禮，正式拜訪董卓。

殺丁原的那一刻起，呂布便拋棄了最重要的東西：道義！

現在洛陽城內，全是董卓一人說了算，他的野心馬上就要實現。他的到來，使得東漢外戚與宦官專權的問題得到徹底解決，從此外戚、宦官淡出大漢江湖，連東漢王朝的命也到了盡頭。

既然身擁大權，董卓也不好以中郎將的身份在首都橫行，起碼得弄個三公來當才不會滅了自己威風，於是以「長時間不下雨」爲由，罷免司空劉弘，自己取而代之。常言道新官上任三把火，董司空的第一火燒得是驚天地泣鬼神，這也許是有史以來最牛的一把火。他要廢帝！

當初在北芒山，十四歲的劉辯一看到兇神惡煞的董卓就像見到鬼似地哇哇大哭，嚇個半死，語無倫次，跟個傻子似的。

倒是九歲的劉協條理清晰，結構嚴謹，緊扣主題，把事情經過像講故事一樣說給董卓聽。那會兒董卓就有了廢掉劉辯的想法。

按理來說，野心勃勃的權臣一般都巴不得皇帝是個傻子，如此才好操控。董卓應該堅決擁護劉辯才對，但他有充分的自信，想廢皇帝就是要告訴大家，現在天下名義上姓劉，實際上姓董，同時向大家證明沒有自己不敢做的事，不管皇帝是誰，他都能捏在手裡，控制一切。

董卓相信自己能控制一切，但過度的自信就是自大，一個自大的人便離滅亡很近。

很快地，董卓召開朝臣會議，商討廢立事宜。在會上，他首先發言，指出劉辯不配當皇帝，並擺出了一大堆理由。

之後，董卓又慷慨激昂地說道：「反對者，以軍法從事！」

在座人一聽，頓時感到了寒冬的來臨，只能聽他洋洋灑灑條列一大堆理由，沒一個人敢直接吭聲說不合道統。

任何時候都有不怕死的，尚書令盧植就是一個，他立即站起來表示反對，為劉辯同學辯護，力陳不可！

董卓被激怒了，立刻袖子一甩，宣布散會！

有沒有覺得這一幕很熟悉？先前，梁冀梁先生也是這麼幹的，看來董卓正在向梁冀同志學習，徹底發揚跋扈人士的精神。

第二天，會還得接著開，總得討論出個結果，可生氣的董卓再也不想多費人力，直接宣佈廢劉辯，立劉協，是為漢獻帝。接著，又不想讓劉辯和何太后終日生活在憤怒鬱悶當中，沒過幾年就把母子倆全毒死了。

劉協坐上了龍椅，董卓也當了太尉，封郿侯，後來又任相國。

俗話說：「一人得道，雞犬升天。」董大人升官後，沒有忘記自己的親戚，只要是董家人，不管年齡多大，不管是不是腦殘，絕對都有官做。

董卓不是粗人，明白光靠自己的親戚幹不成大事，也知道積聚人氣很重要，便爲陳蕃、竇武這些黨人平反，重新啓用士人，讓他們爲自己妝點門面。

曹操的導師蔡邕蔡老師因被宦官迫害，這時還在外面流浪，董卓看中他文壇領袖的身份，讓他來做官，蔡老師推託說自己有病無法上任。

董卓不耐煩了，破口大罵，「我他媽的喜歡殺人，有種你就別來，後果自負！」

蔡老師很無奈，只好辦理報到手續上任。

董卓倒是很器重他，三天之內蔡老師坐火箭連升三級，做到御史中丞，同時，何顒、荀爽（荀彧的叔叔）等人也進了董卓的領導班子。

其實，這些名士們打心眼裡不願意給董老闆打工，但又不得不去，要是不參加工作，這魔頭肯定讓自己全家死光光！

董卓還任命韓馥爲冀州刺史、劉岱爲兗州刺史、孔伷爲豫州刺史、張咨爲南陽太守……洛陽城已不同以往，宮裡的皇帝陛下淪爲人質，董卓才是眞正的主人，想做什麼就做什麼，因爲他手裡有兵，有兵說話才能大聲，才能控制一切！

董相國的兵還兼職做強盜土匪的工作，大家成群結隊地出去搶財劫色，首都人民家裡的積蓄多，不管是貴戚還是平民，涼州兵一視同仁，照搶不誤；劫色方面，婦女更是無辜受累，即使是深居大內的公主、婢女都不放過。

對這群橫行無道的禽獸，人們不敢怒也不敢言，在這種白色恐怖之下，誰也不知道自己還能在這個世界上待多久。

涼州兵似乎覺得他們做得還不夠多，便擴大業務範圍去刨何太后的墳，找看看有沒有什麼寶貝……以上種種事蹟，統稱爲「搜牢」。

豈知，只有人想不到的，沒有董相國做不到的，他認爲洛陽城不夠大家搶，又派軍隊到附近的陽城去。

此時陽城人民正在祭天祭祖，見忽然來了一群喪盡天良、滅絕人性的土匪，還沒反應過來就慘死刀下。

土匪們把男人的頭割下來掛在車上，女人則被帶回洛陽，無恥地興高采烈回來，還對外宣稱是打勝仗凱旋歸來。

董相國還要繼續放火，這回推出的實行項目是廢掉五銖錢，重新製造錢幣，結果卻造成通貨膨脹、物價飛漲，以前能買一頭牛的錢，現在連一隻雞都買不起。

在董相國方針政策下，洛陽成了人間地獄，先前「有幸」死去的人已經解脫，可活著的人還得繼續忍受痛苦的折磨。

17 全國通緝犯

曹操沒有袁紹那樣的家庭背景，沒人甘願冒著生命危險替他向董惡魔求情，他只能馬不停蹄地往東逃，從此隱姓埋名、餐風宿露，逃得甚為辛苦。

哪裡有壓迫，哪裡就有反抗！

董卓進洛陽後，袁紹悔不當初，本來是想把董卓找來嚇唬何太后，沒想到自己卻被嚇唬住。

後來，董卓想換皇帝的時候曾對袁紹說：「天下之主應當賢明，劉辯眞是一個混蛋，現在咱們應該擁立劉協爲帝才對！」

這時袁紹膽子倒大起來了，表現得一臉正氣，「劉辯沒犯什麼錯誤，無緣無故把他廢了，大家不會同意的。」

董卓一聽袁紹不贊同自己，便抄起傢伙破口大罵，「你小子活膩了是吧？天下的事

老子說了算！」

袁紹知道不妙，急忙請出自己叔叔，也是當時的太傅袁隗，讓他和董卓商量商量。豈料董卓生氣地大罵道：「他們老劉家的種沒必要留！」他是個實誠人，心裡怎麼想就怎麼說，從不遮遮掩掩，赤裸裸地道出心聲。

聽到這句話，袁紹也急了，「世界上的猛人只有你董卓嗎？」話一說完，便拔出佩刀揚長離去，心下知道董卓不會放過自己，馬不停蹄地逃到冀州。

董卓很生氣，想馬上發布全國通緝令，抓拿袁紹。

這時，侍中周泌、城門校尉伍瓊替袁紹求情，先是在董卓面前痛罵袁紹一番，說他不識大體、不明事理，同時又告訴董卓，「袁紹是因為太笨太害怕，想不出其他想法才會逃跑，可如果大人真下令抓他，卻一定會出事，他們老袁家四世三公，門生故吏遍布天下，一旦聯合起來，肴山以東的地盤就不會是大人的了，不如赦免他，給他個郡守位置做做，袁紹一定會感恩圖報。」

說來也奇，此時的董卓似乎失去思考能力，覺得這哥倆說得十分有理，竟當真下令讓袁紹當渤海太守，又封他為邟鄉侯。筆者說句不好聽的，就算周泌和伍瓊真把董卓賣了，董卓都還會幫他們數錢吧？這董卓能玩好政治嗎？肯定玩不了！

另一方面，董卓令人髮指的暴行已經嚴重傷害大漢人民的感情，那些有權有勢的大人物選擇裝聾作啞，小人物伍孚是個憤青，無法容忍董卓的殘忍，誓爲東漢人民除害！

伍孚把匕首藏在朝服中，前去拜訪董卓，雙方交談完後，他起身告辭，董卓有禮地把人送至大門口，不料這時伍孚竟趁其不備，拔刀便要往董卓身上一捅！

董卓武功高強，直接將刺客伍孚抓住，身上驚出一身冷汗，罵咧咧道：「你小子想造反啊？」

伍孚是條有骨氣的漢子，反罵回去，「你又不是我的主人，我也不是你的奴隸，說什麼『造反』？董卓，你這個罪大惡極的混蛋，我今天來殺你，就沒打算活著回去，更恨不得親手車裂你！」

對這樣的恐怖分子，董卓自然不會手軟，哼道：「既然你不想活，我就只好送你一程，殺！」將手一揚，把看似還要怒罵的伍孚擊斃。

伍孚事件讓董卓意識到，自己在明，反對者在暗，說不定下一個伍孚就在自己身邊，人身安全馬虎不得，加強保安工作的同時，更要團結一切可以團結的力量，拉攏一切能夠拉攏的「友軍」。

很快地，他盯上了當時的名人曹操，認爲他是自己可以爭取到的盟友，於是主動示好，要封他爲驍騎校尉。

曹操才不吃他這一套！

他心裡明白，董卓帶兵打仗是有一套，卻玩不了政治，跟著他混，早晚會失敗，說不準還得給他當墊背，百害而無一利；可要是拒絕合作，董卓又會使出滅人九族的老方法……不想跟他混又不想等死的曹操百般無奈下，只好選擇騎馬逃出洛陽城，連老婆孩子都沒來得及通知。

老實說，這事孟德兄就做得不厚道了，他改名棄職，是順利逃出了魔掌，可不知情的老婆孩子卻還留在京城，他們該怎麼辦？男子漢大丈夫怎麼可以捨棄老婆孩子呢？

這時，袁術同學跑到曹操家裡散佈謠言，說曹操被董卓殺了。

曹家人一聽便炸鍋了，急著要收拾行李，連夜飛逃。正亂成一團時，曹操的小老婆卞夫人站了出來，勸道：「曹君的吉凶還不知道，現在咱們出逃，如果明天他回來了咱們有何面目見他？就算禍事來了，咱們也要和他同生共死！」

在卞夫人勸說下，大家重拾理智，靜靜等待進一步的消息，能娶到這樣一個好媳婦兒，曹操眞是賺大了。

董卓下達了通緝令，在全國境內追捕才剛逃出洛陽的曹孟德。

曹操沒有袁紹那樣的家庭背景，沒人甘願冒著生命危險替他向董惡魔求情，他只能馬不停蹄地往東逃，從此隱姓埋名、餐風宿露，逃得甚爲辛苦。也許，他曾想過以後回來東山再起，但沒想到，當自己再度回來時，洛陽卻已成了一座廢墟。

18 弒友奸雄

曹操很快就從悲慟中走出，黯然地說了句千古名言，「寧我負天下人，毋人負我！」這肯定是歷史上最欠揍的一句話了！

這日，天朗氣清，孟德兄逃到老朋友成皋（今河南滎陽）人呂伯奢家裡。呂伯奢正巧不在家，不過，他的五個兒子熱情歡迎接待曹操，寒暄幾句後，呂家勇敢地收留身為全國通緝犯的曹叔叔，還給他安排住宿。

曹操很感動，這些日子以來，吃不好睡不好，也不知道家裡什麼情況，現在總算可以停下來喘口氣。

當人陷入走投無路，徬徨迷茫時，只要有人伸手提供援助，哪怕只是一杯水都會在心頭感激一輩子。

此時曹操也是一樣，他對呂家人的感激之情猶如長江之水綿延不絕，正準備以無比

感激之心，美美地睡上一覺時，忽然間，聽到屋外傳來陣陣異響，當中更有像是磨刀般的聲音。

曹操本就性格多疑，自己身份變成通緝犯後，更加疑神疑鬼，不敢相信任何人，懷疑遇見的每一個人都會偷偷抓自己去官府領賞。

屋外動靜使孟德兄越覺心慌，最後選擇抄起手邊傢伙，衝出房門一口氣把呂家人殺得乾乾淨淨。

然而殺完之後，他卻不由得愣住了，原先心中的恐慌變爲恐懼。

錯了，徹底錯了，原來人家不是想謀殺他，只是想殺雞宰豬款待他！

剛才還感激得要死，現在卻把人家殺了！

八條人命就這樣在自己手上冤死，曹操很悲傷、很難過，也很痛苦，但人死不能復生，大錯已經鑄成，全然無法挽回。

奸雄就是奸雄，曹操很快就從悲慟中走出，黯然地說了句千古名言，「寧我負天下人，毋人負我！」

這肯定是歷史上最欠揍的一句話，無論古今，只要誰敢大聲說出這句話，肯定會被無數口水淹死，但曹操偏偏大無畏地說出口來！

政治是一場極其殘酷的遊戲，做爲一個成熟的政治家，不僅要對別人狠，對自己更要狠一點！玩政治，必須殘酷無情、心狠手辣、不擇手段，好人幹不了這一行，像是皇甫嵩、劉表等人。

此地不宜久留，曹操繼續向東跑。

不過，董卓的通緝令比他更快！

在中牟（今河南中牟），一個招待所所長（亭長）眼力極好，看到曹操形跡可疑，知道不是什麼好人，立馬二話不說，先把人抓起來。

曹操武功高強，要逃也容易，但他並沒有激烈反抗，明白只要自己一有大動作，就會暴露虛實，要伺機而動才行。

五花大綁的曹操被送到縣裡，巧的是，縣長助理曾見過他，知道此人是他們所要追捕的通緝犯曹操。

這位助理雖是個小人物，卻明白大道理，知道該讓天下英雄開創新時代，便直接跟縣長拍胸脯保證，「這哥們我認識，是我家鄰居的二小子，沒做什麼壞事，是個良民。」

縣長深信不疑，隨即下令釋放曹操。

曹操又逃過一劫，可惜的是，史書沒有留下這位仁兄的大名。

這一路真是兇險無比，好在他吉人自有天相，危難關頭逢凶化吉，董卓終究沒能抓到曹操治罪。

沒完沒了地一直跑路，就算逃過了初一，也逃不過十五，一味逃跑不是辦法，必須

勇敢地正面迎戰董卓，打倒董卓！

在陳留（今河南開封境內），曹操終於停下逃跑的腳步。

陳留雖然屬於徐州，但與孟德兄的老家譙縣距離很近，正好位於洛陽與譙縣中間，據守的長官也是熟人，正是老朋友張邈。

除了張邈之外，陳留還有一個大富豪叫衛茲，不僅有錢，也有著相人的特異功能。看出曹操是個人物，衛茲跑出去到處宣傳炒作，說「能平定當今天下的人非曹操莫屬」，不遺餘力爲曹操造勢，還很大方地拿出自己全部家產贊助曹操，勸他趕緊起兵討伐亂臣董卓。

起兵不是小孩扮家家酒這種兒戲，一旦起兵討伐董卓，就會成爲天下焦點，一舉手一投足都備受關注，到那時很多事情都由不得你。

加上起兵後，董卓一定會派出西涼鐵騎，到時就算想反悔也來不及，要嘛把董卓打敗，要嘛是被董卓打敗，絲毫沒有退路，所以起兵前一定得先做好充分準備。

首先，需要人馬兵器，沒有人沒有工具，還跟人家打什麼仗啊？

孟德兄先把家產全拿出來，到處招兵買馬，堂弟曹仁、曹洪以及好兄弟夏侯惇、夏侯淵聽到消息後，紛紛前來入盟，可惜資金有限，最後只招到五千人，這五千人就是往後起兵的本錢。

光有錢有人還不夠，手裡得有傢伙才能上戰場砍人，招兵的同時，還得打造兵器，有時孟德兄甚至親自下車，與工匠們一起搞生產、造兵器，發展新武器。

大家看領導都動手了，頓時備受鼓舞，幹活也更拼命賣力起來。

一切準備就緒。

中平六年（西元一八九年）十二月，一個寒冷的冬天，曹操在己吾（今河南寧陵）揚起討伐董卓的大旗，宣布正式起兵討伐董卓，展開戎馬倥傯、位高權重的人生。

他的人生道路，就在這一刻發生徹底巨大的改變！

第5章 打倒奸賊董卓

曹操雖然已經三十多歲，仍舊血氣方剛，一直堅守著自己的理想，原本以為關東聯軍和自己有著同樣目標，才會走到一起，沒想到自己大錯特錯！

19 關東聯軍

幹大事需要代價，袁紹、袁術、曹操他們一旦舉起反董的旗幟，便意味著犧牲自己的家人，因為他們的家人此時正在洛陽，在董卓的手掌心。

打算起兵的人不止曹操一個，但誰都沒有勇氣站第一個，畢竟槍打出頭鳥。現在可好了，曹操當了出頭鳥，扮演陳勝、吳廣的角色，大家也就不怕，各路豪傑揭竿而起。

東郡太守橋瑁向各位豪傑發出倡議，積極聯絡同志，詐稱自己收到三公的書信，信中說董卓這個混蛋讓大家吃盡苦頭，急切盼望著有人進京勤王，打倒奸賊董卓，爲國家除害。

橋瑁給了大家一個起兵的好理由——清君側！

古人講究出師有名，現在董卓那邊是中央，別人都是地方，地方打中央，怎麼看都是造反，但人民的智慧是無窮的，「清君側」永遠是地方反對中央最好的理由。

有了帶頭的，也有了起兵理由，衆人便無須再等。

初平元年（西元一九〇年），剛過完年還沒出正月，各路豪傑組成反董同盟，向董卓宣戰。

後將軍袁術、冀州牧韓馥、豫州刺史孔伷、兗州刺史劉岱、河內太守王匡、渤海太守袁紹、陳留太守張邈、東郡太守橋瑁、山陽太守袁遺及濟北相鮑信同時起兵，每支隊伍至少都有數萬人左右。

這麼多軍隊，爲了便於指揮，必須確立一個堅強的領導核心，推選一位德高望重的盟主。選盟主可不能像武俠小說中那樣以武論英雄，必須有背景、有地位、有聲望、有人氣，最重要的，要能讓全體人士信服。

論背景，袁術是老袁家的嫡子，而老袁家在社會上的影響非常大，有「四世三公，門生故吏遍天下」的雄厚背景——所謂四世三公，是指袁家四代以來便有五個人當過三公，而是門客、學生及其他曾經跟著老袁家混過的屬下，人數更是遍佈全世界。

就此分析，袁術被選爲盟主似乎是理所當然的一件事，不過，衆方豪傑並沒有把票投給袁術，反而選擇老袁家的庶子袁紹。

雖然袁紹不是袁家的嫡子，卻比袁術更有資歷更有名氣聲望，更重要的是，他先前在洛陽幫何進出謀劃策的工作經歷贏得衆人芳心。

袁紹這廝可不簡單，早年，先是爲母守孝三年，後又爲亡父守孝，拒絕入朝做官，只在洛陽家中養門客，面容長得又帥且折節下士，投奔他的人絡繹不絕，到他家拜訪的人光排隊都排到大街上，場面極爲壯觀。

不過，並不是任何人都會受到袁紹親切接見，他只見名人，沒有名氣的路人一律不見，後與張邈、何顒、許攸、伍瓊等人結爲好友，名聲扶搖直上。

當時掌權的大長秋趙忠同志很不高興，哼了一句，「眞不知道這孩子想幹什麼！」袁隗聽後嚇個半死，多次批評袁紹，從此袁紹才有所收斂。

被推舉爲盟主後，袁紹自封爲車騎將軍——當然，這個稱號不會得到董卓控制下的東漢中央政府承認，說白了，是違法的。

袁盟主夠朋友，沒有忘記起兵反董卓第一人，也是自己的老哥們曹操，下令讓他代理奮武將軍。不過，孟德兄只有五千兵馬，根本上不了檯面，只能依附在張邈旗下。

反董聯盟已經成立，接下來就得眞刀眞槍地幹了。

袁紹與王匡駐兵河內（今河南武陵縣），袁術駐兵南陽（今河南南陽市），孔伷駐兵潁川（今河南禹縣），韓馥駐兵鄴城，其餘部隊駐紮在酸棗（今河南延津），對洛陽形成三面包夾之勢。

這些部隊全位於函谷關以東，故史稱爲關東聯軍。

各位將領義憤塡膺，紛紛表示與董卓不共戴天，要和他鬥爭到底，拼個你死我活。

幹大事需要代價，袁紹、袁術、曹操他們一旦舉起反董的旗幟，便意味著犧牲自己的家人，因爲他們的家人此時正在洛陽，在董卓的手掌心。

誰願意眼睜睜地看著自己的家人死於屠刀之下？但爲了雄心壯志，爲了天下，他們不得不這樣做，表面上若無其事，內心卻承受著極大的痛苦和折磨。

莫道男兒心如鐵，君不見滿川紅葉，盡是離人眼中血！

果不其然，洛陽的董卓惱羞成怒，罵道：「我靠，袁紹，恩將仇報，算你狠！你狠，我比你更狠！」一氣之下，滅了袁家五十多口。

奇怪的是，曹操的家人卻平安無事，以董卓的風格絕不會大發慈悲放過他們。最大的可能是在董卓下手前，曹操家人已經逃出洛陽，至於怎麼逃出來的不得而知。

袁家五十多口被殺的消息傳出後，袁家的門生故吏紛紛站出來表示要爲袁家報仇，都去投靠袁紹。

20 天下英雄兩人而已

這夥人根本沒膽量去跟董卓打仗，看到曹操被痛扁一頓後，更是畏畏縮縮，反而對曹操、孫堅如此積極的行為很反感，認為他們倆不是精神有問題，就只是想出鋒頭。

董卓沒想到袁紹他們敢造反，他一直以來放心不下的是皇甫嵩，什麼袁紹、曹操的，這些愣頭青他根本不怕，只擔心皇甫嵩從背後捅自己一刀。

前面說過，皇甫嵩根本不想蹚董卓這灘渾水，不過，卻不代表董卓就會因此對他感激涕零。由於顧忌日深，董相國先下手爲強，解除了皇甫將軍的兵權，把他調到首都洛陽裡當城門校尉，以便有機會下毒手。

這時，一個叫梁衍的人跑來，勸皇甫嵩起兵與袁紹他們合作，把董卓包成餃子餡兒，還告訴他洛陽行是個陷阱，去了絕對危險。

可惜一切都是白說，皇甫嵩是個老好人，做不出驚天地、泣鬼神的大事，梁衍只好

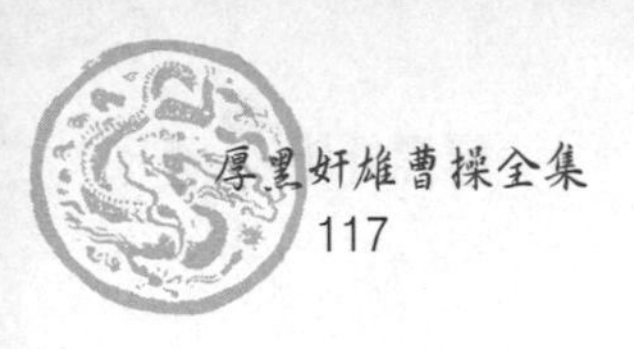

和之前的閻忠一樣，無奈地搖頭走人。

皇甫嵩以「明知山有虎，偏向虎山行」的大無畏精神捲起鋪蓋，大步朝洛陽出發，才剛到地頭沒多久，就被捕了，完全令人不意外。

幸好，皇甫嵩有個好兒子叫皇甫堅，平時與董卓的關係還不錯，在某次酒會上，跪在董卓面前不停磕頭，一把鼻涕一把淚地爲自己父親求情。

這孝行感動在場所有人，紛紛站出來替皇甫嵩說好話，連鐵石心腸、鐵面無私的董卓也因而心軟。

看在皇甫堅求情的份上，董卓後來赦免皇甫嵩，更任命他爲議郎，後來升爲御史中丞，只是，兵權絕不可能再還給對方。

擺平皇甫嵩這個潛在的威脅，董卓可以放心迎戰關東聯軍。

爲了爭取時間，董卓派出外交部長韓融、少府陰循、禁衛軍統帥胡母班、工建部長吳循，以及中央軍將領王瓌等人到袁紹那兒談判，想要瓦解關東聯軍。

我全家都被你殺了，還談個屁呀！

一腔熱血與怒氣的袁紹也顧不上什麼「兩軍交戰，不斬來使」的原則，見一個殺一個，遇兩個便殺一雙，一場發洩下來，只剩韓融同志因爲名氣比較大些，撿回一條小命。

早些時候，黃巾軍餘部已開始在西河白波谷一帶活動，他們轉戰太原，攻佔河東，人們送給這支黃巾軍一個響亮的稱號「白波賊」，隊伍有十萬多人，在北邊對洛陽虎視眈眈。

董卓曾派女婿牛輔前去剿滅，但牛輔同志始終沒幹出什麼成績，現在袁紹又嚷著要殺進洛陽，洛陽是不能待了。

爲了防止被包餃子，董卓在一片反對聲浪中決定遷都長安，臨走前，還順道毒死了劉辯，又派乾兒子呂布去刨人家祖墳，掘皇陵，挖各位公卿大臣的墓，能帶走的全部打包帶走，帶不走的就放把火燒掉，硬生生把當時世界上最繁華的洛陽城燒成一片廢墟。

這種缺德事，恐怕只有董卓能做得出來。

西進路上堆滿了屍體，餓死的，踩踏致死的，西涼軍殺死的……悲劇無時無刻不在發生，西涼軍根本不把這些百姓當人看，任意欺辱，洛陽通向長安的這條路，是條地獄之路，也是死亡之路。

天下急需英雄拯救萬民於水火，就在人們望穿秋水之時，英雄來了！

時任長沙太守孫堅這時也來討伐董卓，加入袁術的隊伍。

孫堅跟隨朱儁打過黃巾，與董卓曾經是同事，一起在張溫手下幹活，但兩人的關係處得不是很好。

傳說孫堅是孫武的後代，早就看董卓不順眼，一聽到關東聯軍起兵伐董的消息後，便抄起傢伙，帶著手下兄弟趕赴參戰。

路過荊州時，荊州刺史王睿沒有熱烈歡迎，被孫堅砍了。後來又到南陽，隊伍已發展到數萬人之多，孫堅更爲囂張，直接仗著人多把南陽太守張咨收拾了。

在魯陽，袁術熱烈歡迎並親切慰問孫堅，表其爲豫州刺史。

稍作休整後，孫同志便雄赳赳氣昂昂地走上戰場。

此時董卓還留在洛陽，孫堅先在梁地碰到正在四處打劫的董卓部將徐榮。

在這場戰爭中，信心滿滿的孫堅大敗，潁川太守李旻更被活捉，扔下油鍋。

董卓把其他俘虜全部用布包起來，做成木乃伊的樣子，然後把他們倒放在地上，用滾燙的熱油活生生把他們燙死。

孫堅帶著幾十個人狼狽地逃走，有多狼狽呢？

孫堅喜歡戴紅頭巾，在人群中非常明顯，西涼兵都知道戴紅頭巾的人就是孫堅，使勁地追著。孫堅被追得沒法，只好把頭巾摘下來套在貼身部將祖茂的頭上，自己則從小路逃走了。

西涼軍跟瘋牛似地只認紅色，爭著去捉祖茂。祖茂也不傻，他把紅頭巾放在一座墳頭邊的斷柱上，接著悄悄趴在草叢中，一口大氣都不敢吐。

西涼兵追過來一看，才知道上當，只好恨恨退去。

這次的慘敗讓孫堅領教到西涼軍的實力，不過，他沒有害怕，沒有退縮，繼續在抗董第一線奮戰，到了第二年，又重整旗鼓，進逼梁縣陽人（今河南汝州市）。

董卓知道這位老同事是個猛人，不好對付，便派胡軫、呂布一起去攻打，誰曉得這兩人合不來，仗都還沒打，士卒就散亂不成章。

孫堅抓住時機發起進攻，胡軫和呂布無心抵抗，而小人物華雄則還沒來得及逃就被碎八段！

這場面弄得董卓很緊張，也使另一個人心中糾結，此人姓袁名術。

袁術這個人成事不足，敗事有餘，沒什麼眞本領，但背後搞動作，耍陰謀使陰招倒挺在行。

他看到部下孫堅如此生猛，沒有感到高興，反而很擔心，擔心孫猛人將來不再接受自己的領導，於是用了很陰險的一招，切斷孫堅的軍糧。

沒飯吃還打什麼仗啊！

孫堅很生氣，連夜趕去見袁術，義正辭嚴地說道：「我與董卓沒有深仇大恨，之所以奮不顧身和這個混蛋幹架，還不是爲國家除害，爲你報仇！你倒好，聽信小人讒言就懷疑起我來了？」

袁術啞口無言手足無措，只能跟孫堅解釋說這純屬誤會，立馬把軍糧送去。

塡飽肚子後，孫堅決定發動新一輪的攻勢。

董卓慌了，派李傕去談判求和，表示願意與孫堅結爲親家，你們家的人只要是想當官的，只要列出名單，我立馬簽字蓋章，人人有獎。

孫堅根本不吃這一套，嚴辭拒絕董卓的條件，並表達了自己的決心，不滅你三族我死不瞑目！

孫堅繼續推進，到了大谷（今河南偃師縣），距洛陽只有九十里。

董卓覺得洛陽守不住，放了一把火便跑到長安去。

孫堅進了洛陽城，看到的是一片廢墟，到處是殘垣斷壁，便派人塡補已被董卓破壞的皇陵，沒想到在一口枯井裡，卻意外發現大漢朝的傳國之璽。

這枚玉璽是當初宦官張讓他們逃跑時丟棄的，事後大家尋找了很長時間，把洛陽搜了個遍都毫無結果，沒想到竟然藏在一口枯井裡，被孫堅得到。

傳國玉璽是秦始皇命人用和氏璧鐫刻而成，方圓四寸，上紐交五龍，正面刻有李斯所書「受命於天，既壽永昌」八個篆字，爲正統合法的信物，爲秦以後歷代帝王相傳，是天下之主象徵。

孫堅的保密工作沒做好，很快，大家全知道孫堅已得到國璽，都在打他的主意，尤其是袁術。

洛陽殘破不堪，不容軍隊駐紮，修完先帝們的陵寢之後，孫堅便率部回南陽。

孫堅本來可以待在南方不參戰，去做自己的事，但他是一個有責任心的好男兒，在國家有難時挺身而出，在其他人紛紛觀望之時毅然出兵，哪怕經歷過失敗也絕不退縮，面對董卓的誘惑毫不心動，一個人把董卓打出洛陽。最終卻因關東聯軍不思進取，只好撤退。

孫堅，英雄也！

有勝利的英雄，也有失敗的英雄。

董卓跑到了長安，以袁紹為首的關東聯軍卻遲遲沒有行動。他們沒有孫堅的生猛與膽量，對董卓的西涼兵害怕得要死，誰也不敢前進一步。這些平時人五人六的英雄豪傑全部變成了狗熊，誰也不願意出兵！

孟德兄看不下去了，找到袁盟主等人，發表一番慷慨激昂的演講。

「咱們這次的革命目的，是要滅掉董卓這個奸賊大魔頭，現在大家已經建立起革命的統一戰線，部隊也已經集結完畢，還猶豫什麼呢？董卓在咱們盟軍剛剛起兵時，憑著控制皇帝，控制中央政府的優勢，佔據住長安洛陽的地利，即使他再殘暴沒有人性，咱們也未必能拼得過他，可是如今他自己一把火燒了洛陽，還把天子劫走，人民對他徹底失望，這正是老天要滅他的意思！我們不趁著這大好時機與董卓一戰，更待何時？」

可惜，沒人對他的話感興趣，曹孟德嘆了一口氣，跟這群人談討伐董卓，無異於對

牛彈琴，只好靠自己帶來的人馬。

曹操領著曹洪等人從酸棗向西前進。

濟北相鮑信同志對袁盟主很失望。早在洛陽時，他就曾勸過袁紹得及早下手幹掉董卓，可袁紹被董卓嚇住，終究不敢動手，如今更為害怕董卓，就算是為死去的家人報仇也不敢，看來這輩子難成大事。

鮑信被曹操的言行感動，認為曹操將來一定能成就一番大事業，便帶著弟弟鮑韜跟隨曹操去打董卓。

另外，好朋友張邈也不放心，派衛茲領著一小部分士兵去給曹操幫把手。

一腔熱血的曹操繼續西行，打算佔據成皋，也就是在這裡，他誤殺了好友一家人，沒想到的是，都還沒望見成皋城，就先在滎陽碰上徐榮。

就是那個把猛人孫堅打得潰敗的徐榮！

雖然對手換成孟德兄，結果還是一樣，徐榮大獲全勝！

曹操就那麼五千人，加上鮑信、衛茲的人馬也多不到哪去，這些人根本不夠西涼兵砍，再者，曹操的人都是些新兵，頭一次上戰場緊張得很，加上砍人業務也不是很熟，徐榮想不贏都難。

曹操這次徹底領教到西涼兵的實力，這夥人不僅會打劫，砍起人來也絲毫不含糊，在這場戰爭中，衛茲、鮑韜兩位同志光榮犧牲，鮑信同志則身受重傷，其他小卒則早早見了閻王。

孟德兄自己也被亂箭射中，更要命的是，座下戰馬受了傷，連爬都爬不起來，逃走的希望十分渺茫，就在幾近絕望時，曹洪出現了，他把曹操扶上自己的戰馬。

曹操不願意，堅決辭讓。

曹洪豪氣地喊道：「天下可以沒有我曹洪，但絕不能沒有大哥你！」聞言，曹操只好爲難地騎上曹洪的戰馬，曹洪則在一旁步行戒備，兩人趁著夜幕降臨，在黑暗掩護下逃走。

走到汴水旁，河水太深過不去，曹洪沿著河岸尋找船隻。可能是老天爺不想讓曹操這麼早就死，兩人還眞找到一隻小船，趕緊划船過河，直往老家跑了回去。

這是曹操第一次在戰場上失敗。

失敗並不可怕，可怕的是因失敗而放棄自己的理想。誰都有可能遭受失敗，其實正是失敗才有重生的機會，只有從失敗中重新站起來，才是一名眞正的強者！

自己的那五千人已經沒了，眼下最重要的是重新募集兵馬，這回曹家、夏侯家紛紛出來，有錢出錢，有力出力。

曹洪家是大款，既不缺錢也不缺人，光他們家出了一千多人。

曹操又領著夏侯惇南下揚州招兵，收穫不小。揚州刺史陳溫與曹洪關係不錯，出了兩千精兵甲士，丹陽太守周昕也給了曹操兩千多人。

曹操帶著這幾千人，便要往回繼續衝殺，不料到了龍亢（今安徽懷遠縣）時，士兵竟叛變了！

興許是覺得跟著才剛吃敗仗的曹操混沒有前途，也可能是不願意遠離家鄉，總之，在一個月黑風高，伸手不見五指的夜晚，軍士們放火燒了曹操的軍帳！

幸好曹操武功高強，使出一套曹家劍法連殺數十人，才倖免一死，叛變軍士最後沒有選擇一擁而上，而是四散逃開，不再跟著曹孟德。

一夜之間，大多數人選擇離曹操而去，好不容易挨到天亮，曹操數了數，只剩下五百多人跟著自己繼續混。

離開龍亢後，曹操邊走邊招，又招了一千多人，拉起一支三千多人的部隊，之後就暫時停下招兵的動作。

他很清楚，明白弄得越顯眼，看自己不順眼的人也就越多，行事還是低調些爲妙，只率領三千多人緩緩走到河內。

發現袁盟主一動也不動，把自己的人馬安頓好後，曹操便去了趟酸棗，誰知還不如不去，酸棗的友軍們正忙著舉辦酒會，忙著大碗喝酒、大口吃肉。

大家看到曹操來了，紛紛向他表示深切的同情和慰問，心裡則暗自慶幸，慶幸自己沒有傻到去追擊董卓。

以打倒董卓爲己任的曹操見狀，對眼前這群人的不思進取很失望，又發表了一次慷慨激昂的演講。

「各位將軍聽我說，我有辦法打敗董卓！具體戰略方針如下：請袁盟主率領河內的部隊兵臨孟津（今河南孟縣南），酸棗諸將據守敖倉（今河南滎陽東北）、轘轅（今河南偃師東南）、太谷（今河南洛陽東南）等險要之處；請袁術袁將軍率領南陽部隊駐兵軍丹（今河南淅川西）、析（今河南西陵），攻進武關（今陝西商南西北），一定能震懾三輔。我軍要高壘深溝，千萬不能與西涼兵交戰，多設疑兵，讓人民知道咱們是以順討逆，世界就會和平！現在，大家都已經舉起伸張正義的大旗，卻遲遲不敢前進，讓全國人民徒感失望，我眞爲你們感到羞恥，各位以後還怎麼做人啊？」

衆人聽了只識笑一片。

「爲我們感到羞恥？作爲涼州兵的手下敗將的你有資格笑話我們嗎？還有，你別整天喊著『打倒董卓』，咱們打不過他的，哪邊涼快兒哪兒閃吧，煩不煩人哪你！」

曹操雖然已三十多歲，仍舊血氣方剛，一直堅守著自己的理想，堅持抗董事業，誓言打倒董卓，興復漢室，原本以爲關東聯軍和自己有著同樣目標，才會走到一起，沒想到自己大錯特錯！

在戰爭中學習戰爭，曹操的軍事思想上升到了新的水準，他終於意識到關東軍無心也無力與西涼兵硬碰硬。

袁紹他們起兵，眞正的目的不是去打董卓，而是壯大自己的勢力，反董只是一個幌子，曹操卻天眞地當他們是同志。

這夥人根本沒膽量去跟董卓打仗，看到曹操被痛扁一頓後，更是畏畏縮縮，任曹操口才再厲害，講得再精采也是白搭。這夥人是爲自己而活，而不是爲了所謂的「大漢」盡忠付出，萬一當了烈士，那可賠大了，反而對曹操、孫堅如此積極的行爲很反感，認爲他們倆不是精神有問題，就只是想出鋒頭。

孟德兄把希望寄託在這麼一群人身上，最後必然會變成失望！

袁家兄弟的野心

由於袁術看不起袁紹，袁紹瞧不上袁術，兄弟倆只能上演同室操戈的好戲，兩人不愧是同一個爹生的，使用戰略還一模一樣，都是遠交近攻。

關東聯軍這邊依然天天把酒暢飲，享受著美好時光。美好的時光總是短暫的。他們天天參加酒會，這不但沒有增進友誼，反而激起內鬥，看來這些所謂的英雄豪傑，打董卓沒一個人行，搞鬥爭倒是熟練得很。

首先是兗州刺史劉岱與東郡太守橋瑁，兩人互相看不順眼，罵了幾句後不解氣，乾脆大打出手，結果劉岱殺了橋瑁，直接讓王肱接任東郡太守。

身為盟主的袁紹對此事視而不見，他正忙著別的事。

原來，袁紹對董卓「廢劉辯，立劉協」這事一直耿耿於懷。想當初何進什麼都聽自己的，他袁紹才是洛陽城的大頭，可董卓來了之後一切都變了，權力被搶走，勢力也變

弱，朝政更不干袁紹的事。

現在，自己是關東聯軍的盟主，也要擁立一個皇帝！

初平二年（西元一九一年）春天，袁紹跟韓馥商量後，決定擁立幽州牧劉虞爲帝。做大事是需要理由的，而且這個理由必須能讓大家信服，袁紹給出的理由是，「皇帝年齡小不懂事，又被董卓這個混蛋捏在手裡，現在是死是活咱也不知道，我們必須重新確立一個領導核心，而老劉家的劉虞同志有人品有水準，我想擁立他做咱們的新領導。」接著，便四處聯絡同志支持這份提案。

曹操自然也是袁紹拉攏的對象之一，沒想到，這個年輕時的鐵哥們竟然拒絕。全國人民都知道現在的皇帝是劉協，袁紹擁立劉虞就是搞分裂，肯定會遭到全國反對和不滿，董卓再沒人性，那也是唯一合法的中央政府。

曹操對袁紹說：「哥兒們，董卓的罪行人民都知道，遠近的群眾之所以響應咱們，是因爲咱們是伸張正義。皇帝還小，被董卓玩弄於股掌之中，我們應該設法救他逃出魔掌，你現在另立一個皇帝，世界還會有和平嗎？」

最後，曹操又向袁紹他們表達了自己擁護劉協的堅定決心，「諸君北面，我自向西！」你們去找你們的劉虞吧，我自己去打董卓救皇帝！

這最後一句的豪氣，讓人肅然起敬。

關東聯軍對討董事業沒多大興趣，也不敢去打董卓，袁盟主更是想另立中央……當所有人都在為自己打算盤時，曹操依然堅守恢復漢室的偉大理想，相信這是自己應該做的，他也能做到的事。

雖然曹操拒絕了袁紹，但袁紹不死心，他曾經得到一塊玉印，便拿出來讓曹操開開眼界，更重要的是想通過這玉印讓曹操支持自己。

曹操看到玉印後，心裡暗笑，誰會聽這沒腦子的？

碰了兩次壁的袁紹似乎很有耐心，又派人去勸說，不，是威脅曹操，「袁公現在很強大，他的兩個兒子也已經長大了，天下的猛人牛人中誰能比得上他？」聞言，曹操完全明白，原來袁本初的野心這麼大，竟然想自己當皇帝！從此對袁紹越來越厭惡。

不過，以他目前的實力，滅袁紹也就是想想而已，他與袁紹差得還很遠呢。

沒爭取曹操過來，袁紹又去打袁術的主意。

兩人雖是同父異母的兄弟，但誰也瞧不上誰。袁紹雖然長子，卻是庶出。身為嫡子的袁術看到鋒頭都被袁紹搶走了很生氣，嫉妒生恨。

現在袁紹來尋求支持，袁術理直氣壯地回絕，說什麼袁紹的行為違背公理。

你要真相信袁術這傢伙是個堅守公理堅持正義的好人，你過年都會過錯。

他拒絕袁紹，是因為他自己也想當皇帝，當然，這種話不能說出來。

知道孫堅得到傳國玉璽後，袁術就失眠了，天天想著怎麼把這寶貝弄到手，好名正言順地當皇帝，最後想了個辦法，綁票！

他綁架孫堅老婆，威脅交出玉璽，不然就撕票。

孫夫人只好把玉璽給了他。

袁術於是抱著玉璽，天天做當皇帝的春秋大夢。

另一方面，袁紹還是找不到合作夥伴，主角劉虞本人的態度更讓他不得不打消念頭。劉虞道德修養很高，表示就算打死自己，也堅決不當皇帝！

瞎折騰半天，最後落得自討沒趣。

但袁紹沒有因此灰心喪志，開始著手下一項工作：搶佔地盤。初平二年七月，順利騙取親密戰友韓馥的冀州。

韓馥是個窩囊廢，地盤被搶走後，便在廁所裡用拆信刀自盡。

身為關東聯軍盟主的袁紹不搞好內部團結，反而帶頭窩裡反，眞是好一個英明偉大的好領導！

同時，身在南陽的袁術也正加緊腳步搶地盤。

由於袁術看不起袁紹，袁紹瞧不上袁術，兄弟倆上演同室操戈的好戲。兩人不愧是同一個爹生的，使用戰略還一模一樣，都是遠交近攻：袁紹連結劉表，袁術聯盟公孫瓚，彼此針鋒相對。

老實說，若不是藉袁家老一輩的光榮，這倆蠢豬根本沒機會在江湖上行走，更沒機會手足相殘，最後，關東聯軍就這樣在袁盟主的「指導」下散夥。

22 董卓之死

迫不及待的李肅拿著戟上去就刺，沒想到董卓穿著防彈衣，只有胳膊被刺傷，從車上掉了下來，他第一反應就是大喊「呂布」……

初平二年四月，董卓回到了長安，文武百官夾道歡迎，御史中丞皇甫嵩也在其中。看到皇甫嵩跪在自己的車前，董卓得意洋洋，嘲笑著說：「你小子服不服啊？」

皇甫嵩道：「我怎麼知道你能有今天呢？」

董卓笑道：「鴻鵠固有遠志，但燕雀自不知耳！」

皇甫嵩嘆道：「當初我和你都是鴻鵠，沒想到現在你倒成鳳凰了。」

董卓大笑不已，「你早服的話今天就不用下跪了，哈哈哈哈！」

前幾個月，董卓領教到關東聯軍的戰鬥力，發現所謂的聯軍，根本只是一幫烏合之衆，自己太過高估他們，現在總算可以安心地做自己想做的事。

當然，首先要做的就是要給自己加官晉爵，於是董卓自封爲「太師」。不要臉的人什麼事都做得出來，董卓的臉皮比長安城的城牆還厚，覺得自己的功勞可以與姜子牙比肩，打算讓大家尊稱自己爲「尙父」。

這時，蔡邕老師勇敢站出來告訴他，「你雖然很牛很偉大，還是比不上姜太公，不如先把關東聯軍擺平，讓大夥兒回老家後再說吧！」

董卓固然野蠻，但對當代文學大師蔡老師十分敬重，最終放棄這個提案。當然，給自己封官的同時，董卓也沒有忘記他的親戚，男的封侯，女的封爲邑君，一人得道，雞犬升天。

董卓還在長安城東面建起一棟別墅，取名爲「萬歲塢」，牆高七丈，厚七丈，裡面儲存三十年的糧食，還口出狂言，說大事成功就能雄據天下，要成不了，就乾脆在裡面待一輩子。

董太師邀請文武百官到他的別墅裡做客，在餐桌上招呼大家，後來覺得乾喝酒悶得慌，又爲大家準備節目助興。

他命人把數百名俘虜押進來，弄得在座客人一頭霧水，搞不明白董太師想要幹什麼，只能忐忑不安地望著。

這幾百名俘虜一臉恐懼地站著，意識到自己肯定馬上就要去見閻王，只是不清楚如何見法。

過沒多久，董卓命令手下把這幾百個俘虜的舌頭割掉，然後砍斷他們手腳，最後把他們的眼珠子全挖出來。誰知這樣還沒完，董卓又命人把這群俘虜扔到鍋裡煮！

經歷種種慘烈的折磨後，還有幾個大難不死的，也只剩在地上痛苦掙扎的力氣。一向和平文弱的百官哪裡見過這種場面，個個嚇得半死，說不準有些人的褲子都濕了，反觀董卓飲食自若，面色不改，像是什麼事都沒發生。

禽獸尚且有些許溫情，董卓卻是個滅絕人性、喪盡天良、十惡不赦的殺人惡魔，他只有在折磨人中才能找到刺激，快樂更是必須建立在別人的痛苦之上！

在這場晚宴上，有些人受到重大刺激，一時言語不當，被當場殺死。之後，董卓還誅殺了關中地區的舊族名士，輕易安上個「造反」的名號，就連他的老領導張溫也死在這把屠刀之下。

面對董卓的殘忍，很多人都後悔生在這個世界上。

無數歷史事實告訴我們，但像董卓這種人是活不長的，肯定沒有好下場！

在與關東聯軍對峙的日子裡，董卓把大部份行政工作都交由王允同志打理。王允，字子師，太原祁（今山西祁縣）人，早年是個憤青，得罪不少高官，也在牢裡邊蹲過一兩回，後來性格思想漸漸成熟，明白成大事者首先要學的就是「忍耐」這項本事。

正因如此，在董卓專權時，王允並沒有一如既往地跳出來痛罵，反而選擇向董卓屈服，極力討好對方，縱使這行徑落在他人眼裡實在噁心，但外人又哪裡知道王允心中的痛楚呢？

會忍耐的人最可怕！他們能在忍耐中尋找時機，王允正是這類人。判斷錯誤的董卓認爲王允已經投靠自己，對他無比信任，最終將爲此付出嚴重代價。

初平元年（西元一九〇年），董卓任命王允爲司徒，同時兼任尙書令，後來又封他爲溫侯。

起先，王允對關東聯軍寄以厚望，沒想到聯軍卻是一盤散沙，便開始密謀除掉董卓，同黨有司隸校尉黃琬、尙書鄭公業、護羌校尉楊瓚，還有執金吾士孫瑞。

雖然有了同伴，但王允很清楚，光靠這幾個人的力量遠遠不夠，必須找到更有力的重量級人物才行。

初平三年（西元一九二年）的春天，一個春意盎然的季節，王允聯絡上老鄉呂布。

呂布，字奉先，五原郡九原（今內蒙古包頭）人，出賣舊領導丁原改投董卓後，便被董卓認爲乾兒子，權重兵高，特長是騎馬射箭，有一個響亮的外號：飛將。

董卓知道自己平時不大得人心，擔心會被暗殺，便讓呂布做中郎將，封他爲都亭侯，讓這個乾兒子隨時隨地在一旁保護自己。

名義雖是父子，董卓卻不把乾兒子當兒子看，只要有氣便往呂布身上發。

某次，不知呂布做錯了什麼事，董卓很生氣，抄起手戟便往呂布扔去，這一擲力道極大，要不是呂布身手敏捷、四肢發達，肯定躲不過此劫。驚慌失措的呂布趕緊給這位閻王乾爹謝罪求饒，董卓才原諒他。

從此，呂布心裡對這個乾爹有了怨恨。

董卓命呂布看家護院，呂布是一個耐不住寂寞的人，與董卓的某個丫鬟關係曖昧；同時又是一個膽小的人，害怕這事被發現，內心的苦悶恐懼一天天增加，這些東西不能憋在心裡，便經常到老鄉王允家裡串串門子，向老大哥傾訴。

這時的王允正在謀劃幹掉董卓，就缺一個打手，自己送上門來的呂布是最好的人才！聽呂布訴完苦後，王允把自己的計劃告訴呂布，又給呂布同學講了一大段「興復漢室，人人有責」的演講，最後勸呂布同學棄暗投明，爲保衛大漢江山貢獻一份心力。

呂布猶豫不決，隨口說出一個世界上最荒唐可笑的理由，「大哥，這可爲難小弟了，我和董卓可是父子啊！」

王允翻了翻白眼，「你姓呂，他姓董，你們又不是親骨肉！再說了，他拿手戟扔你時根本不管你的死活，這廝對你還有半點父子之情嗎？」

呂布被王允說得熱血沸騰，開始重新審視自己和董卓的關係：以前董卓曾經許諾過，只要自己殺了丁原，站到他這邊，保證加官晉爵，榮華富貴無數。可是現在自己得到了什麼？只有一個中郎將的名號，封的侯爵還是最低級別的亭侯！

呂布越想越氣，而王允提出的條件又有足夠的誘惑力——一旦成功，共秉朝政。秉持朝政？呂布想都沒敢想過，但可確定的是，他是個經不起誘惑的人。越經不住誘惑，就越容易被人利用，呂布天眞地覺得王司徒是個實在人，最終同意跟王允合作，加入他們的密反集團，成了王允手中的一把刀。

四月二十三日，漢獻帝劉協大病新癒，在未央殿大會群臣。董卓穿好朝服，帶著大隊人馬前去參加朝會，呂布的任務很重要，要「保護」乾爹的人身安全。

董卓的死期到了。

王允等人已把計劃秘密通知皇帝劉協，詔書也暗地交給呂布，命他和騎都尉李肅率領十幾個勇士壯漢在北掖門守株待免。

一切準備就緒，就等董卓自投羅網。

大家都很緊張。

終於，董卓來了。

迫不及待的李肅拿著戟上去就刺，沒想到董卓穿著防彈衣，只有胳膊被刺傷，從車上掉了下來。他第一反應就是大喊「呂布」，想叫他出來救人。

呂布聽到乾爹叫自己，立馬站出來，高聲道：「有詔討賊臣！」

董卓氣炸了，罵出了他在這個世界上的最後一句話，「庸狗敢如是邪！」

呂布二話不說地衝上前去，用矛一刺，董卓一命嗚呼！

四月份的天氣漸漸變熱，董卓是個大胖子，脂肪比較多，他的屍體被扔在路邊，守屍人閒著沒事幹很無聊，創意又十分豐富，竟在董卓的肚臍眼中點起一根燈芯，熒熒燈火燃上好幾天都沒熄。

另一方面，袁家的門生故吏在皇甫嵩帶領下衝進董卓的別墅，把董卓的母親、妻小及其他家人全都殺死，雞犬不留，接著將屍體燒成灰撒到路上，以慰袁家亡靈。

善有善報，惡有惡報，出來混總是要還的！當初董卓殺了袁家五十多口，那時的他絕對不會想到，自己會有今天這個下場。

董卓是中國歷史的第一位大軍閥，在講究出身的東漢末期，原先只是一個小尉兒子的他，竟能一步步爬到上層社會，抓住機遇，變成東漢帝國實際的掌權人，人生算是相當成功。

可惜，他打仗雖然有一套，卻玩不來政治，加上性格暴躁殘忍，握住最高權柄的那一刻，便成了全民公敵，最終命喪呂布刀下。

23 董卓死了之後……

李傕、郭汜把持了朝政，這兩個不是什麼好東西，沒過幾天就窩裡鬥，一個扣留皇帝，另一個則劫持威嚇大臣，整個關中地區被他們搞得雞犬不寧。

董卓被殺的消息傳出，長安城的老百姓個個興高采烈，紛紛走出家門，在大街上載歌載舞。也有男女老少爭著把家裡値錢的東西換成酒肉大肆慶祝，長安城比過年還熱鬧。

長安城的百姓之所以這麼高興，是因爲他們相信大壞蛋董卓一死，世界就會變回和平，可惜他們想錯了。

董卓死後，王允便成了長安城的實際主人。

不料，這哥們也是一個野心勃勃的傢伙，一掌權之後，便認爲自己是天下第一，開始得意忘形、目中無人，開會時不是怒斥這個就是批評那個，行事剛愎自用，弄得衆人厭懼不已。

董卓生前一向敬重蔡邕。蔡老師在董卓死後為他嘆了幾聲氣，卻使坐在一旁的司徒王允勃然大怒，要治他的罪。

大家都為蔡老師求情，王司徒根本聽不進去，最終蔡老師困死牢中。

王允的脾氣越來越大，後來更犯下一個嚴重錯誤，沒有處理好董卓留下來的涼州兵。

董卓雖然死了，可是軍隊還在，當時的老百姓紛紛爆料，說王允會殺死所有涼州人，就連王允本人也放話說絕不會饒恕涼州兵。

董卓的部將以李傕、郭汜為首，他們對王允同志還抱有一絲幻想，派代表去找司徒大人談判，卻被斷然拒絕。

李傕、郭汜更害怕了，不知如何是好，只好打算散夥，各自逃命。

就在這個關頭，賈詡站了出來。

李傕、郭汜雖然是董卓手下地位最高的兩個將領，但只是兩個大老粗，賈詡不同，不僅是個有文化的人，也是位極聰明的人才。

他指出，王允想殺盡涼州人，若是咱們各逃各的，一個小小亭長就能活捉咱們，不如直接殺進長安，為董公報仇，成功了，天下在咱們手中，失敗了再跑也不遲！

大家覺得賈詡說得有道理，便集結部隊抄起傢伙殺向長安，主要由董卓部將李傕、郭汜、樊稠、張濟等人帶頭，率十萬之衆包圍長安城。

這下王允傻了，呂布再猛也擋不住西涼兵的攻勢，最後跑了，王允則被涼州兵當街擊殺，橫死街頭。

涼州兵殺進長安城，搖身一變成了土匪強盜。還沉浸在快樂之中的百姓體會到了什麼叫「樂極生悲」。

李傕、郭汜把持朝政，這兩個也不是什麼好東西，沒過幾天就窩裡鬥，一個扣留皇帝，另一個則劫持威嚇大臣，整個關中地區被他們搞得雞犬不寧。

董卓的死沒有換回和平，世道反而更亂，一個董卓死了，無數董卓站了起來。

第6章 王者霸業

能夠找到荀彧這樣一位同志，曹操欣喜若狂，把荀彧比作自己的張良，其實曹操錯了，他低估了荀彧的水準，荀彧＝張良＋蕭何！

24 從東都開始

早在七、八年前，朝廷便曾把曹操從濟南相調任東郡太守，那時的曹操害怕宦官們耍陰謀，為了安全選擇隱居，沒有上任。現在情勢則不同了……

時間先拉回初平初年，目光轉回關東聯軍身上，當時在袁盟主領導下，關東展開一場激烈的內部鬥爭。曹操完全看透這些盟友，也很痛心竟錯失打倒董卓的最佳時機，但他並沒有灰心，尋求下一步的方向。

西向？曹操手裡也就三千多人，拉到戰場上都不夠西涼兵砍的，西向等於送死！究竟該何去何從？

此時，鮑信找上了曹孟德，兩人就目前的天下大勢進行深入分析和探討。

鮑信指出，袁紹起兵只想趁機爭權奪利，壯大個人力量，會是下一個董卓，想直接幹掉他並不容易，弄不好會玩火自焚。

曹操同志點頭，對鮑信同志的意見表示贊同，本來顧忌別人，不敢招募太多兵馬，免得惹上不必要的麻煩，但現在不同，要想打倒董卓、袁紹，手中必須有兵，同時還得有屬於自己的地盤，越大越好。

首要工作是得解決如何生存下去的問題，想生存，就必須佔有一塊根據地，但到哪裡去呢？

鮑信又進一步指出，黃河以南是個好地方，建議曹操去那兒發展。

說得對，就去黃河之南！

初平二年秋天，農民起義軍發動了新攻勢——雖然東漢朝廷好不容易把黃巾軍壓下去，各地農民起義卻從未中斷，當中以青州黃巾餘孽及河北黑山軍勢力最強。

黑山軍向冀州方向移動，準備與青州的黃巾軍會合。

黑山軍于毒、白繞、眭固等部率十萬多人攻打魏郡（今河北滋縣南）、東郡（治今河南濮陽西南），東郡太守王肱被這群不要命的起義軍打得落荒而逃。

冀州的主人是袁紹，自然絕對不能容忍黑山軍侵入自己的勢力範圍，立即以盟主的身份派曹操去幹掉這幫暴動農民。

曹操領命後，帶著隊伍來到東郡。

早年他曾跟黃巾軍較量過，打起義軍也很有心得，雖然目前手中頂多只三千多人，但面對黑壓壓一片的黑山軍時毫不含糊，愣是在濮陽把人打跑。

袁紹得到捷報後高興極了，上表讓曹操做東郡太守。

當然，這個東郡太守的地位是非法的，董卓的中央政府不可能承認。

不過在關東，大家形式上是聽袁盟主的，東郡在冀州的南面，隸屬於兗州，兗州刺史劉岱還是很給袁盟主面子，沒有出來反對。

袁紹還是把曹操看作是自己的小弟，想讓曹操給他當門衛，看守冀州南大門。

早在七、八年前，朝廷便曾把曹操從濟南相調任東郡太守，那時的曹操害怕宦官們要陰謀，爲了安全選擇隱居，沒有上任。現在情勢則不同，東漢已然四分五裂，要實現自己的抱負，必須有一塊自己的地盤，東郡雖然地方不大，至少也有十五座城，是個不錯的容身之處，離冀州也近，能相互有個照應……

最後，曹操欣然出任東郡太守，把自己的辦公地設在了東武陽（今山東莘縣南），從此有了屬於自己的一塊根據地。

不過，他有他自己的想法，雖然表面上仍隸屬袁紹，聽從袁紹指揮，其實內心早已把袁紹當成敵人，當然，現下還不到翻臉的時機，也沒有本錢翻臉。

25 荀彧

能夠找到荀彧這樣一位同志，曹操欣喜若狂，把荀彧比作自己的張良，其實曹操錯了，他低估了荀彧的水準，荀彧＝張良＋蕭何！

就在曹操做了東郡太守後不久，有一個人來投奔他。這個人對曹操的一生是極其重要的，叫荀彧。

荀彧，字文若，西元一六三年生，潁川潁陰（今河南許昌）人，是東漢名士荀淑的孫子，上頭還有一個更有名的老祖宗，荀子。

荀彧的老家潁川是塊風水寶地，專門出產精英，比如荀彧、荀攸、郭嘉、鍾繇、趙儼、杜襲、辛毗等人，全是當時首屈一指的人物，鑑定專家何顒先生更給了荀彧「王佐才也」的高度評價。

董卓之亂時，荀彧不想做官，辭職回了老家，對父老鄉親們說潁川是塊四戰之地，不可久留，但鄉親們戀家，不願意出外流浪。

恰巧這時韓馥派騎兵來接荀彧先生到冀州發展，荀彧便趁機把一家老小遷到冀州避難，後來那些不聽荀先生勸告沒走的，基本都被李傕殺死了。

不料，到冀州時，冀州牧已經從韓馥變成袁紹，情勢雖略有異動，袁紹仍熱烈歡迎貴賓荀彧。

荀彧是一個很有責任心的人，理想是興復漢室，看透袁紹此人成不了大事，便欲另謀出路，後來聽說新上任的東郡太守曹操素有雄略，是個了不起的人物，毅然選擇跳槽，跑到曹操那兒上班去。

怪的是，袁紹竟沒有加以阻攔。

荀彧同志是第一個脫離袁紹加盟曹操的，之後還會不斷有人依此模式，走上荀彧走過的這條老路。

曹操和荀彧會面後，進行一段非常長時間的溝通，兩人相談甚歡，意氣相投。

能夠找到荀彧這樣一位同志，曹操欣喜若狂，把荀彧比作自己的張良。其實曹操錯了，他低估了荀彧的水準，荀彧＝張良＋蕭何！

能得到這樣一位高明的參謀和優秀的後勤主管，曹操賺大了！

初平三年春，曹操讓荀彧留守東武陽，自己領著部隊駐紮在頓丘。

黑山軍頭領于毒等人得知曹操人在頓丘，認爲東武陽應該剩沒多少兵，便想先端了他的辦公室，興兵朝東武陽發起進攻。

曹操的部下很著急，紛紛建議曹操趕緊回去解圍。

曹操卻不慌不忙，還拿歷史故事來勸大夥。

「放心，東武陽有荀先生把守，黑山軍絕對攻不下來，就讓他打好了。當年孫臏圍魏救趙的事蹟大家都知道，咱們就學習孫臏先生的成功經驗，直接攻打黑山軍的大本營，讓他們兩頭燒！」

大家在聆聽教誨的同時，也感悟到兵法的博大精深，精神迅速安定下來，不再躁動。什麼樣的領導才是合格的好領導？像曹操這樣就是位好領導，臨危不懼、鎮定自若，能做出正確決策，帶領大家走向勝利。

于毒聽說曹操發兵攻打自己的大本營，急忙退兵支援，東武陽之圍便就此平安落幕。前面提過，董卓死後，匈奴人趁火打劫，匈奴南單于的兒子于扶羅入侵，還與黃巾軍波才部合作，在太原、河內一帶打劫，現在更是入侵內黃。

曹操無法容忍匈奴人的強盜行徑，決定率領軍隊好好教訓于扶羅一頓，讓他們知道，大漢即使亂了，也不是顆想欺負就能欺負的軟柿子。

第7章 地盤越大越好

曹操暗自冷笑，老子辛辛苦苦才終於把兗州擺平，怎麼可能拱手送人？接著派人到半路上截堵金尚。金尚無法進入兗州地界，只好拐個彎，到南陽投奔袁術去了。

26 亂世入主兗州

劉岱壯烈犧牲後，兗州頓成無主之地。東郡太守曹操正密切注視著兗州，心裡只有一個簡單的想法：我要做兗州的新主人。

從劉邦算起到現在，大漢已經有將近四百年的歷史，若單從劉秀算起，東漢也已走了一百六十多年。可惜，大漢王朝此刻不同以往，雄風不再，盛世早逝，表面形式上雖然統一，實際上卻是處處軍閥割據，舉凡有實力的人都佔據著一塊地盤當山大王。所謂普天之下，莫非王土，率土之濱，莫非王臣，可是如今誰還會聽劉協的？大家都在忙著爭奪他們老劉家的地盤呢！劉協同學不過是個皇帝傀儡，主要工作是到別人家裡當人質。

全國十三州基本被人搶個精光，當中袁紹地盤最大，占冀州、青州、并州；公孫度占遼東；公孫瓚（與公孫度同志沒有親屬關係）占幽州；袁術占揚州；劉岱占兗州；劉表占荊州；陶謙占徐州；劉焉占益州；張魯占漢中；李傕、郭汜占司隸；馬騰、韓遂占涼州。

如今的天下只能用一個字來形容：亂！

亂世，就是殺與被殺，砍與被砍，就算你不想殺人砍人，你也得防著被殺被砍。身在亂世，實現王者霸業才是硬道理。

什麼叫霸業？

把所有不服你的人都打服了，就叫霸業！

就算你想要伸張正義匡扶天下，首先還是得實現霸業，興復漢室可不是說說就能實現的，必須先把不聽話的人打趴了才行。

實現王者霸業，你必須變得殘酷無情、心狠手辣，好人是幹不了這一行的，當然，霸業也需要資本，其中兩大硬體必不可少：土地和軍隊。

東郡這地方雖可容身，但實在太小，沒有發展願景，可其他地方又已被諸侯瓜分乾淨，曹操要到哪兒去開闢自己的根據地呢？

現在的天下已是軍閥的天下，除了這些軍閥，還有一股力量不可忽視：黃巾軍！

皇甫嵩等人雖然把黃巾起義鎮壓下去，但是黃巾軍並沒有從這個世界上消失，他們的力量還很強大。

就在曹操為地盤和軍隊發愁時，黃巾軍幫了他一把。

初平三年，黃巾軍百萬餘眾跑到了兗州。這群有老有少、有男有女的大堆夥到兗州來並不是想做客，而是來殺人打劫討生活，先是幹掉了任城（今山東濟寧境）相鄭遂，然後直接攻入東平（今山東東平市）。

兗州刺史劉岱聞訊氣得直冒火，「敢在老子頭上撒野？定要好好教訓一下這幫暴動農民！」

濟北相鮑信分析敵我力量，建議劉岱以逸待勞。可惜劉岱不是一個善於聽取別人意見的人，毅然帶兵去找黃巾軍決鬥，結果再也沒回來了。

劉岱壯烈犧牲後，兗州頓成無主之地。東郡太守曹操正在密切注視著兗州，此時心裡只有一個簡單的想法：我要做兗州的新主人。

曹操的參謀陳宮（字公台）看出老闆的心思，毛遂自薦，表示願去兗州說服眾人，並進一步指出兗州的確可以拿來當成霸業的資本。

曹操很高興，「公台兄，就看你的了。」

陳宮帶著曹操的希望和期待來到兗州，對兗州州牧助理說：「曹操很偉大，是命世之才，把兗州交給他，他一定能帶領大家奔向光明。」

人家又不是傻子，憑這三言兩語，就想讓他們把兗州交給曹操？最後，關鍵還是在濟北相鮑信身上。

鮑信是兗州的實力派人物，很有威信，又把曹操當成自己的偶像，想讓曹偶像來當自己長官，便向大家說曹操如何如何好，如何如何牛。

大家平時很敬重鮑信，聽他這麼一說，都以爲曹操是個大好人，便跟著一起到東郡迎接曹操，請他來代理兗州牧。

兗州，下設陳留郡、東郡、東平國、任城國、泰山郡、濟北國、山陽郡、濟陰郡，共五郡三國，面積與其他大州比起來，算是小得可憐，但兗州位處中原的中央地帶，北接冀州、青州，東連徐州，西臨司隸，南通徐州。

這種情況放在地理課本當中，一般都只有「位置非常重要」這句話可以形容，就戰局來看，這兗州位置既好又不好。

好，是因爲可以以此爲根據圖謀霸業；不好，在於人人都想得到這塊肥肉，大家都會來跟你搶。在牛人手中，大有用武之地；落在蠢人手裡，那就白搭了。

現在，兗州變成了牛人曹操的地盤。

在接管兗州的同時，曹操也接管了兗州的軍隊，此外還得到了程昱。

史書上說，程昱「長八尺三寸，美鬚髯」，曹操上任後立馬把程先生接過來，兩人談了很久，最後曹操成功說服程昱，讓他跟著自己混。如果沒有程昱，曹操甚至會永遠失去兗州，一失去兗州，也沒什麼「挾天子以令諸侯」的事了。

27 如何對付黃巾軍

曹操絕對不會讓黃巾軍喘過氣來，又領兵一路追打而至。黃巾軍這才知道自己惹上大煞星，打不起又沒處躲，顯得狼狽不堪。

當了兗州新主人後，曹操要做的第一件事是樹立威信，穩定人心，搞好內部團結，所以得先為兗州前一任主人劉岱同志報仇，滅掉黃巾軍。

劉岱的部下也摩拳擦掌，希望在為老領導報仇的事業中貢獻自己的一份力量。

說實在的，曹操應該謝謝黃巾軍，要不是他們打死劉岱，他能當上兗州牧嗎？但是，曹操不僅不能因此而感激黃巾軍，反而必須得去打他們。為劉岱報仇，不只是為了拉攏人心，更重要的是，現在兗州屬於曹操，他絕不允許黃巾軍在自己地盤上鬧事，就算真滅不了這群暴民，也得趕走他們！

曹操領著部隊到壽張（今山東陽穀境）找黃巾軍算帳。

安頓完部隊，曹操領著一千多人出去察看地形，沒想到看著看著，衆人竟走到黃巾軍營地前。

一場激戰在所難免，最後曹軍數百人戰死，更糟糕的是，此次戰鬥中，曹操的親密戰友鮑信爲了掩護曹操而戰死，連屍體都找不到。

曹操很悲傷，出重金尋求鮑信的屍體下落，可惜終究仍是沒找到，只好找人按著鮑信的樣子刻一尊木頭人悼念，還在祭拜他時流下了眼淚。

這不是作秀，是眞心的淚，鮑信是他的好朋友、好戰友，更是好同志！

去打董卓時，別人都不願意跟著曹操一起去送死，而鮑信去了；關東聯軍解散時，也是鮑信建議曹操到黃河以南發展靜觀其變；曹操急需一塊根據地時，又是鮑信出來說服衆人迎接曹操入主兗州。

鮑信爲曹操做了這麼多事，現在又爲了他犧牲戰死，曹操怎能不傷心難過？

只是無論再難過，仗還是得繼續打下去。

黃巾軍認爲曹操只不過是又一個劉岱，根本就沒把他放在眼裡，立刻乘勝追擊。

這群人本來打仗就不怕死，如今經驗値提升了不少，打起仗來相當強悍，而曹軍的隊伍裡大多是新兵蛋子，心理素質戰鬥技能都不合格，面對黃巾軍的強大攻勢，曹軍上下一片恐慌，節節敗退。

情勢危急，爲了鼓舞士氣，曹操穿上戰袍檢閱三軍，同時向大家聲明，誰後退就罰誰，誰前進則有賞。

此令一下，士兵既有了壓力，也有了動力，幹起架來有勁多了，個個精神百倍，像換了一群人似的，持續向黃巾軍發動反擊。

經過酣戰，黃巾軍開始節節敗退。

吃了苦頭的黃巾軍終於發現原來曹操不是劉岱，是一塊難啃的骨頭，硬碰硬會吃虧，便派人送給曹操一封信，信裡說大漢氣數已盡，希望曹操早點覺悟歸順太平道，順應歷史發展趨勢，別再執迷不悟，逆天而行。

曹操看完信後很生氣，順便問候了一下這幫黃巾賊的祖宗十八代，接著靜下心來思考該如何對付他們。

自黃巾起義以來，無論中央還是地方，對付黃巾軍只有一個字，打！黃巾軍跑到哪，官兵就追到哪，一追上就打，手下絕不留情。

但農民爲什麼要造反？還不全是因爲活不下去被逼的！要是有好日子過，誰願意幹造反這種高風險的事？在走投無路的情況下，才走上造反這一條路，選擇把腦袋繫在褲腰帶上，想玩命？誰怕誰！

對付黃巾軍，只靠打是不行的，得軟硬兼施。

曹操意識到了這一點，開始軟性勸降黃巾軍，告訴他們只要放下武器，政府就會寬

大處理，甚至既往不咎，如果頑固抵抗，便格殺勿論云云。

黃巾軍不是三歲孩子，不受哄也不怕嚇，依舊沒日沒夜地鬧著。曹操見狀怒了，看來不給你們點顏色瞧瞧，你們還眞以爲曹大爺好欺負？於是改使打突襲，沒日沒夜地不停打著。

這下換黃巾軍受不了了。黃巾軍雖然強悍，但畢竟不是職業軍人，沒接受過正規訓練，碰到像曹操這樣帶兵有素的猛人，結果自然只有一種，失敗。

黃巾軍本著打得過就打，打不過就跑的精神，最後跑到濟北。濟北也屬兗州境內，曹操絕對不會讓黃巾軍喘過氣來，又領兵一路追打而至。

黃巾軍這才知道自己惹上了大煞星，打不起又沒處躲，顯得狼狽不堪。眼看就要支撐不住，又逢冬天大雪紛飛，馬上就要過年了，興許是希望能安穩地過個好年，黃巾軍最後主動求降。

曹操高興得不得了，總算把黃巾軍擺平！

黃巾降卒共三十多萬人，曹操從這三十多萬降卒中挑選出精華部分，組成一支精銳之師，青州兵。

如果要給漢末的軍隊排一份實力排行榜，毫無疑問，當時的西涼鐵騎戰鬥力天下第一，可單從軍種而言，青州兵在步兵中絕對是第一名。

袁紹他們把黃巾軍看做死敵，見到就打就殺，根本不把他們當人看，曹操卻把黃巾軍收爲己用，既平息暴動又增強自己軍力，眞是一舉兩得的高明手段。

青州兵對曹操來說很重要，這是他打天下的本錢，有了軍隊，有了地盤，曹操同志總算有了跟別人叫板的基本實力，才能實現霸業。

不過，就在曹操忙著收拾黃巾軍時，朝廷得知兗州刺史劉岱壯烈殉國的消息，便派出一個叫金尙的人繼任兗州刺史一職。

聞訊，曹操暗自冷笑，老子辛辛苦苦才終於把兗州擺平，怎麼可能拱手送人？接著派人到半路上截堵金尙。

金尙無法進入兗州地界，只好拐個彎，到南陽投奔袁術去了。

第8章

天下第一勇士

「人中呂布，馬中赤兔！」眾所皆知，呂布騎射功夫了得，單挑功夫更是天下第一，可此人沒有謀略，放到現代來說，就是個頭腦簡單、四肢發達的運動型人才。

28 漢失其鹿，天下共逐之

袁術的反應也不慢，立刻快馬加鞭，前來救援，來到匡亭戰場，卻馬上被曹操一陣痛扁，這才知道曹操不是什麼軟柿子，而是道道地地的大災星！

冀州的袁紹和南陽的袁術，兄弟同室操戈、手足相殘，哥倆還都喜歡開闢敵人大後方戰場。袁紹與劉表建立了合作關係，袁術則與公孫瓚結成同盟，兩大陣營火併來火併去的，老想在對方後院放火。

兗州、徐州剛好夾在中間，中立不用想了，看起來似乎兩家都不得罪，其實早得罪兩邊，說不準哪天兩邊會突然合夥來掐你，躲都躲不開，怎麼辦？

選邊參戰吧！

徐州牧陶謙站到袁術一邊，兗州牧曹操則選擇了袁紹。

雖然他內心很厭惡袁紹，但現在還不是撕破臉的時候。相比之下，袁術這個無恥小

人更可恨，必須除掉！

軍閥大戰開始！

亂世當然是亂嘛，越打越亂，越亂越打。

只要有地盤、有軍隊，就得三天兩頭地跟別人打！你不打別人，別人也會來打你，你不可能隔岸觀火，置身事外。不想死更要狠狠地打，對別人仁慈就是對自己殘忍，弱肉強食是亂世的生存法則。

金尙跑到袁術那兒後，天天訴苦，希望袁兄能幫他奪回兗州。

袁術現在的頭號敵人是老哥袁紹，而曹操正是袁紹的盟友，因此袁術覺應該去教訓一下曹操，好給自己大哥來個下馬威，於是拍拍金尙的肩膀，「放心吧，金老弟，我一定爲你討回公道！」

初平三年，袁術派孫堅進攻劉表的荊州，劉表部將擋不住孫猛人的攻勢，一路敗退，渡過漢水跑進襄陽城。

孫堅馬上圍住襄陽城，又仗著藝高人膽大，自己一個人騎馬去附近赴的峴山，誰知卻被埋伏的黃祖兵馬射死，一代將星就此隕落。

袁術的荊州夢隨著孫堅的戰死而破滅，南面戰場失利，袁術決定轉到北面戰場，去兗州碰碰運氣。

孫堅與劉表激戰之時，北部戰場公孫瓚讓劉備駐兵高唐，單經駐兵平原，專找袁紹的麻煩，結果袁紹和曹操才一出兵，就把這幫人趕跑。

初平四年，袁術跑到北部戰場鬧事，進入陳留境內，駐紮在封丘（今河南封丘縣）。黑山軍殘部以及于扶羅一看袁術來了，紛紛趕來投奔。

袁術很得意，認爲與袁紹、劉表相比，曹操不過是個軟柿子，便派劉詳駐兵匡亭（今河南長垣），形成隨時可以發動攻勢的陣仗。

他看不起袁紹，也看不起出身不佳的曹操，認爲只要是自己看不起的人，都能輕輕鬆鬆地打敗他們。

可惜，他想錯了。

此時的曹操正在鄄城（今山東鄄城縣），很快就做出回應，出兵匡亭，絕不允許袁術跑來自己地盤上撒野。

劉詳哪裡是曹操的對手，急向總部求援。

袁術的反應也不慢，立刻快馬加鞭，前來救援，來到匡亭戰場，卻被曹操一陣痛扁，這才知道曹操不是什麼軟柿子，而是道道地地的大災星，立刻轉身就跑！

但是曹操同志一點面子也不給，下令追！

袁術跑得快，一路跑回了封丘。

曹操也不慢，一路追了過來，包圍封丘城。

不得不佩服袁術，雖然不會打仗，但很會跑，曹操的包圍工作都還沒完成，他就又跑到襄邑（今河南睢縣）去，等曹操追到太壽，他跑到了寧陵（今河南寧陵），曹操沒有放棄，繼續追！

袁術沒想到曹操會是如此執著，自己眞是倒楣！沒辦法，還得繼續跑啊，爲了活命就得沒命地跑。

最後，袁術跑到了九江（郡治今安徽壽縣），曹操才停下追趕的腳步。一路從匡亭一直追到九江，從春天一直追到夏天，等於是一場千里賽跑，如果曹操再追不捨，袁術恐怕都得跑到海裡去了。

不過，曹操知道自己不能再追下去，走得太遠，兗州大本營極有可能被人鑽了空子，再說袁術這傢伙也成不了什麼氣候。

夏天，曹操趕回定陶，專心在兗州的治理及兵務上頭，站穩腳跟。

29 先拿徐州下手

曹操攻不進郯城十分生氣，強烈的復仇情緒和奪地慾望讓他徹底失去理性，把氣全撒到了徐州百姓身上，開始下令屠城，不管男女老少一律格殺！

曹操在兗州站穩腳跟，實現王者霸業的第一步邁得不錯，接下來就得爭地盤、搞擴張。舉目四望，北邊是袁紹，西面有李傕，南面的劉表、袁術都不好對付，幸好東面的陶謙年紀老了，就先拿他開刀吧！

陶謙，字恭祖，丹陽（今安徽宣城）人，雖然是個老頭，卻一點也不慈祥，黃巾軍作亂時出任徐州刺史，也是個打黃巾的能手。

關東聯軍與董卓對抗時，他曾偷偷往長安方面運送糧食支援，才得到徐州牧一職。當時徐州境內太平，很多人跑來避難。但是，陶謙同志才管理幾年就把徐州搞亂，重用小人、殘害忠良，弄得徐州人心惶惶。

中原混戰開始後，陶謙毫不猶豫地站到袁術這一邊，也就是曹操的對立面。

孟德兄的老爹辭官後回老家譙縣養老，董卓之亂時，曹老爺子和大多數人一樣，跑去徐州的琅琊（今山東膠南琅琊）避難。

現在曹操在兗州的事業蒸蒸日上，既然發達，自然要把老爹接到身邊來好好孝順。

當時曹嵩在徐州泰山郡華縣，曹操讓泰山太守應劭把老爺子送來。

誰知陶謙竟秘密派遣數千騎兵，硬是比應劭早到一步，老爺子毫無防備，還以爲應劭早到了，傻傻地出門迎「客」。

陶謙的兵馬二話不說，上去就把曹操的弟弟曹德砍死了，又去追老爺子。

曹老爺子逃到後院，正準備翻牆頭逃走，由於是個男人，便發揮風度讓小妾先翻。沒想到小妾平常吃太好，翻牆頭有些困難，他只好又領著小妾躲到廁所，結果被陶謙兵發現，亂刀砍死。

跟在曹老太爺身邊的曹家人自然也全被殺個精光，沒一個存活。

應劭知道曹操肯定會先拿他出氣，便跑到袁紹那兒去尋求政治庇護。

關於曹嵩之死，還有另一個版本。

曹操派人去接老爺子，老爺子收拾行李，光財物就裝了一百多車，到這裡還沒有太大差別，主要是接下來陶謙的行動。

徐州牧陶謙生怕曹嵩在自己的地盤上出事，便派都尉張闓領著二百騎兵幫忙護送，豈料怕什麼來什麼，還當眞出事了！

說老實話，用一百多輛車拉著財物在大街上走，誰見了不眼紅、不動心？張闓這群人沒能抵擋住財物的誘惑，財迷心竅，在泰山郡華縣、費縣之間動手，殺了曹嵩，劫了財物，跑到淮南去了。

按照第一種說法，是陶謙派人直接殺害了曹嵩，他是主凶；根據第二種說法，曹嵩是被張闓殺的，陶謙並不知情，只是人死在他的地盤裡，又是被他的部下所殺，怎麼樣也得負個責任。

曹嵩同志怎麼死的，並不重要，重要的是曹嵩死了，還是在陶謙的地盤上死的！光憑這點，怒火中燒的曹操便要陶謙承擔一切責任，殺父之仇不共戴天，他要把陶謙千刀萬剮，順便拿下徐州！

巧的是，這時又有一件事發生，給了曹操一個出兵徐州的理由。

下邳（今江蘇睢寧境）這裡有一個叫闕宣的人，不知道哪根筋不對，聚集了幾千人後便自稱天子，膽子大得很。更不知道那陶謙是不是老人癡呆，竟和他建立起合作關係，還入侵兗州任城，試圖擴張地盤。

國恨加上家仇，曹操本來就想入駐徐州，這下不愁沒理由行動了！

初平四年秋，曹操東征徐州，要好好教訓陶謙，拼個你死我活，臨走前還告訴家人，如果有個萬一，就去投靠張邈。

結果，陶謙根本就不是曹操的對手，曹軍勢如破竹一連攻下十幾座城池，雙方在陶謙的大本營彭城（今江蘇徐州）大戰。陶謙大敗，逃進郯城（今山東郯城）裡，就像烏龜一樣躲在殼裡，就是死不出來。

曹操攻不進郯城十分生氣，強烈的復仇情緒和奪地慾望讓他徹底失去理性，把氣全撒到徐州百姓身上，開始下令屠城，不管男女老少一律格殺！

仇恨可以覆掩一個人的本性及理智，此時魔性大發的曹操，已經完全無法控制自己，眼中只有殺意。

徐州的百姓眞是遭了大殃，史書爲這場人間慘案記上一句「泗水爲之不流」的描述，說白話點，就是泗水斷流。爲什麼斷流呢？因爲屍體早已塡滿河道，水勢無法流動，眞是慘絕人寰的煉獄之景！

無法計數的無辜百姓慘死在曹惡魔的屠城令下，仍有人艱難地逃出魔掌。例如，老家在琅琊的諸葛亮就隨著叔父諸葛玄奔波至南方，後來又輾轉到了荊州隱居，再後來……大家也很熟悉了。沒有這場大屠殺，諸葛亮或許就不會去荊州，也不會遇上劉備等人。這就是歷史的有趣之處，所有的事情不分大小，都有其影響力。

陶謙依然不敢出郯城，曹操也拿他沒什麼辦法，最後曹軍軍糧短缺，只得暫時下令退兵，軍糧這個問題，之後也會一直困擾著曹操。

這次徐州之行，對曹操來說不是很成功，因爲他沒能幹掉陶謙，也沒能一舉攻下徐州，只得到了幾座不大不小的城，住在裡頭的人則被殺光。

這裡還有個小插曲，袁紹長官知道曹老弟要東征徐州，便派出朱靈等人給他幫把手。見曹操暫時退兵，其他人都回返冀州，只有朱靈選擇留下，聲稱曹操是自己的偶像，想要跟著偶像混下去。

興平元年（西元一九四年），曹操留荀彧、程昱守鄄城，第二次出兵徐州，歷史證明，這個決定極爲重要，幸虧有他們倆，不然不僅得不到徐州，就連兗州也會保不住。

陶謙知道自己拼不過曹操，便聰明地請來救兵，向青州刺史田楷求救，恰巧田楷和平原相劉備人都在附近，二話不說地趕來支援。

這是會哭又會怒的影帝劉備同志在本文當中第一次登場亮相。劉備帶上一千多人，陶謙又撥給他四千，劉備很感激，一激動就立馬跳槽投奔陶謙。

曹軍和上次一樣勢如破竹，很快就打到琅琊、東海等郡，打得陶謙束手無策，只能拼命逃跑。

曹操沒有追下去，回兵郯城，不料卻遭到陶謙部將曹豹和劉備的攔擊。

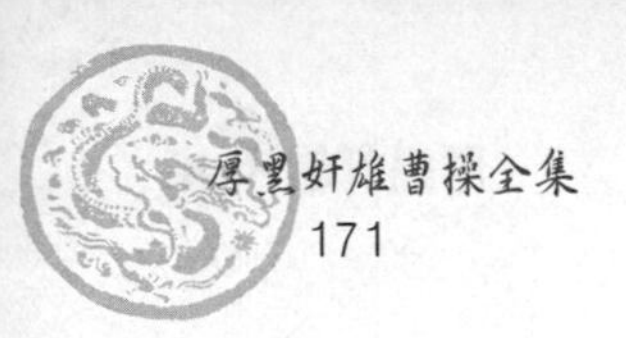

這是劉備第一次與曹操交手，也終於見識到什麼叫軍事奇才。劉備根本無法抵擋曹軍攻勢，大敗而逃，大概從這時起，他便患上了恐曹症，對孟德兄畏懼不已。

曹操打敗曹豹和劉備後，順勢拿下襄賁（今山東郯城境內），繼續殘殺無辜，手上沾滿無數徐州百姓的鮮血，躍升為徐州的最大噩夢！

對於曹操這種無視他州權利、惡意踐踏人民生命的做法，社會各界表示了強烈抗議以及嚴正交涉，但曹操仍是在一片質疑聲中繼續著他的惡行，大有把徐州徹底變為無人區的陣仗。

陶謙一看誰都打不過曹操，害怕得打算逃回丹陽老家，就在準備跑路時，曹操卻突然停止攻勢，讓老陶得以稍稍喘了口氣。

原來，任誰也沒預料到，曹操的後院偏偏在這緊要關頭上起火，曹操本人著急得很，直接殺回自家地盤上。

30 天下第一勇士

呂布成了兗州新的主人，便想把曹操徹底趕出兗州，不給人喘氣的機會，誰知率兵攻打鄄城時，卻怎麼也攻不進去，只好暫時屯兵濮陽。

東漢末年流傳一句話：「人中呂布，馬中赤兔！」可此眾所皆知，呂布騎射功夫了得，素有「飛將」之稱，單挑功夫更是天下第一，人沒有謀略，放到現代來說，就是個頭腦簡單、四肢發達的運動型人才。

刺死董卓，可說是呂布一生中最為光榮的大事，卻也因這件事在眾人眼裡變成一個背信棄義、反覆無常的小人，大夥心存顧慮，就怕他那反戈一擊的手段用在自己身上。

話說呂布撇下老婆孩子，帶著一干親信及董卓的人頭逃出長安後，直奔南陽而去。南陽主人袁術熱情接待呂布一行人，儘管他心裡很厭惡呂布。

不過，頭腦簡單的呂布並未察覺到這一點，認為自己殺死董卓，等於為老袁家報了血海深仇，是袁家的大恩人，便肆意妄為，就連手下的兵也開始四處打劫。

袁術可受不了這個，不滿之情溢於言表，後來呂布也覺得這樣不大好，又改投奔老鄉張楊，豈料由於李傕重金通緝的緣故，張楊準備綁了呂布去領賞。見情勢不對頭，呂布轉而投奔袁紹，幫袁紹打跑黃巾軍的主力張燕一部後，毫不令人意外地自傲起來，也不管部下又四處鬧事的行徑，一個勁向袁紹要兵，自然引起袁紹的不滿。

沒辦法，呂布只好離開冀州，袁紹派人去送，卻暗暗下令，讓他們半夜搞偷襲。呂布變聰明了，喚人在自己帳中鼓箏，接著金蟬脫殼，跑了。後來途經陳留，受到曹操的好朋友，也是陳留太守張邈的熱情接待，兩人臨別時還把臂言誓，依依不捨。

曹操第二次東征徐州時，臨走前命陳宮屯東郡，另留荀彧、程昱兩人鎮守鄄城。前一個命令害了曹操，後一個命令卻救了他。

陳宮是個有野心的人，原先曹操還沒發達時，他是曹營首席參謀，地位舉足輕重，可現在曹操手下能人越來越多，荀彧、程昱隨便一個都能打趴他，讓他心理很不平衡。他嫉妒，他恨，他要報復！加上曹操東征徐州後，變成了殺人魔王，陳宮覺得時機到了，趁曹操不在家，密謀叛變！

他先是找到陳留太守張邈，又激又哄，說什麼「擁有十萬之衆，卻反而受制曹操，眞是恥辱」，又說「兗州空虛，若與呂布合作便能縱橫天下」等語，沒費多大口舌就把張邈繞暈。

陳宮這番話不偏不倚地刺中張邈內心的忌憚。

當初關東聯軍討伐董卓時，張邈覺得袁紹沒上進心，隨口批評幾句，袁紹很生氣，命曹操殺了張邈。好在曹操說張邈是自己的好朋友，沒有殺他。

如今袁紹要殺呂布，自己卻與呂布成了好朋友，擔心早晚有一天曹操會為袁紹殺了自己，還有，曹操本是他的部下，而現在卻變成長官，讓人想到就憋屈。

他與陳宮一拍即合，又聯絡上呂布。呂布正愁沒處去，天上掉餡餅啊！大夥擁立呂布為兗州牧，佔據濮陽後，兗州其他郡縣也紛紛回應。

張邈看到荀彧還在死守鄄城，就讓一個部下劉詡帶話給荀彧，假稱呂布是來幫曹操打陶謙，快送些軍資給呂布。大家聽了一臉茫然，不知該不該相信。

荀彧猜到張邈這傢伙叛變，也不慌張，鎮定地集結部隊加強防備，同時派人火速通知還在徐州的曹操，另一方面則聯繫東郡太守夏侯惇。留守的士兵很少，中層領導同志大多站到了張邈、陳宮這一邊，幸虧夏侯惇及時趕到，殺了數十個叛徒才穩住衆人。

這時，豫州刺史郭貢率領數萬兵馬來到鄄城城下，要求見荀彧。

荀彧是這裡的主心骨，大家怕他有危險，都勸阻他不要接見。

荀彧說：「郭貢與張邈平時沒什麼來往。他這麼快就趕來了，肯定是還沒拿定主意，這時候去勸說他，即使他不幫我們，至少也會中立，如果懷疑他，對方反而可能惱羞成怒。」語畢，便單槍匹馬地下城接見郭貢。

郭貢見荀彧毫無懼色，知道鄄城攻不下來，領著兵馬回去。目送郭貢離去後，荀彧對程昱說：「你是范、東阿兩縣人民的偶像，你去跟大家見個面，說服他們固守城池。」

程昱領命，立馬趕往范、東阿兩地，范縣縣令靳允和東阿縣令棗祗均表示一定會堅守到曹操回來，途中程昱還派人切斷倉亭渡口，使陳宮過不了黃河，無法攻打兩縣。

當大家選擇離曹操而去時，荀彧和程昱卻選擇留下來，盡全力幫助曹操。選擇留下來，是因爲他們倆認定，只有曹操能幫他們實現理想：興復漢室。

如果沒有荀彧、程昱，曹操連立足之地都沒有，再不用談什麼雄霸天下、興復大漢的事。不過，情勢仍然危急，放眼望去，兗州全境就剩下鄄城以及范、東阿共三處地方還是曹操的地盤。

正在徐州搶地盤的曹操沒想到自己的窩竟先被別人給端了，哪還顧得了陶謙？立刻馬不停蹄地趕回東阿，從漫殺的血腥戰場脫離，恢復以往的理性。

呂布成了兗州新的主人，便想把曹操徹底趕出兗州，不給他喘氣的機會，誰知率兵攻打鄄城時，卻怎麼也攻不進去，只好暫時屯兵濮陽。

恢復理性的曹操看到敵方此一舉動後，放心地笑了，認爲呂布不佔據東平（今山東東平市）切斷亢父（今山東濟南境）、泰山兩處攔截自己，反而駐紮在濮陽，給了自己喘氣的空間，分明是個無謀之輩！

休整完畢後，曹操便主動去找呂布算帳，雙方在濮陽這裡展開一場大戰。

古代兩軍交戰不像現在的街頭混混打群架，誰人多誰下手狠誰贏。古人講究陣法，在哪裡擺陣、擺什麼陣，一點都不能馬虎。

呂布是當代第一勇士，打起仗來勇猛無比，雖然頭腦簡單，不會高深謀略，但也會一點戰術運用，仔細觀察曹操擺出的軍陣後，決定先用騎兵去衝擊曹操的青州兵。

青州兵實力雖然是步兵第一，卻擋不住騎兵，只見曹操陣營的軍容大亂，曹操自己則是從馬上摔了下來，左手還被燒傷，幸而有個叫樓異的屬下把他扶好，才狼狽逃離。

據史書記載，後來曹操以濮陽大姓田氏為內應，才得以打開城門，進入濮陽城，接著又命人放火燒毀東門，斷去自己退路，表現誓死拿下濮陽城的決心！

沒想到的是，雙方展開激烈的巷戰，曹軍卻仍是打不過呂布軍。

這時，呂布軍中的一位騎兵抓住曹操，粗聲粗氣地問上一句，「喂！曹操在哪？」曹操嚇出一身冷汗，胡亂指個方向道：「騎黃馬逃跑的那個就是。」

騎兵冷哼一聲，重重地甩開曹操，去追那「騎黃馬逃跑的曹操」了。

此刻東門火勢還在熊熊燃燒，可逃命要緊，曹操也只好硬著頭皮闖過去。

31

把兗州奪回來

曹操乘勝追擊，拿下定陶，然後再出兵平定其他郡縣，花了兩年時間，才收復兗州全境，奪回屬於自己的根據地。

回到軍營，曹操忍著傷痛巡視三軍，鼓舞大家不要灰心，催促將士加緊製造攻城的器具，繼續進攻。

濮陽以西四、五十里處，也駐有一支呂布的部隊。

曹操決定在夜裡發動突襲，戰至天亮時總算攻破，豈知還沒來得及回去，呂布便親自領著救兵趕到，雙方從早上打到中午，戰況激烈。

曹操被呂軍包圍了，多虧典韋招募數十人組成敢死隊，穿上兩層鎧甲，扔掉盾牌，手持長矛衝進去救出曹操。戰鬥持續到黃昏，呂布退兵後，曹操才得以回營。

曹操領教了天下第一勇士的實力，飛將的稱號還眞不是蓋的。原以爲呂布頭腦簡單、四肢發達，沒想到這小子還有兩下子。

這場戰爭，雙方對峙了一百多天，這時鬧起蝗災，糧價飛漲，人吃人的場景隨處可見，就連程昱提供給曹操的軍糧裡也都夾雜著人肉乾——又是糧食問題。

雙方糧草沒了，就沒法打仗，只好各自退兵，曹操回到鄄城，呂布則去了乘氏（今山東巨野境）。不過，乘氏長官李進不歡迎呂布，把他趕走，呂布又跑到山陽（今山東金鄉境）去。

袁紹得知曹操丟了兗州後，派人來慰問一番，希望曹操能和自己合作，又叫他把家人送到冀州來，很明顯，是讓曹操送人質過去的意思。

這時的曹操極爲落魄，地盤、糧食都沒了，連命也差點沒了，身心俱疲下，打算答應袁紹的提議。

此時，正巧程昱出差回來，立馬求見曹操，講了一大篇道理，還舉韓信、彭越以及田橫的例子勸曹操拒絕袁紹，最後更激勵曹操別灰心，「眼下還有三座城以及一萬將士，還有荀彧和我，還有將軍的聰明神武，一定能實現霸業！」

程昱的話使曹操重新樹立信心，拒絕了袁紹，堅持獨立自主。

陶謙很幸運，在最後關頭碰到曹操後院起火，不僅沒有死，徐州也沒有丟，但他沒能在這個世界上再待多久。

在曹操退兵不久，他也揮揮衣袖，沒帶走一片雲彩，臨走前，把徐州交給劉備。現在曹操沒功夫去管徐州，自己的老窩都快保不住了，還搶什麼地盤？

興平二年，曹操開始進攻呂布，收復失地，雙方展開一場你死我活的拼鬥。打到乘氏，再走幾步就到徐州，曹操一直掛念著徐州，做夢都想，不禁朝徐州方向望去，嘆道：「兗州丟了，徐州也沒打下來，早晚要奪回兗州，拿下徐州。現在徐州就在眼前，爲什麼不先取徐州呢？」

乖乖聽荀先生分析爲什麼不能取徐州吧！

他先提起劉邦、劉秀分別以關中、河內爲根據地定天下的事蹟，告訴曹操，「兗州就是將軍的關中、河內，想成就大業，就必須以兗州爲根本，要是貿然攻打徐州，那呂布這邊又該怎麼辦？再說，曹軍在徐州殺人太多，徐州百姓一定會選擇堅壁清野、人人死戰，所以不能打，也打不下。我們要做的，是搶收麥子，積存糧食，把呂布徹底趕出兗州！」

聽了荀先生的話，曹操才恍然大悟，茅塞頓開，暫時收住對徐州的嚮往，派將士出去割麥子，只留下不到一千人留守。

誰知不久後，呂布和陳宮竟突然帶領一萬多兵馬，氣勢洶洶地殺了過來，眞是要人命！曹操急中生智，讓城內婦女同志爬上城頭參加防守工作，集中兵力據守大營。

呂布人馬衝過來一看，城牆之上居然是一群婦女同志，這陣勢還是頭一次見到，曹孟德又在耍什麼把戲？

曹軍大營西面有一座大堤，大堤南面是一片幽深的樹林，很安靜。

呂布細思一陣，曹操此人生性狡猾，一定有埋伏！最後沒下令進攻，只是引兵向南十里處紮營。

懸著的心可以放下了，好險！出去割麥子的人回來後，曹操將計就計，這次真把軍隊隱藏在大堤後面，一半軍隊在外邊做誘餌。

第二天，呂布又來了，今天他沒有猶豫，果斷地發起進攻，沒想到卻被曹操包了餃子，大敗而逃。

呂布和陳宮跑到徐州投奔劉備，張邈則向南去投靠袁術，卻在路上被自己的兵殺死。

張邈的弟弟張超帶著家屬還駐紮在雍丘，曹操攻打了數月，最後總算破城。他對張邈背叛自己耿耿於懷，沒想到好兄弟張邈會恩將仇報，在背後捅自己一刀，隨即下令砍死張超，滅了張邈三族！

最後曹操乘勝追擊，拿下定陶，又出兵平定其他郡縣，花了兩年時間，才收復兗州全境，奪回屬於自己的根據地。

第9章 奉天子以令不臣

曹操認真聽取董昭同志的意見和建議，深切表示贊同之情，與董昭交談完後，便向大家宣佈，「由於洛陽城過於殘破，又沒有糧食吃，暫請天子去魯陽住上一段時間。」

32 可憐的天子

中平六年九月甲戌，九歲的劉協被董卓扶上皇位，成為東漢的最後一任皇帝，可這位漢獻帝從坐上龍椅的那一刻起，就沒過上一天舒服日子。

先聊一個人，沮授。

沮授，字公與，廣平（今河北雞澤縣境）人，這個人相當有謀略，原先一直在政府部門工作，袁紹入主冀州後，特地聘他來上班，從此成爲袁紹手下的一位重要謀士。

沮授很早就曾向袁紹提出一條建議，「挾天子而令諸侯，蓄士馬以討不庭」，並且提醒袁紹要早動手，否則會被別人搶先。

聞此，袁紹很高興，正準備付諸行動時，郭圖和淳于瓊等人卻跳出來阻止袁紹，「如果咱們把皇帝接來，天天早請示、晚彙報的很麻煩，幹嘛給自己弄個包袱背？」

袁紹覺得兩人說的也不無道理，這一猶豫，事情就擱置下來。結果不出沮授所料，

袁紹不動手，曹操就把這件事搶過去做了。

接著再介紹另一個人，毛玠。

毛玠，字孝先，陳留平丘人。曹操剛剛代理兗州牧時，聘請毛玠先生到政府部門來上班，毛玠立馬向曹操提了個重要建議，「奉天子以令不臣，修耕植、蓄軍資！」

曹操高興地接受了，馬上著手規劃。

沮授、毛玠說話的內容其實一模一樣，各自的領導水準卻完全不在同個層次上，由此可見，選對一個好領導是多麼重要。

毛玠這番話為曹操指明以後發展的方向。其實，曹操早就想這麼做，首先實踐第一步：奉天子以令不臣。

既要「奉天子」，便得先來說說這位天子。

中平六年九月甲戌，九歲的劉協被董卓扶上皇位，成為東漢的最後一任皇帝，可這位漢獻帝從坐上龍椅的那一刻起，就沒過上一天舒服日子。

他雖然是皇帝，主要工作卻是給人當傀儡，先是董卓，再是李傕、郭汜……天子應該是天下之主，可有像劉協這樣的天下之主嗎？做皇帝做到這份上，還不如不做，眞是可憐！

興平二年二月，原先共秉朝政的李傕、郭汜反目成仇，兩個打了起來。李傕把皇帝劉協劫持到自己軍營裡，連宮室都一把火燒了；郭汜則扣住一批公卿大臣，與其針鋒相對。一個劫持皇帝，一個扣留大臣，這種厲害手段也就他倆做得出來。

六月，董卓另一位舊部張濟趕來做和事佬，暫時化解掉兩人間的矛盾，握手言和。不過，劉協走出軍營後住哪就成了問題。郭汜想要脅迫天子回都，但大多數人主張去弘農（今河南靈寶境），李傕、郭汜極力反對，不想離開老巢，雙方意見分歧。

劉協不想再在李傕、郭汜恐怖的控制下生活，便跑到楊奉的軍營裡。

郭汜不容許他隨便亂跑，很快就追了上來，放話要楊奉把皇帝「還」回來。天子跑到自己這兒可是天大的榮幸，楊奉決定要在領導面前好好表現，異常神勇地出兵迎戰郭汜，終於把他趕跑。

興平二年（西元一九五年）七月，劉協在後將軍楊定、興義將軍楊奉及安集將軍董承等人護衛下踏上東歸之路。

當初從洛陽到長安，劉協雖然是被挾持，一路上還有涼州兵護衛，不愁吃穿，從長安回洛陽的路上卻是兇險萬分，交通不便先不說，光路上跑來跑去的流寇盜賊就夠他嚇的了，但為了擺脫人質命運，他仍然勇敢地向前走去。

八月甲辰，劉協一行人到了新豐（今陝西臨潼境）。

放走天子後，李傕、郭汜這時才發現不對頭，立即展開追擊，於是乎，一場老鼠追貓的好戲開始上演。

什麼是老鼠追貓呢？如果把天子比作貓，將軍們自然就是老鼠，按理來說，貓想讓老鼠做什麼，老鼠就得做什麼，但東漢這年頭的耗子偏偏比貓霸道！

劉協是隻沒有利牙銳爪的小小貓，而那群將軍耗子，早就進化成豺狼了！身爲天子，卻在自己的土地上被部下追，說有多狼狽就有多狼狽，做皇帝做到這份上也算是曠古爍今。

建安元年（西元一九六年）七月甲子，劉協這場逃難東歸行終於畫下句點，平安無事地回到洛陽。

只是，洛陽已不再是那曾令無數青年才俊嚮往的繁華國都，在劉協眼前是一片廢墟，他心底也陣陣淒涼，神情茫然，眞的不知道接下來該怎麼做，甚至連住宿的地方都沒了，最後只好暫時住到已故中常侍趙忠的宅子裡。

堂堂九五之尊竟然淪落到住進宦官舊宅，可狼狽不堪的劉協同志也管不了那麼多，其他官員更只能在斷垣殘壁下將就，尙書郎以下的小官小吏，吃食得自己張羅，出去挖挖野菜什麼的……這群中央的行政高級官員正過著做夢都沒想過，像乞丐一般的苦日子。

33 未進曹家門，先當曹家人

董昭為曹操打通去長安的路，已經幫了很大的忙，可董先生覺得做得還不夠，如果自己將來要去曹操那兒混飯吃，必須有更突出的表現才行……

此時的曹操雖忙於參加中原軍閥混戰，卻始終沒有忘記在西邊受苦受難的天子。初平三年，曹操到兗州參加工作後，便派助理王必同志爲代表，到河內太守張楊那兒談判，希望能借道河內去長安，向天子請安。

可是張楊並不想跟曹操談，也不屑跟曹操建立什麼合作關係，直接把王必扣留起來，架子大得很，場面弄得十分難看。

幸虧關鍵時刻，總是會有人站出來伸手拉孟德兄一把——這次站出來的是董昭。

董昭，字公仁，濟陰定陶（今山東定陶）人，原是袁紹治下的魏郡太守。

袁紹一直想除掉張邈這個兒時夥伴，而董昭的弟弟董訪又在張邈那邊上班，所以根

本不信任董昭的能力和建言。

董昭腦袋瓜子轉得快，不想坐以待斃，等袁紹來殺自己，便離開魏郡，本來想去長安找天子要份工作，誰知經過張楊的地盤時卻被扣留，反倒先成了張楊的謀士。

知道王必同志跟自己一樣被扣留後，董昭找上張楊，「我和你說，袁紹和曹操是一夥的，可他們不會長久合作下去，曹操才是天下眞正的英雄，結交他是很有好處的……」

謀士雖手無縛雞之力，但那張嘴可了不得，尤其是對張楊這種城府淺、見識少的人，只要幾句重話就能搞定。

張楊知道董先生是文化人，說話自然有道理，便准許曹操的人馬過境，還順道上書，在劉協面前好好誇讚曹操一番。

另一方面，曹操自然也往張楊那兒送去不少的禮。

董昭爲曹操打通去長安的路，已經幫了他很大的忙，可董先生覺得做的還不夠，如果自己將來想去曹操那兒混飯吃，必須有更突出的表現才行。

後來，他又以曹操的名義寫信給李傕、郭汜，以表忠心，還自己掏腰包幫他四處送禮打關係。當天子行經安邑（今山西夏縣境）時，董昭更是直接跑去拜見，得到一份議郎的工作，能在天子身邊，可以爲曹操說上許多好話。

這人都還沒進曹家大門，就已經把自己當做曹操的人了。

曹操的使者王必同志獲准過境後，也安全地抵達長安，拜見天子劉協。

當時掌權的是李傕、郭汜這些涼州人，他們對關東人存有戒心，認爲曹操雖然派了使者，卻不一定有誠意，便想扣留王必，拒絕跟曹操有任何往來。

這時候又有人站了出來。

曹操命就是好啊，總會有人幫他說話做事，這一回是鍾繇。

鍾繇，字元常，潁川長社（今河南長葛境）人，楷書的創始人，他的二兒子也很有名，叫鍾會，是後來的魏國重臣。

鍾繇是黃門侍郎，在皇帝身邊當顧問，挺身幫曹操說好話，「現在所有人都各占山頭，自立爲王，只有曹操還在想著咱們，拒絕他不太好吧？」

李傕、郭汜也覺得自己不能再得罪別人，否則就真的成孤家寡人了，又從鍾繇口中得知曹操是個實誠人，便想回報他的誠心，正式任命曹操爲兗州牧。

這樣一來，曹操兗州主人的地位就完全合法。

這次派人出使長安，既與天子建立起聯繫，又接到從中央政府來的正式委任書，碩果累累，太値了！

曹操樂開了懷，沒想到才剛聯繫到天子，就能得到這麼多好處，如果把天子接過來，肯定賺大了！一定得努力，爭取早日「親自」見到天子。

救命的桑葚

曹操收到董承的密信後，興奮得睡不著覺，立馬收拾行囊，帶著一千多兄弟踏上通往洛陽的道路。也許走得太急，曹軍竟沒有帶夠口糧，走到河南尹新鄭時，大夥全沒得吃了。

建安元年（西元一九六年），曹操得知劉協東歸，便通知部下自己想把天子接過來的決定，遭到很多人以「關東還沒擺平，韓暹、張楊不會輕易放人過境」等理由勸阻。

曹營的首席參謀荀彧無時無刻惦記著大漢，惦記皇帝陛下，他幫助曹操的最終目的，也是想興復漢室，所以爲了曹操的未來，更爲了大漢的江山，便和程昱力排衆議，說服大家贊同「西迎天子」的提案。

幾番討論後，曹操決定派親信曹洪作爲代表，出發迎接天子。

天子可是九五之尊，不是你想接就能接來的，更不用說，「別人」也不允許你把皇帝陛下接到自個兒家裡去。

曹洪這次西行很不順利，在路上遭到劉協的老丈人董承的阻攔。曹洪過不去，只得原路返回。

幸好，哪裡需要董昭，董昭就在哪裡！

當時劉協天子的身邊，以楊奉的勢力最大，因此議郎董昭又一次以曹操的名義寫了封信給他。

信中先把楊奉吹捧一番，讚美他把天子一路護送到洛陽的義行，是偉大仗義之人，「我曹操」想和你合作，你出兵我出糧，有福同享有難同當，一起輔佐天子。

楊奉同志看完信後很高興，認爲曹操既然跟自己合作，就是自己人了，便上表推薦他做鎮東將軍，同時承襲他父親曹嵩的爵位費亭侯——說是上表推薦，不過是走走形式，此時的皇帝根本沒有半點實權，權臣想讓誰做事，誰就能上位。

楊奉、董承、韓暹、張楊等人護送劉協回洛陽，沒想到這幾位仁兄途中就開始不睦，到了洛陽後，更是明爭暗鬥、時時爭權奪利。

董承本來不想讓曹操分享挾天子的好處，先前才會阻止曹洪進京，但現在情況不同了，他急需幫手助陣，找來找去，只有曹操合適，便偷偷地讓曹操奔洛陽來，想治治楊奉那群人。

可沒想到的是，曹操竟制服了所有人，包括董承自己，他引來的不是一隻狼，而是一隻老虎！

正在等待時機的曹操收到董承的密信後，興奮得睡不著覺，立馬收拾行囊，帶著一千多兄弟踏上通往洛陽的道路。

也許是走得太急，曹軍竟沒有帶夠口糧，走到河南尹新鄭時，大夥全沒得吃了。聽說兗州牧曹操來到，新鄭縣長楊沛激動得不得了，趕忙去迎接。得知曹將軍沒飯吃，楊縣長立即把倉庫裡的桑葚拿出來給大家充饑。

這可是救命的桑葚，曹操很感激楊縣長的恩情，後來發達了也沒有忘記他。

吃完了桑葚，曹操大軍終於來到了洛陽，沒想到卻對眼前光景大吃一驚。

曹操萬萬沒有想到，大漢天子竟連最起碼的尊嚴都沒有。

原來，打劉協回洛陽後，住無所居，穿無所衣，吃無所食，出入無車，更慘的是，天子上朝本是件威嚴無比的大事，劉協卻連開朝臣會議的地方都沒有，只能紮個籬笆，自己坐在裡頭接見朝臣。小兵們從沒見過皇帝上朝，便東一堆西一堆地趴在籬笆上看熱鬧，還不時發出哈哈大笑。

劉協看到曹操如同看到救命稻草一樣狠狠地抓住，可他不曉得，這稻草是索命的。

牛人對自己在什麼時候該幹什麼很清楚，曹操立即上書，彈劾韓暹、張楊等人，把韓暹直接趕出洛陽，張楊、楊奉二人的兵又多駐紮在洛陽城外，沒三兩下，他便成了洛陽城裡最有勢力的人！

35 還得接著搬家

歷盡艱難困苦，好不容易才又回到洛陽，見到曹操，劉協很天真地把他當成救世主，可是現在卻得被迫搬家到許昌。原來從頭到尾，劉協的身份始終沒變……

劉協回到洛陽後，除了曹操以外，沒一個人來看望，不禁對其他人很失望，同時對曹操同志也產生一份好感，認為他是難得一見、與世不同的大好人，便假曹操節鉞（相當於尚方寶劍），領司隸校尉，錄尚書事。

無論是大將軍還是三公，要想掌握最高行政權，便必須錄尚書事，才有實權。曹操一下子從地方官員變成中央高層，不過，想要號令天下卻還早得很，畢竟這洛陽不是自家地盤，放不開手腳做事。

這時，曹操接見了一個重要人物——董昭。

他親切慰問了董昭同志，並對前一段時間董同志提供的熱心幫助表示由衷感激，同

時也向他諮詢自己的下一步。

董昭先是對曹操同志的偉大事蹟表達敬意，接著便直接切入正題，就目前洛陽形勢表達自己看法，也解答了曹操同志心中的困擾，建議他把天子搬到許昌，並以「行非常之事才有非常之功」勉勵曹操得勇敢地走上這一步路。

爲了掩人耳目，不驚動別人，董昭更進一步提出，可以先把天子搬到魯陽，再從魯陽轉到許昌，如此便會將傷害壓到最小。

曹操認眞聽取董昭同志的意見和建議，深深表示贊同。

與董昭交談完後，曹操便向大家宣佈，「由於洛陽城過於殘破，又沒有糧食吃，暫請天子去魯陽住上一段時間。」

楊奉等人思想很單純，同意了。

建安元年八月庚申，曹操便把獻帝劉協挾到了許昌。

這時，楊奉、韓暹等人才發現自己上當受騙，對曹操很失望，想狠狠痛扁他一頓，卻明白曹操一旦回到自己的地盤後，便打不過他，只好將一肚子氣出在別人身上，決定集體跑到定陵去搶劫。

曹操沒搭理他們，反而秘密地派人跑到梁縣楊奉大營，直接把人家老窩端了！

楊奉、韓暹看到大勢已去，只好改投袁術旗下。

被曹操挾持到許昌後，劉協知道自己這回又完了，才剛逃出狼窩，又進了虎穴。

從當上皇帝的那天起，他就一直被人捏在手心，家本來在洛陽，卻被董卓硬遷到了長安；後來董卓死後，原本以為自己終於走進了春天，沒想到李傕、郭汜又開始犯上作亂，鬧得很不平靜。

歷盡艱難困苦，好不容易才回到洛陽，見到曹操，劉協很天眞地把他當成救世主，可是現在卻得被迫搬家到許昌。

原來從頭到尾，劉協的身份始終沒變，是一個穿著龍袍的囚犯！

許昌雖不屬於兗州，但仍在曹操的勢力範圍內，他能完全控制天子。

不過，事情沒那麼簡單，跟著天子過來的還有一群公卿大臣，他們可不會眼睜睜地看著曹操撈這麼大一個便宜。

曹操很明白，要想利用好天子這個棋子，首先必須把這幫人擺平。

對付這些公卿大臣，最好的手段自然是蘿蔔加大棒，該拉攏的拉攏，該打擊的打擊。

還在洛陽時，曹操已小試牛刀，幹掉侍中台崇、尙書馮碩等人，封衛將軍董承爲輔國將軍，封伏完等人爲列侯。

台崇和馮碩都只是小人物，對大局關係不大，一到許昌，曹操便開始對三公下手，九月，罷免了太尉楊彪及司空張喜。

從鄧綏鄧太后攝政時起，東漢便形成一個光榮傳統：只要遇到天災，比如地震、日蝕或好幾個月沒下雨之類的情況，就罷免三公。

曹操很可能是根據這傳統，隨便找了個理由罷免楊彪、張喜二人。楊彪，字文先，弘農華陰（今陝西華陰東）人，他們老楊家四世太尉，門望跟老袁家有得比。

劉協搬到許昌後，曾召開一場公卿大會，曹操進到會場時見楊彪臉色不豫，疑心病又犯了，懷疑對方想害自己，更直接聯想到鴻門宴中劉邦的遭遇，也學劉同志偷偷跑了，回去馬上下達罷免楊彪的通知。

三公都被罷免，其他官員也就不敢不服，從此，天子劉協成了曹操手中的一張王牌，想怎麼用就怎麼用——用曹操自己的話說就是「奉天子以令不臣」，用對手的話就是「挾天子以令諸侯」。

在武俠小說中，一個人的內功修爲決定他的武功造詣，內功不夠，就練不了絕世武功。同樣的道理，實力不夠，就做不到「奉天子以令不臣」的威名，天子固然是在曹操手中了，可目前他實力不夠強大，還無法號令其他諸侯。

首先，袁紹就不會聽他的！

一開始，曹操自封爲大將軍，封武平侯，以天子的名義任命袁紹爲太尉，同時還以領導的口氣批評了他幾句，勸他忠心爲漢。

袁紹一聽自己的地位在曹操之下，氣不打一處來，罵咧咧道：「要不是我，他曹操早死上一百遍不止，現在竟然敢挾天子以令我？」

曹操聽聞後，知道自己目前惹不起袁紹，就把大將軍的位置讓給袁紹，反正天子在自己手中，當不當大將軍倒也無所謂，便改任命自己爲司空，享受車騎將軍的待遇。

曹操原先的爵位是從老爹那繼承的費亭侯，現在成了武平侯，連升兩級，才剛把劉協接過來，曹操的爵位就連升兩級，以後還有的是便宜佔呢。

天下第一謀士

之所以說郭嘉是天下第一謀士，是因為他有非凡的眼力，敏銳的洞察力，精確的判斷力，才智超群，神機妙算，足智多謀，算無遺策……

天子遷到許昌，改許昌爲許都，成了大漢帝國新的首都，也是最後的首都，曹操也一下子由地方人員變成了中央高層。有了這個政治優勢，很多人紛紛跑到他這裡找工作，比如孔融、荀攸等等。

孔融，字文舉，是孔子的二十世孫，孔老夫子被奉爲至聖先師，他的後代們也跟著沾了不少光。

相信很多人都聽過「孔融讓梨」或「小時了了，大未必佳」的故事，其實眞正讓孔融聲名遠播的，是他十六歲時做的一件事。

那是黨錮盛行的年代，中常侍侯覽想除掉黨人張儉，對各州各郡發布通緝令，要求捉拿張儉。

張儉和孔融的哥哥孔褒平素交情不錯，便想跑到孔家避一下風頭，巧的是，孔褒偏偏不在家，只有弟弟孔融在。

當時孔融只有十六歲，張儉覺得他還是個小孩，什麼也沒和他說，就想直接離開。孔融登時不高興，「我哥不在家，現在家裡我說了算！」堅持將張儉藏在自己家中。後來不知道怎麼搞的，這事洩漏出去，侯覽立即派人前來逮捕張儉。

張儉同志在當地政府和群衆的掩護下順利逃走，辦案人員只好把孔褒、孔融兄弟倆帶回審訊。

兩人本著一人做事一人當的好漢精神，都表示願意接受裁決，反倒弄得辦案人員一頭霧水，到底該治誰的罪才對？最後受不了，只好向兄弟倆的老母親請教。

沒想到，老太太的回答更讓辦案人員絕倒，她說：「應該治我的罪，因爲我是一家之長。」

辦案人員面對這「一門爭死」的局面不知該如何是好，只得請示上級領導，最終判決孔褒有罪。

之後，這件事便轟動全國，老孔家大大長臉。

到了建安元年，北海相任上的孔融被袁紹的兒子袁譚打得妻離子散，老婆孩子被袁譚俘虜。孔融跑到了許都，曹操讓他做了將作大匠（工建部部長），後來又升任少府。

荀攸，字公達，是荀彧的侄子，但年齡比荀彧大了六歲，小時候就是個不得了的奇才，由於父母早死，自小和祖父、叔父同住。

他七、八歲時，有次被叔父喝醉酒誤傷耳朵，但他並未大哭，出入玩耍時還特地找東西把耳朵遮住，不讓長輩看到。

荀衢知道後，對兒子的表現非常驚奇，這麼小就有如此智慧，這孩子將來了不得。

荀攸十三歲那年，祖父荀曇去世，一個舊部下突然跑來要求爲老領導守墓。

小荀攸對叔父說：「這人形跡可疑，恐怕不是個善主。」

荀衢也覺得不大對勁，這人的道德修養應該沒這麼高，便跑去追問，果然不出荀攸所料，那人是個殺人犯，正在四處逃命，想藉守墓自保

及長，正值外戚何進掌權，招聘了包括荀攸在內的二十多個全國知名人士，荀攸做了黃門侍郎，在皇帝身邊工作。

董卓之亂時，荀攸與鄭泰、何顒、种輯、伍瓊等人密商刺殺事宜，可惜風聲走漏，最後被人告發，被捉進去蹲大牢，和老鼠蒼蠅爲伴。

同行的何顒又愁又怕，心理素質不夠堅強，在牢中自殺了。荀攸呢？他在牢裡吃吃睡睡，說話舉止跟沒事人兒一樣，彷彿沒把死亡當一回事，承受能力使人佩服。

之後董卓還沒來得及殺他，就先被呂布一刀捅死。

東漢政府接著讓荀攸去做任城相，可是不想去，要求改當蜀郡太守——四川天府之國，人民生活富裕，又沒有受到戰亂的影響，確實是個好地方，荀攸眞是會挑啊。政府批准了他的要求。但是，蜀道之難難於上青天，由於路不好走，荀攸終究還是沒去成，留在了荊州。

把劉協弄到許都後，荀彧就向曹操推薦自己的大侄子。

曹操把荀攸招來，讓他升任爲新一屆政府領導班子的成員之一。

接下來，是另一位重要人物，郭嘉，字奉孝，潁川陽翟（今河南禹州）人。

郭嘉原先在袁紹那兒上班，但看出袁紹這個老闆不會用人，關鍵時刻老拿不定主意，要想和他一起共濟天下定王霸之業，難！跟著他混絕對沒有前途，於是郭嘉選擇了老鄉荀彧曾經走過的路——跳槽去曹操那兒發展！

當時有個叫戲志才的謀士，此人事蹟不詳，據說很牛，頗受曹操重視，可惜命不好，英年早逝。

曹操痛失人才，寫信問荀彧誰能補戲志才留下的空缺。

荀彧當即推薦了郭嘉。

既然是荀先生推薦的人，曹操便親切接見郭嘉同志，兩人討論時事，談完後，均歎相見恨晚，曹操更直接讓郭嘉做司空軍祭酒一職。

軍祭酒這職務是曹操在建安三年正月發明的，是部隊中的高級參謀。

之所以說郭嘉是天下第一謀士，是因爲他有非凡的眼力，敏銳的洞察力，精確的判斷力，才智超群，神機妙算，足智多謀，算無遺策，有詩爲證：

天生郭奉孝，豪傑冠群英。
腹內藏經史，胸中隱甲兵。
運籌如范蠡，決策似陳平。
可惜身先喪，中原棟樑傾。

這可不是吹牛，後面你會見識到郭嘉郭奉孝到底有多厲害。

人才就如同麻將，在自己手裡是張爛牌，可到了別人手中卻成了好牌，郭嘉在袁紹手中得不到重用，一到曹操那兒，立馬成王牌！

很快地，曹操組建起新一屆政府內閣班底。

他任命荀彧爲侍中，守尚書令，打理政府日常事務；任程昱、荀攸爲尚書；任命毛玠、滿寵爲辦公室主任，滿寵兼任許都令……等等。

當然曹操也沒有忘記董昭、鍾繇，任命董昭爲洛陽令，鍾繇則任爲御史中丞。

另外，曹操也沒有忘記要重新建立大漢的宗廟社稷制度，這爲他積聚了不少人氣，可是想要徹底實行「奉天子以令不臣」，還是極爲困難！

不管是「奉天子以令不臣」或是「挾天子以令諸侯」，講的都是同一件事，讓當權者可以運用天子的名義做事。比如說看誰不爽可以揍他；比如說以前跟誰有仇，隨便找個罪名就能除掉他；比如說，自己想做什麼官就做什麼官，想讓誰當就讓誰當……等等。

聽起來很酷，實際操作起來卻很難，重點在於，那些諸侯會聽嗎？

袁紹不可能聽話，人家可是關東霸主，憑什麼聽你的？袁術呢？他不僅不聽，還會唱反調對著幹，因爲他想當皇帝很久了！孫策？人家忙著江東大開發呢，哪有時間理這北邊的鳥事！

至於劉表、劉璋之類的小地主，顧著自己的一畝三分地都來不及了，沒空理會朝廷發來的命令，能躲就儘量躲……

曹操還有很長的路要走。

第10章 跳槽專業戶

賈詡跳槽後，段煨果然對他的老婆孩子很周到。另一方面，張繡也熱烈歡迎賈先生，更以子孫之禮拜見接待。顯見他看人的眼光賊準……

37 起於棗祗，成於任俊

曹操已經按照原先的決定實行，不想再更動，但棗祗是個固執的人，不達目的絕不罷休，三天兩頭地勸說曹操。

人是鐵，飯是鋼，一頓不吃餓得慌，軍事上也有所謂「兵馬未動，糧草先行」的基本軍則，在在顯示出軍糧是很重要的課題，糧食問題解決不了，其他一切免談。

不妙的是，曹操在這方面栽跟頭不是一次兩次的事了。打陶謙打到最後沒了軍糧，只得半途而廢；打呂布時也缺糧，只好暫且退兵；去接劉協時更慘，乾糧沒帶夠，弄得差點連天子的面都見不到。

其實，缺糧的不只是曹操，當時誰的日子都不好過。袁紹的部隊摘桑葚充饑，袁術的軍隊摸河蚌填肚子，其他很多隊伍也是因為沒東西吃而散夥，糧食危機困擾著每一個人，要想完成霸業，平定天下，就必須先解決糧食這

個嚴重的問題。

建安元年，新一屆政府領導班子成立後，曹操召開了全國經濟會議。會上，棗祗、韓浩等人提議屯田以解決糧食危機。

所謂屯田，就是政府召集一批勞動力，在官地上搞農業，分爲軍屯和民屯。參加屯田的農民需要把收成的一部分拿出來交給政府，至少需要兩個條件：無主荒地和勞動力。

幸好這兩項條件曹操都具備。

長時間戰亂下，人民離鄉背井，流離失所，只得浪跡天涯，田地裡不僅沒有莊稼，連雜草都不長，到處都是無主荒地；早些時候曹操降服的那一百多萬黃巾軍及其家屬正好可以參加屯田工作，而且他們是農民出身，農具更不用政府花錢提供。

既然條件具備，大家便開始就屯田的方式展開廣泛討論。

大多數人主張「計牛輸穀」，白話一點，就是按照屯客租用政府的耕牛數量確定租稅額，租的牛越少，交的稅就越少，租的牛越多，交的稅就越多。

按照少數服從多數的原則，曹操決定就按這種方法實行，屯田工作轟轟烈烈地開展了起來。

這時，棗祗同志覺得這種傳統方式不大妥當，因爲按牛計數，在豐收時並無法多收地租，碰到水旱災時也不能適時刪減租金，於民於國來說十分不方便，便向曹操報告自己的意見，希望把土地分給農民，收成由政府與農民對半。

曹操覺得已經按照原先的決定實行，不想再更動。但棗祗是個固執的人，不達目的絕不罷休，三天兩頭地勸說曹操，弄得曹操也不知道該怎麼辦才好，只好讓棗祗直接去找荀彧同志商議。

荀彧只好召開二次經濟會議，讓大家對這兩種方法進行討論，有的人說前一種好，有的說棗祗的提議好，意見十分分歧。

棗祗是個擁有自信的人，不厭其煩地和人反覆講解自己提議的可行性及優點：豐年能多收，災年可以少收，老百姓負擔不會太重，操作起來很方便……等等。

最終，曹操決定按棗祗的提議實行屯田，任命他爲屯田都尉，主管全國屯田工作，實行首年就取得大豐收，有一百萬斛糧食入庫。

不幸的是，屯田才實施沒多久，棗祗就去世了，幸虧接任的任峻接續他，把屯田發展到極高的高度，在他的主持下，才短短幾年，東漢政府倉庫中便堆滿糧食。

既然糧食的問題已得到緩解，其他的就不怕了。

英雄難過美人關

張繡立馬回營帶著人馬假裝出城整編，經過曹軍大營時，便突然殺了進去。曹操還在溫柔鄉裡，其他將領也正陶醉在喜悅當中，毫無防備的曹軍頓時大亂……

董卓的西涼兵是天下戰鬥力最強的隊伍，這些武將個個都是猛人。可他們只是一群有組織、無紀律的強盜，把大漢王朝搞得亂上加亂，結局自然不會好到哪裡去！

建安二年，郭汜被部將伍習誅殺，楊奉被劉備斬殺，韓暹被張宣殺死。

建安三年，李傕被謁者僕射裴茂殺死，三族遭滅，隔年，張楊則被部將楊醜所殺。

穰城（今河南鄧縣）位於荊州南陽郡，屬於劉表的地盤。為董卓報完仇後，張濟駐紮到弘農，由於收成不好，將士們得常常餓著肚子，張濟同志便領著大家去南方搶糧。不幸的是，張濟同志在攻打穰城時，竟被亂箭射穿，戰死沙場。

張濟一死，大侄子張繡便接掌族伯的位置，成了這支部隊的新頭目，領著大家去了附近的宛城。

見劉表沒有在第一時間內驅趕張繡軍，謀士賈詡便南下出使荊州。

劉表親切地接見賈詡，雙方交換意見。賈詡識相地重申宛城、穰城是劉表領地中不可分割的一部分，張繡這邊不會輕易冒犯。劉表對賈詡的聲明表示讚許，經過交談，雙方達成合作共識，允許張繡駐兵宛城，想住多久就住多久。

劉表利用張繡幫他看守荊州北大門，張繡則有了一個容身之所，實現雙贏的完美和諧，氣氛融洽不已，只有一個人很不開心。

那個人就是曹操。眾所皆知，涼州兵可不是吃素的，既然張繡率人住在宛城，等於在曹操的地盤南邊形成一項隱憂，於己於民來說，都必須消除這個威脅！

建安二年，才剛過完年，曹操便氣勢洶洶地殺向宛城，正準備來場廝殺。沒想到，曹軍才抵淯水，一個人都還沒砍到，張繡就直接投降了。

曹操很高興，改請張繡和及其部將喝酒，保鏢典韋拿著一把大斧頭站在曹操身後，瞪著張繡他們，張繡被典韋鎮住了，連頭都不敢抬。

突如其來的勝利沖昏曹操的頭腦，他這人一得意就會忘形，接著付出慘痛代價。

張濟的老婆長得很漂亮，好色的曹將軍一看就動心，直接把人叫到軍帳裡共度良宵，納她為妾。按理來說，曹操納張繡的嬸嬸為妾，兩人有了親戚關係，張繡應該高興才對，

可他反而很生氣！

同時，張繡手下有個親信叫胡車兒，勇猛冠三軍，很受曹操喜歡，動不動就請客送禮的，極盡拉攏之能事，弄得張繡天天提心吊膽，懷疑這曹孟德到底想幹嘛？生氣加上擔心的結果，他決定反了！

賈詡出了個主意，請張繡跟曹操請求，把隊伍拉到城外，又藉口說運輸車不夠，希望在移動過程中把鎧甲穿上，把兵器拿好，讓張繡軍便於移動，好給曹操的主力軍騰出一塊地方。

正在溫柔鄉裡的曹操竟想也沒想就答應了！

張繡立馬回營帶著人馬假裝出城整編，經過曹軍大營時，立刻殺了進去。

曹操還在溫柔鄉，其他將領也正陶醉在喜悅當中，毫無防備的曹軍頓時大亂，被張繡狠狠地扁了一頓。

曹操的座駕寶馬絕影被箭射中，倒在地上爬不起來，他本人則右臂中箭。就在命懸一線時，長子曹昂把自已的馬讓給了父親大人，助他順利脫逃。

曹操跑得快，可他的兒子曹昂及侄子曹安民卻死在這片土地上。值得一提的是，也跟著出去見世面的曹家二公子，十一歲的曹丕小朋友則安全逃離戰場。

曹操騎馬逃跑後，典韋勇敢地站出來，帶著部將在曹軍大營門前阻擋，十多人個個死戰，無不以一擋十。

敵人越來越多，典韋拿著長戟奮力殺敵，一戟過去，便有十多支長矛紛紛斷開。拼到後來，典韋手下全部戰死，他自己也受了十多處傷，但仍忍著傷繼續戰鬥，甚至用胳膊夾住兩個敵兵當武器，最後身受重傷，怒吼至死，一個勇士就這樣成了烈士。

典韋爭取到寶貴時間，曹操跑到舞陰（今河南泌陽境）得知典韋戰死，曹操哭得很傷心，爲典韋舉辦一場隆重追悼會，去弔唁時，又再度流下眼淚。

典韋，陳留己吾人，身材魁梧，臂力過人，是那種兩句不和就會一拳打過去的猛人，年輕時的事蹟被人廣爲傳頌。

襄邑劉氏與睢陽李永有仇，可李永是富春縣縣長，保鏢警衛多了些。典韋爲替劉氏報仇，把匕首藏在懷裡，化裝成僕人拉著一車雞鴨酒肉進入李永府中，把他和他老婆殺了，接著大搖大擺走出門。

整條街上的人都被嚇住了，雖然有幾百個人追他，可沒一個敢靠近，哪見過這種猛人啊？走了四、五里路後，典韋找到自己人後成功逃脫。

到了初平年間，典韋投靠張邈，後來又跟著夏侯惇混。

濮陽之戰一戰成名，曹操就讓他做自己的貼身保鏢，曹營中甚至還流傳著這樣一句話，「帳下壯士有典韋，提一雙戟八十斤！」

典韋死了，曹操很悲痛，對兒子曹昂、侄子曹安民的死，卻似乎沒有更多的表示。

人生最大的痛苦莫過於白髮人送黑髮人，兒子死了不傷心是假的，此時的曹操早已傷心欲絕，但只能隱忍在心底，不能表現出來。藏起悲痛，曹操召開總結大會，反省自己，總結出一個教訓：是因爲沒有跟張繡要人質，才會造成了這次淯水之難。

這是說給部下聽的表面理由，失敗的眞正原因，曹操比任何人都清楚，是自己的得意忘形、迷戀女色，才導致這場淯水之難。典韋、曹昂、和曹安民的死，他要負主要責任，要不是他忘乎所以，他們會白白犧牲嗎？

總結大會開完，曹操退回許都，丁夫人得知曹昂犧牲的消息，當場暈了過去。

曹昂是早逝的劉夫人所生，沒有生育能力的丁夫人把曹昂當成自己的親生兒子撫養，喪子之痛使得丁夫人情緒失控，天天跟曹操要兒子。

日子一久，曹操也煩了，直接把她趕回娘家，讓她冷靜一段時間。

後來曹操去看望她，丁夫人正在織布。下人告訴她曹操來了，可丁夫人依然織她的布沒什麼反應。曹操進來，拍了拍丁夫人的背，「咱們坐車回家吧！」

丁夫人根本就不搭理他。

曹操只好走人，走到門外回過頭來又問道：「眞不回去？」

丁夫人還是一句話不說。曹操沒辦法，無奈地走了，之後讓老丈人另選個好女婿，老丈人不敢，就是再嫁，估計也沒人敢娶。

39

跳槽專業戶

賈詡跳槽後，段煨果然對他的老婆孩子很周到。另一方面，張繡也熱烈歡迎賈先生，更以子孫之禮拜見接待。顯見賈詡看人的眼光賊準……

曹操從舞陰回許都後，南陽、章陵諸縣又叛變，投靠了張繡，曹操派曹洪去教訓教訓他們，但曹洪打不過人家，退到葉縣。

張繡、劉表覺得曹洪好欺負，經常來騷擾他。

建安二年的十一月，冬天已經到來，曹操決定再次去會會這個張繡，再次開拔到淯水邊上。

在這裡，曹操想起因自己而死的兒子曹昂、侄子安民，以及烈士典韋，下令鄭重祭拜典韋及一干陣亡將士，再次失聲落淚，把部下感動得眼淚直流。

擦乾眼淚後，曹操軍開始攻打湖陽。

這次兄弟們帶著報仇的決心來，一上戰場個個像吃了興奮劑一樣，砍人不眨眼，不但生擒鄧濟，還一舉攻下了舞陰城。

但奇怪的是，不知什麼原因，翌年正月曹操就回許都了，隔沒多久才又出兵，真不知道他這趟回來是在瞎折騰什麼？

此次出兵前，荀攸提醒曹操，張繡和劉表加起來的戰鬥力很強，不過，張繡是靠劉表提供支援，時間長了肯定會鬧矛盾，建議曹操最好按兵不動。

只是曹操片刻都等不得，一心想爲兒子報仇！

果不出荀先生所料，劉表深明唇亡齒寒的道理，很快就派來救兵，抄截曹操的後路，沒想到的是，曹操並沒擺開陣仗，反而火急火燎地撤退。

老曹玩什麼貓膩？張繡不管三七二十一，領著兄弟們就要去追。

賈詡拉著張繡胳膊不讓他追，張繡卻認爲勝利就在眼前，機不可失，執意跨上戰馬，追著曹操去了。

曹操知道後邊多了一條尾巴，竟不慌不忙，還給留守許都的荀彧同志寫了一封信說，「別看張繡那小子在後邊追我，等到了安衆（今河南鎮平境），看我怎麼收拾他！」

劉表在前面堵著，張繡在後面緊追不捨，到了安衆的曹操其實腹背受敵。

曹操信心十足，連夜派人在險要處開挖地道，把輜重全部運了過去，同時埋伏一支奇兵。

天亮了，張繡一覺醒來發現曹軍不見，以為曹操連夜跑了，早飯也顧不上吃，抄起傢伙就追，沒想到被曹操的步兵騎兵夾擊，以慘敗告終。

打退了張繡、劉表，曹操快馬加鞭往許都趕回。

張繡灰頭土臉地回到營地，還沒緩過神來，賈詡先生就催促他繼續追擊曹操，此去必勝！張繡丈二和尚摸不著頭腦，但他一向很聽賈先生的話，收整殘兵後又追上去，結果當真不出賈詡所料，張繡大勝歸來。

此時，他對賈先生的敬佩之情猶如滔滔江水綿延不絕，但還是搞不明白到底是怎麼回事。賈詡解開張繡心中的困惑，「你雖然打仗比較牛，但不是曹操的對手。曹軍撤退，曹操必定率領精兵親自斷後，這時候你去打他必然會敗。他此次來打我們，沒有什麼失誤卻突然退兵，肯定是大後方出了問題！曹操擊敗了你的追擊，就會加快腳步往回趕，誰斷後都不是你的對手，再去追絕對會取勝。」

賈詡說得對，曹操之所以撤兵，是因為許都有麻煩了，袁紹手下一個叛兵跑來對曹操說：「田豐建議袁紹襲擊許都，把劉協搶來，好挾天子以令諸侯。」

曹操嚇出了一身冷汗，撇下張繡就往回趕，七月，終於趕回許都，幸好許都還在，劉協也在，只是虛驚一場。

牛人並不止曹操一個，賈詡也是個人才。

賈詡，字文和，武威姑臧（今甘肅武威）人，被舉爲孝廉後當了郎官，由於身體健康因素而辭官，回家的路上卻碰到上叛亂的氐人，同行的幾十個人都被抓走。

賈詡急中生智，假稱自己是太尉段穎的外甥。段太尉威震邊關，氐人怕得要死，不敢動段太尉的「外甥」，便把他放走。

董卓掌權後，賈詡升任爲討虜校尉，後來又當了董卓女婿牛輔的助理。

當董卓被呂布殺死，李傕、郭汜、張濟等西涼兵將領本打算散夥時，賈詡又勸他們殺回長安爲董卓報仇，沒想到卻引來另一場大亂。

賈詡知道李傕、郭汜之亂，自己需要負起一定責任，從此行事變得低調，夾起尾巴做人。

在劉協東歸洛陽時，賈詡也出了不少力，幫了不少忙。

當時段煨駐兵華陰，段將軍與賈詡是老鄉，賈詡就脫離李傕集團投奔了老鄉。

賈詡聰明絕頂，段煨很佩服他，但是見他能力太強，也一直防著他反客爲主，不過，表面上依舊對他很客氣。

可賈詡是誰？一眼就看出了老鄉的心思，心下不安。

當時張繡在南陽，賈詡偷偷聯繫到他，張繡便派人去接。

賈詡臨走前有人問他，「段將軍對你這麼好，你怎麼忍心離他而去呢？」

賈詡說：「段煨生性多疑，表面上對我很好，但很快就要對我下手，我離開，他一定很高興，為了讓我幫他拉外援，一定會好好對待我的妻小。張繡那邊正缺個謀士，我過去後不但能脫離危險，還能保證全家平安。」

賈詡跳槽後，段煨果然對他的老婆孩子很周到，另一方面，張繡也熱烈歡迎賈先生，更以子孫之禮拜見接待。

賈詡看人的眼光賊準，每次跳槽都會取得預期中的效果，如果他是去炒股，絕對是當代股神！同時，他聰明得讓人佩服得五體投地，更明白在社會上怎麼活得更好，這種人很可怕！

不過，他從不耍小聰明，他很低調，不像楊修那樣處處顯擺，當時天下最聰明的人，非賈詡莫屬！

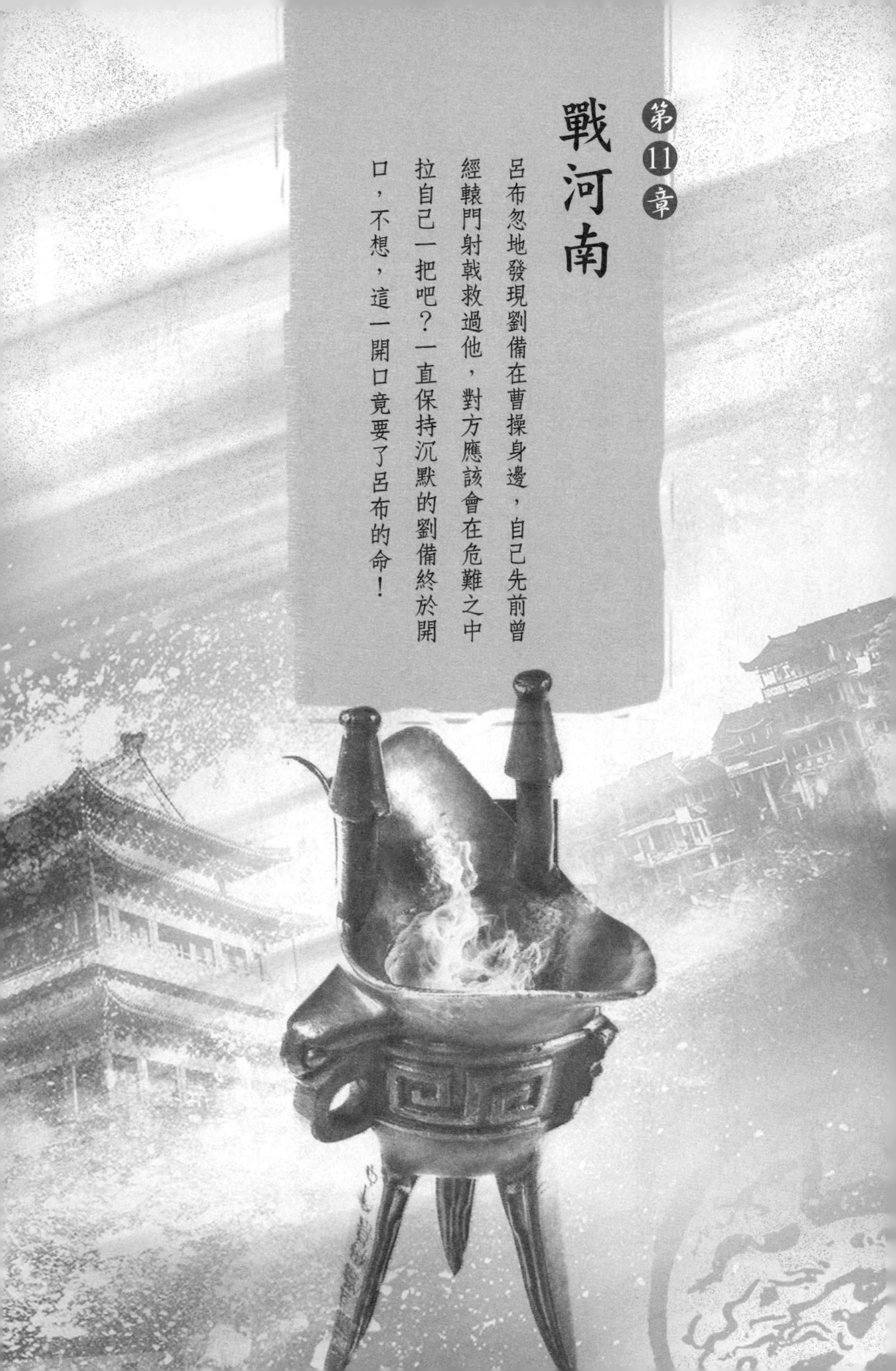

第11章

戰河南

呂布忽地發現劉備在曹操身邊，自己先前曾經轅門射戟救過他，對方應該會在危難之中拉自己一把吧？一直保持沉默的劉備終於開口，不想，這一開口竟要了呂布的命！

40 徐州爭奪戰

劉備得知徐州出事，急急忙忙往回趕，到了下邳城下被呂布擊潰，知道自己不是呂布的對手，趕忙收拾殘兵，往東打下廣陵，隨後和袁術交戰，又敗於袁術軍下。

之後，大家的目光都放在河南上頭。河南，指的不是現在的河南省，而是黃河以南的區域，主要是徐州一帶。

陶謙死後，劉備不費一兵一卒，就得到徐州，衆人的眼更紅了。

其實對劉備來說，接受徐州是個錯誤，這是一碗大家都想吃的肉湯，現在這碗肉在你手裡，早晚有人會來跟你搶湯喝。

人生地不熟，都還沒來得及和新同事混熟，腳跟也沒站穩，劉備眞能保得住徐州嗎？

這時，被曹操趕出兗州後，呂布跑到徐州來，一上來就和劉備套近乎，說咱倆都是

邊疆地區的人，還讓自己的老婆一同拜見劉備。

徐州新主人劉備熱情接待呂布。

呂布倒不跟他客氣，一口一個「老弟」地叫著，弄得劉備很生氣，但還是留下他。

南邊的袁術覺得劉備好欺負，就來搶徐州。

曹操認為可以利用劉備看住蠢蠢欲動的袁術，便封劉備為鎮東將軍，封宜城亭侯。

劉備覺得應該給挾天子以令諸侯的曹操一點面子，更重要的是守住徐州，於是帶兵南下和袁術相拒於盱眙、淮陰一帶。

劉備還真放心，似乎忘了呂布還在自己家裡呢！

不過，袁術可沒忘，連忙給呂布寫了一封信，對呂布殺董卓搶兗州的英勇事蹟大加讚賞，希望呂布幫忙打打劉備，還說為了表示感謝，將贊助呂布二十萬斛糧食。

呂布看完信後，想都沒想就答應了。

這時，張飛留守下邳，正巧陶謙的老部下曹豹也在下邳，他看曹豹很不順眼，想一次做掉對方。

曹豹有自知之明，知道自己拼不過張猛人，就向呂布求救。

呂布正愁沒機會下手，一聽曹豹有難，便抄起傢伙奔著張飛殺去。

張飛哪裡是天下第一勇士呂飛將的對手，大敗而逃，把徐州以及劉備的老婆孩子全丟到呂布手裡。

劉備得知徐州出事，急急忙忙往回趕。

到了下邳城下，劉備被呂布擊潰，知道自己不是呂布的對手，趕忙收拾殘兵，往東打下廣陵，隨後和袁術交戰，又敗於袁術軍下。

劉備在廣陵生活得很艱苦，沒糧食了就人吃人，無路可走之餘，只好向呂布投降。呂布答應讓他回小沛一起打袁術，把他的老婆孩子放了回去。

幾天前自己是徐州的主人，呂布是客人，現在兩人卻角色互換，呂布反客爲主，劉備變成寄人籬下的部屬，眞是世事難料！

沒多久時間，劉備竟又拉起一萬多人的隊伍，弄得呂布緊張不已，當然不可能放任劉備坐大，又去攻打。

劉備還是打不過他，只得投奔曹操。

曹操對劉備的到來表示熱烈歡迎，給他一個豫州牧的稱號，當然，不可能讓他眞的去豫州上任，只是一丁點虛無的甜頭。

有了曹操當後台，劉備的腰板硬了起來，再度返回小沛，這次呂布沒有殺過來欺負他，安穩地做個鄰居。可惜袁術偏不讓劉備過上安穩日子，派紀靈領著三萬多兵馬，氣勢洶洶地奔至小沛。

三萬大軍就在眼前，劉備很有自知之明，知道自己鬥不過紀靈，便向呂布求救。呂布雖然有勇無謀，也明白唇亡齒寒的道理，領著一千多人趕去救場。

紀靈聽說呂布來了，先停下進攻的步伐，知道呂布這人不好惹。

呂布在沛城外把部隊安頓下來，殺雞宰牛地準備一桌子菜，把劉備、紀靈都請來一起狂歡。

呂布喝得很高興，對紀靈說：「現在劉備被你包餃子了，我必須救他才行，誰讓他是我老弟？不過呢，我這人不大喜歡和人打架，只會幫人解解圍，不如就這樣吧……」吩咐手下把一支戟立在營門，「要解圍，就比射小支吧，只要射中戟的小支，你們倆就握手言和，射不中你們倆自己去決鬥吧，我絕不打擾你們。」

接下來的事大家都很熟悉，呂布轅門射戟，一發中的，這高超的技術立馬驚懾在場眾人！

第二天，三個人繼續把酒言歡，吃飽喝足，便各自回家。

一會兒打你，一會兒幫你，呂布就像一枚不定時炸彈，不知道他什麼時候爆炸，放在身邊非常危險，但劉備沒有水準也沒有技術能排除，真是要命！

41 天子輪流做，今天到我家

有了傳國玉璽，有了這兩個理論依據，即使沒有輿論支持，袁術也照樣勇敢地稱帝，自稱「仲家」，很快就組建起專屬的政府領導班子！

建安二年，又是一個春天，春暖花開、春風拂面，袁術終於耐不住，準備在淮南稱帝——他已經憋了很久時間，現在皇帝夢終於實現。

興平二年，袁術在南陽召開研討會，首先發話，「老劉家已經不行了，看看我們老袁家，四世三公，老百姓都是我們家的粉絲！」長篇大論後，詢問大家支持不支持自己。

當皇帝？荒唐可笑！

但沒人敢吭聲，誰吱聲誰死。不過，歷史就是這樣，什麼時候都有不怕死的人在，袁術的秘書長閻象就是一個。

閻象同志以大無畏不怕死的精神站起來發言，「人家周文王三分天下，有其二都臣

服殷商，再說現在你再強也比不上周，大漢再弱，也沒有商紂那麼殘暴。」

袁術根本就聽不進去，他不能再等了，堅信天命在袁家，就是要當皇帝。

那年頭，想當皇帝還得告訴大家你的祖宗是誰，這個祖宗必須擁有響噹噹的名號。說白點，就是找一個死名人當祖宗，自己黏上去當孫子，就算沒關係也硬要扯關係，反正不會有人去考察，也沒法查。

袁術查了半天資料，終於查出了自己的「祖宗」，向天下公佈，老袁家出自陳，陳是舜的後代，又說自己是土德，而大漢「正巧」是火德，根據五德始終說，火生土，他袁術當皇帝理所當然。

當時社會上有句讖語，「代漢者，當塗高也。」所謂讖語，就是迷信的預言，這句讖語西漢時期就已經有了，但什麼意思沒人搞清楚過。袁術的解釋則是，「塗，通假途，而我的字叫公路，公路就是塗的意思，所以這句話正是在說，能取代大漢的就是我。」

正在開發江東的孫策同志得知袁術想當皇帝後，果斷地與其斷交。

有了傳國玉璽，有了這兩個理論依據，即使沒有輿論支持，袁術也照樣勇敢地稱帝，自稱「仲家」，很快就組建起專屬的政府領導班子，以九江太守為淮南尹——大漢有河南尹，他有淮南尹，真夠山寨的。接著，任命政府各機構負責人，建立宗廟社稷。

袁術當了皇帝後，淮南人民並沒有從此過上幸福快樂的生活，反而被禍害得慘不忍睹，連飯都吃不上。

袁術想結交呂布，與他建立夥伴合作關係，就派韓胤為兒子去提親，表示想和呂布結為兒女親家。

呂布聽說袁術當上皇帝，立刻同意這門婚事。和皇帝結親家是多少人夢寐以求的，但呂布也不動腦想想，袁術這皇帝合法嗎？

沛相陳珪擔心袁術、呂布成了親家，徐州、揚州建立聯盟的話，大漢就真的沒戲了，便暗中找到呂布，跟他講解一大篇為國為民的大道理。

呂布聽著聽著，忽然想起袁術還欠自己二十萬斛糧食，還有，當初自己投奔他時也吃過一記閉門羹……呂布越想越氣，索性騎上馬一路狂奔，追回早已走到半路的寶貝女兒，又把韓胤五花大綁送到許都。

韓胤被押到許都後，曹操二話不說就把人砍了。他就是要告訴袁術，你小子膽子不小，竟敢稱王稱帝，還真沒把我放在眼裡！等著吧，韓胤的今天就是你明天的遭遇！

真命天子都被人玩弄於股掌之間，更何況冒牌的呢？很快袁術就會體會到，坐龍椅的滋味並不好受。

曹操的勢力範圍侷限於兗州、豫州，現在也沒閒工夫去教訓教訓袁術，幸好還有徐

州的呂布暫時可以利用一下。

爲了表揚呂布的這次良好表現，曹操派出使者前往徐州。當初劉協東歸時，曾命呂布來接自己，並任命他爲平東將軍，封平陶侯，可是派出去的人竟把詔書弄丟了。

這次曹操任命呂布爲左將軍，還親自寫信慰勞呂布。呂布覺得曹操很重視他，非常高興，允許陳登同志以自己使者的身份進京，任務是把徐州牧這個職位爭取過來。

曹操對陳登的來訪表示熱烈的歡迎，雙方在親切友好的氛圍中進行會談，並達成共識。陳登指出呂布有勇無謀反覆無常，應該早動手；曹操對陳登看法表示贊同，也指出呂布狼子野心，絕不能長時間養著。

會後，曹操替陳珪漲了薪水，並任命陳登爲廣陵太守。

陳登結束訪問臨行前，曹操緊緊握著陳登的手，「東邊的事就交給老弟了。」很明顯，他想讓陳登暗地裡集合部隊策反。

回到徐州，呂布得知陳登沒能給自己弄到徐州牧一職，火冒三丈，一戟砍在案几上，「你們爺倆叫我與袁術斷交，和曹操合作，現在我想要的一無所獲，你們父子倆倒是加官晉爵，亨通發達，我他媽的被你們賣了！你到底怎麼跟曹操說的？」

陳登表情平靜，「我跟曹操說，對待你就如同養老虎，吃飽了還好，吃不飽他就咬人！但是曹操說我的比喻不對，應當是如同養老鷹，餓著他他才會爲你效勞，讓他吃飽了他絕對搧搧翅膀，閃人！」

聽了這話，呂布才漸漸平靜了下來。

消息一出，袁術對呂布的出爾反爾很是憤怒，便和韓暹、楊奉等人聯盟，派張勳率軍教訓呂布。

呂布指著陳珪罵道：「今天袁術來打我全是你惹的，你說，該怎麼辦？」

陳珪很淡定，「韓暹、楊奉與袁術才剛剛聯合，方針政策都還沒定，放心，我兒子已經幫你想好計策了，離間！」

呂布按照陳登的建議給韓暹、楊奉寫了一封信，在信中回顧他們之前的舊友誼，進而打動對方。

不出所料，兩人決定反戈一擊，和呂布一起到淮南殺了袁術十個將領，砍死無數袁兵，大大羞辱了袁仲家一番。

呂布之死

呂布忽地發現劉備在曹操身邊，自己先前曾經轅門射戟救過他，對方應該會在危難之中拉自己一把吧？一直保持沉默的劉備終於開口，不想，這一開口竟要了呂布的命！

另一頭，有了曹操做後台，劉備這廝開始不老實了。

建安三年，呂布派人帶著金子去河內買馬，結果半道上竟被劉備劫走。

呂布怒火中燒，馬上派手下的高順和張遼去打小沛。

劉備哪裡是這二人對手？立馬一個人跑路，把老婆孩子以及一幫弟兄全扔下不管，打算直接跑到曹操那，控訴呂布欺負他。

聽說呂布攻打小沛，曹操知道收拾呂布的時機到了！他先派夏侯惇去救劉備，但夏侯惇沒能完成任務，自己的左眼還被箭射中，從此成了獨眼龍。

九月，曹操自己親征呂布，正巧在梁國碰上狼狽不堪的劉備，對他的遭遇表示深深的惋惜和同情，同時對呂布這種柿子專挑軟的無恥行徑感到憤慨。

曹操安慰了他幾句，「走，玄德老弟，跟我一起去，看我怎麼給你報仇！」跟著曹操一起征討呂布的，還有荀攸、郭嘉等人。

呂布的好日子到頭了。

十月，曹操到了彭城（今江蘇徐州市），攻下城後老毛病又犯了，下令屠城！

隨後，廣陵太守陳登為先鋒，向下邳進發，到城門前，曹操沒有下令攻城，只是給呂布寫了一封信，講了堆大道理，其實就兩個字：投降！

看到曹操親來，呂布開始感到害怕，先前兗州失敗的心理創傷還沒有好，想投降，陳宮卻堅決不同意。陳宮是從曹操那兒叛逃過來的人，認為投降後曹操肯定無法饒恕自己，所以堅持不能投降，還給呂布出了一個主意，請袁術來幫忙。

眾所皆知，袁術是個小氣人，對上次呂布沒把女兒嫁給自己兒子的事一直耿耿於懷，當即表示不會幫忙。幸好呂布的使者是個會講話的外交高手，和袁仲家說：「你不救呂布，呂布一完蛋了，你就直接跟著完蛋！」

袁術即使再蠢也知道唇亡齒寒，便派兵為呂布「聲援」，注意，只有聲援。

那邊的呂布正急得像熱鍋上的螞蟻，也猜到袁術會因嫁女兒這事不答應派兵來救，竟死馬當活馬醫地把女兒綁在馬上，想趁夜送到袁術那兒去，誰知才一出城，便被曹軍的亂箭射了回去。

既然袁術指望不上，呂布只能自救，他讓陳宮、高順守城，自己衝去斷曹操的糧道。陳宮建議呂布先帶領軍隊駐紮在城外，他自己留守城內，這樣一來，曹操無論攻哪，都可以輕易包抄。

呂布覺得陳宮說得有道理，準備實行，不料呂布的老婆大力反對，怕呂布再次撇下自己逃走。呂布心裡糾結，只好選擇死守下邳，躲在城裡不出來。

曹軍攻城好幾次，雖然摸到城牆，就是爬不上去，攻城是個力氣活，幾天連續作戰下來，大家很累。

曹操也很糾結，甚至開始想退兵，就在此時，荀攸、郭嘉一起去給曹操打氣，要他一鼓作氣拿下呂布，趁呂布元氣沒有恢復，陳宮計策未施行之前發動總攻。

郭嘉更進一步指出，「將軍，當年項羽歷經七十餘戰未嘗敗績，最後卻被劉邦收拾，那只是匹夫之勇，如今呂布屢戰屢敗，氣力盡失，他的水準又比不上項羽，如果乘勝追擊，一定能活捉他！」

曹操虛心接受兩人的建議，表示不拿下呂布絕不退兵，接著命衆人挖壕溝，引來沂水、泗水灌城。

你不是不出城嗎？看我淹死你！

曹操這一招夠狠，一圍就是三個月，呂布也在水裡泡了三個月。

這時，一件偶然又要命的事發生了。

呂布部將侯成讓人去牧馬，那人不想跟著侯成混了，想把馬作爲自己投降劉備的見面禮。侯成知道後親自把馬追了回來，大家聞訊，都提著禮物來祝賀他。侯成拿出酒肉來招待大家，開席前，也給領導呂布送去了半頭豬和五斗酒。

呂布氣炸了，「我禁酒，你釀酒，都這時候了你們還在一起開派對，想謀殺我啊？」侯成被嚇出一身冷汗，酒不要了，肉也不吃了，收的禮物全部還給大家，但一顆心始終無法安定，老覺得呂布絕不會放過自己。

這三個月來，城裡人的生活相當艱苦，軍心更是渙散，主要問題還是出在呂布身上，他平時對待部下並不算和藹，還時常惦記著部將們的老婆，怎麼看都不是個好領導。侯成不想整天生活在不安中，也無法再忍受這種甕中之鱉的生活，想出城。可出城的辦法只有兩個，要嘛衝出去，要嘛投降！眼見大批曹軍正在城外守株待兔，衝出去肯定死路一條，只能選擇投降。

侯成暗自聯繫宋憲、魏續等人，私綁了陳宮和高順二人，出城投降。

十二月癸酉，呂布登上白門樓，知道大勢已去，自己再也無力回天，便吩咐手下人把自己的頭砍下，送給曹操。

可別人就是有這個心也沒這個膽，呂布可是天下第一勇士，誰敢去砍他的頭啊？最終，呂布只好選擇投降曹操。

呂布下樓見到了曹操，先嘆道：「明公，我被綁得太緊了，能不能稍微鬆一下？」

曹操笑了一笑，「綁老虎能不綁緊點嗎？」堅持不肯鬆綁。

呂布很珍視生命，有機會的話絕不想死，便對曹操說：「如果讓我帶領騎兵，明公率領步兵，平定天下一定易如反掌。」

曹操不禁動心，要是有呂布這天下第一勇士爲自己效力，何愁天下不定？

這時，呂布忽地發現劉備在曹操身邊，認爲自己先前曾經轅門射戟救過他，對方應該會在危難之中拉自己一把吧？便對劉備喊道：「玄德，你是座上客，我是俘虜，你幫老哥哥說句話吧！」

一直保持沉默的劉備終於開口，不想，這一開口竟要了呂布的命！

「明公不見布之事丁建陽及董太師乎？」

言下之意清楚得很，就是說曹操，你想當第二個丁原或第二個董卓嗎？

呂布一聽這話，當時就氣炸了，這小子眞是忘恩負義！

還在猶豫中的曹操聽到這話，也不敢留呂布這條命了。

在這個世界上，眞小人並不可怕，可怕的是假好人，假如曹操不殺呂布，那麼他既擁有天下第一謀士郭嘉運籌帷幄，又有第一勇士呂布馳騁沙場之上，歷史肯定大大改寫。

可惜，歷史永遠無法假設。

呂布單挑功夫天下第一，但亂世不是用單挑就解決問題想，要想在亂世生存，腦子很重要！很明顯，呂布沒腦子又經不住誘惑，一生當中不斷背叛他人，導致誰都不敢跟他長期合作，才無法生存到最後。

把呂布送到另一個世界後，輪到陳宮了。

曹操不想殺陳宮，畢竟在他創業的艱困時期，陳宮就一直不離不棄地待在身邊，對陳宮的感情也很深。只是，陳宮在失敗的那一刻，便已下定決心赴死，不肯求饒。

曹操只好試圖做最後的挽留，「公台，你走了，老母親該怎麼辦？」

「我聽說，以孝治天下的人不害人之親，老母親能不能活，得看明公了。」

「那你老婆、孩子呢？」

「我聽說，將施仁政於天下的人必不絕人之嗣，老婆、孩子能不能活，自然也是看明公。」

曹操嘆了口氣，知道對方死意已決，沒有再繼續勸下去，只好哭著把陳宮送上刑台。

陳宮死後，曹操對他的遺族仍似故往，可見自始至終，他都把陳宮當做自己的好朋友！陳宮最大的錯誤就是背叛曹操，一時的嫉妒讓他失去理性，最後弄得自己沒臉再見曹操，只好選擇慷慨赴義。

43

被忽視的英才

廣陵的男女老少是陳登同志的粉絲，偶像走到哪兒他們跟到哪兒，陳登去東城他們也要跟著去東城，就算離鄉背井也要跟上去。

曹操東征呂布，不僅得到徐州，還得到了臧霸、張遼等人。

臧霸，字宣高，泰山華人，投降曹操後，負責管理青州、徐州沿海地區。

張遼這人大家更熟悉，字文遠，是雁門馬邑（今山西朔城區大夫莊）人，據說是聶壹的後代，為了躲避匈奴報復而改姓張，先後跟隨過丁原、董卓、呂布，投降曹操後做了中郎將，封關內侯，此人英勇無比，之後會提到相關事蹟。

另外，還有個人物不能忽略，叫陳登。

陳登，字元龍，在廣陵一帶很有人氣，粉絲眾多，文武兼備，小時候理想就很崇高，想要扶世濟民，二十五歲時被舉爲孝廉，實習後到東陽（今江蘇金湖縣境）當縣長。

當時徐州正在鬧饑荒，陶謙任命他爲典農校尉，讓他主管農業。

陳登同志是個負責的好長官，一上任就到田地裡考察，帶領人民打井挖渠，引水灌溉農田，最終當眞奪下這次抗旱救災鬥爭的偉大勝利！

在廣陵太守任上還待不到半年，陳登同志便把廣陵治理得欣欣向榮，該表揚的表揚，該批鬥的批鬥，深得當地人民敬愛，連沿海的一萬多名海盜也紛紛前來自首。

這就是水準啊！強人能把地方治理得欣欣向榮，讓海盜跑來自首，恐怕只有高賢才能做到。

曹操打呂布時，以陳登做先鋒，不過，陳登還有三個弟弟都在下邳城內，呂布自然以他們爲人質向陳登求和。

不過，陳登卻死活不同意，不惜犧牲自己的弟弟，還好一個叫張弘的人偷偷把他們送到陳登那裡，才不致家庭破敗。

拿下呂布後，曹操封陳登爲伏波將軍，讓他續留廣陸，沒把人帶回許都。

廣陵就在長江邊上，江東的孫策垂涎已久，這次終於沒能忍住，決定要吃下這塊肥肉，發兵進攻廣陵的匡琦城。

孫策兵力是陳登的十倍，大家一致認爲擋不住，建議陳登堅壁清野，帶領大家逃跑，留給孫策一座空城，天眞地認爲孫策待不了多久。

對於這個天眞逃避的計策，陳登感到一肚子氣，索性緊閉城門，還把城中士兵都藏了起來，故意表現出軟弱模樣。

匡琦城立時一片寂靜，像是一座空城。

陳登走上城堞，觀看四方形勢，一瞅準時機，便命令部隊打開城門拼命衝出去，更親自擂鼓爲將士們加油助威。

衆人一看領導都親自上陣，個個拿出吃奶的勁往前衝，最後殺死了好幾萬人，跌入江淹死的江東軍更是不計其數。

可孫策不會輕易放棄，很快地，他來找陳登報仇了。

陳登很清楚自己光靠這點兵力鬥不過孫策，向曹操求救的同時，更暗中派人到城外十里處設立軍營，將柴草堆十步一堆，排列得整整齊齊。到了夜裡，命人把柴草堆一起點燃，頓時火光沖天，同時下令城牆上的人都得大聲歡呼。

陳登領著大家痛打落水狗，又殺掉江東軍一萬多。

後來曹操調他到東城當太守，廣陵的男女老少是陳登同志的粉絲，偶像走到哪兒他們跟到哪兒，陳登去東城他們也要跟著去東城，就算離鄉背井也要跟上去。

曹操這才發現原來陳登是個人才，想重用他，可惜沒機會了。

陳登同志工作很忙，連吃飯都沒時間把魚肉煮熟，直接吃生魚生肉，導致胸悶，臉色發紅吃不下東西。

幸好神醫華佗正常在旁邊，華醫師給他把完脈開了服藥，陳登服下一會吐出三升蟲子，還都是活的！

華神醫提醒陳登，這種病三年後會復發，如果那時找不到良醫就沒救了。

華醫師不僅是神醫還是預言家，三年後此病果然復發，可華佗卻不知道去了哪裡。由於找不到良醫，陳登同志只好告別這個世界，享年三十九歲。

對一個男人來說，這個年齡風華正茂，是生命中的黃金時期，但天妒英才，文武全才的陳登還沒來得及實現扶世濟民的理想，就入土了，眞是可惜！

陳登的事蹟告訴我們，生魚生肉吃不得，食品安全很重要！

陳登曾建議曹操早點渡江下江南，可是曹操一直沒當回事，後來他每次走到長江邊上，都會想起陳登，非常後悔當初沒有接受建議。

此生最大的錯誤

郭嘉、程昱知道曹操派劉備出征後，立刻放下手頭工作衝去求見曹操，勸說劉備此人放不得。曹操才恍然大悟，可惜已經追不上了。

劉備用一句話把呂布同學送到西天，也找回自己的老婆孩子，跟著曹操到許都。

劉備，男，字玄德，涿郡涿縣（今河北涿州）人，傳說是中山靖王劉勝的後代。劉勝可不是一般人，光兒子就生了一百二十多個，是中國歷史上有明確記載的生育最多的人，估計都能申請金氏世界紀錄。

劉備小時候以賣鞋織席爲生。雖然家裡窮，但劉備小朋友志向遠大，夢想有一天要當皇帝。

當時，他們家門口有棵大桑樹，五丈多高，枝大葉茂，遠遠望去像天子座車的傘蓋。劉備與小夥伴們在樹下玩耍便時常說：「我將來一定要乘坐這種豪華的羽蓋車！」

十五歲那年，母親終於攢夠讓劉備上學的學費，讓他背上書包去跟盧植盧老師學習。劉備的同班同學有同宗劉德然、遼西公孫瓚等，劉德然同學的爸爸劉元起同志還常常給劉備同學生活費。

劉備小時候的事蹟就爲大家介紹到這裡，咱們還是回到許都接著往下說。

回許都後，曹操上表劉備爲左將軍，同時兩天一小請、三天一大請的，出則同車，坐則同席，交情很好。

劉備也還沒天天躲在後園子裡種菜，而是經常出去串門子，很快地就認識劉協的老丈人董承。

此時，董承已經接到劉協除掉曹操的密詔，也就是歷史上有名的「衣帶詔」，他積極地遊說劉備，把他拉進反曹黨中。

加入反曹黨後，劉備就不出門了，整天躲在家裡研究蔬菜種植。

一天，曹操又請劉備喝酒，酒過三巡，不知是眞醉還是假醉，總之，他說了一句話，「今天下英雄，唯使君與操耳！」

眞是要命的一句話！

劉備一聽，嚇得把筷子掉在地上。

說來也巧，這時外頭有一道閃電劈過，接著雷聲大作。

劉備反應極快，趕忙向曹操解釋，自己是被雷聲嚇到，才會落了筷子，把眞正原因掩飾過去。

此宴後，劉備心知肚明，這許都不能再待了，否則自己早晚會死在曹操手裡。

建安四年，機會出現了。

當了將近三年皇帝的袁術終於堅持不下去，原因無他，根本沒有人承認他的皇帝身分，衆叛親離，淪爲過街老鼠，人人喊打。

之前被呂布打敗後，袁術還是不老實，又想攻打豫州陳國，殺了陳國王劉寵及陳國相駱俊兩位地方領導。

這一殺不得了，豫州可是曹操的地盤，敢在曹操的地盤上殺曹操的人，只有一個字：蠢！袁術連呂布都打不過，還敢來找曹操的麻煩？眞是找死！

曹操絕不會讓別人占到自己丁點便宜，很快就親自帶人去找他算帳。

袁術先前也領教過曹操的厲害，那次如果不是曹操自己停下，他恐怕都得被趕進海上去了。袁術很恐懼，這次完全不抵抗，直接逃跑，留下張勳、橋蕤二人在蘄陽抵擋曹操，自己則跑到淮河以南避難。

張勳、橋蕤沒能擋住曹操，不過，曹操這次依然沒有堅持到底，到了淮河邊就掉頭回去了。

建安四年的夏天，袁術一把火燒了自己的宮殿，跑到灊山去找他的部將陳簡、雷薄，沒想到被陳簡拒於門外。

此時的袁術很鬱悶，完全不知道自己該何去何從，想北上找大侄子袁譚，卻必須經過曹操的地盤，曹操又怎麼可能讓自己過境？

劉備聽說袁術要北上後，主動請命，表示願意前去截擊袁術，絕對不讓袁術過境。

曹操答應了，派劉備、朱靈前去阻擊袁術，結果這一派，劉備再也沒有回來。

郭嘉、程昱知道曹操派劉備出征後，立刻放下手頭工作衝去見曹操，說劉備此人放不得。曹操才恍然大悟，可惜已經追不上了。

把袁術打回去之後，朱靈回去覆命，好不容易跑出來的劉備卻絕不可能再回許都，殺了曹操任命的徐州刺史車冑，讓關羽守下邳，自己則回到小沛。

郭嘉等人都曾勸過曹操，明確指出劉備有雄才，而且還有關羽、張飛這兩個萬人敵做打手，不可能爲人臣下，卻不知爲什麼，曹操一直沒能採取有效行動。

放走劉備是曹操一生中最大的錯誤，一日縱敵，數世之患！

離開了曹操的劉備猶如是一隻脫出鳥籠的雄鷹，終於可以自由自在地在天空展翅翱翔，要不了多久，就會一飛沖天，一鳴驚人！

另一邊，被逼回壽春的袁術也走到了生命的盡頭。

六月，袁術到了江亭，問廚師還有多少東西吃，廚師說還有三十斛麥屑。酷暑難耐，袁術只想吃蜜漿，廚房裡卻沒有蜂蜜。

袁術坐在床上，很鬱悶，突然大喊道：「我袁術竟然落到這個地步！」接著便倒在床上吐血而死。

袁術一死，傳國玉璽便被運到許都，重新回到中央政府手裡，一直到後來，才在元順帝手上離奇失蹤，至今下落不明。

袁術此生最大的錯誤，就是在大家都想當皇帝時沒忍住，硬是當了第一個吃螃蟹的人。中國人的傳統就是棒打出頭鳥，他這個皇帝，自始至終都只是一場鬧劇。

第12章

決戰官渡

打仗就是燒錢，沒錢的人玩不起，古今皆然，與袁紹這個大富豪相比，曹操頂多是個鄉下的小地主，地盤沒有袁紹大，人口也沒有袁紹多，錢糧更是沒有袁紹充足。

45 打架不能拖！

袁紹的軍隊很疲勞，這幾年一直和公孫瓚拼刺刀，大家都很累了，倉庫裡的糧食也不多了。曹操那邊也好不到哪兒去……

當初，曹操與袁紹一起打董卓時，袁紹曾經問曹操，「如果討董不成功的話，該以何爲據？」

曹操沒有直接回答，反而把皮球又踢回給了袁紹，「如果是本初你會怎麼辦？」

袁紹說：「我會南據黃河、北阻燕代，兼併烏桓，向南爭奪天下。」由此可見，他看重的是地盤。

曹操則給出不同的答案，「我認爲，任用天下人才就能無往不勝。」

關東聯軍散夥後，兩人便按各自的路線去發展，當曹操在河南創業時，袁紹同志也沒有閒著，正在打理河北地盤。

建安四年，袁紹幹掉了公孫瓚，佔據冀州、幽州、并州、青州共四州，成爲地盤最大、聲勢最烈的中原地主，也是實力最強的人。

可他始終有一點鬱悶，老兄弟曹操動不動就以天子的名義、以領導的口氣來批評自己，他縱使心裡不舒服，畢竟曹操那邊是中央政府，也只能用溫和的語氣爲自己辯解。

這時他才終於明白，原來天子不是累贅，是世上最好用的王牌，也後悔沒有聽沮授的話，否則現在挾天子以令諸侯的肯定是自己，什麼麻煩都沒了。

一開始，袁紹天眞地認爲可以把天子從曹操那兒「要」過來，提出許都氣候潮濕，要求曹操把天子遷到離自己更近的鄄城。

曹操自然回絕這看似正當，實則暗懷壞水的提議。他又不傻，天子既然現在在自己手中，又怎麼會拱手相讓呢？

袁紹一看這條路走不通，乾脆想個別的。一個人的實力增強，野心便會不自覺地膨脹，想到最後，他覺得直接當皇帝才是最迅速的解決方法。

之前自己實力不夠，現在佔據四州之地，對天子的位置已經迫不及待。

他似乎忘記了自己弟弟袁術的下場，這年頭，誰當皇帝誰倒楣，可是袁紹管不了那麼多，腦海中只有一個念頭：他要當皇帝。

可在袁紹當皇帝的路上，曹操是最大的障礙物。

現在的曹操，你說他「奉天子以令不臣」也好，「挾天子以令諸侯」也罷，只要他在，天子就在，袁紹也就不可能當上皇帝，必須先除掉曹操，再做掉劉協，才能「名正言順」地登基……至少袁紹自己是這麼想的。

因此，一收拾完公孫瓚，袁紹就開始著手迎戰曹操。

他有袁譚、袁熙、袁尚三個兒子，還有一個外甥高幹。

他是這樣打算的，讓四個一人主管一州，既考察他們的水準又鍛鍊他們的能力。於是把長子袁譚派到青州，中子袁熙派到幽州，外甥高幹派到并州，然後把小兒子袁尚留在身邊。

三個兒子中，袁紹最喜歡袁尚，因爲袁尚長得和他一樣帥，也早想好，要讓袁尚當自己的接班人，萬萬沒想到，這場人事安排卻爲後來袁家不變的悲劇埋下伏筆。

袁紹想進攻許都，但內部卻沒有達成一致性意見。換句話說，就是不團結，有的人支持攻打曹操，有的人反對，雙方只好就到底要不要進攻許都開了一場辯論會。

辯論主題：是否應該進攻許都

正方論點：應該攻打許都。

代表：郭圖、審配。

反方觀點：不應該攻打許都。

代表：田豐、沮授。

觀點陳述：

沮授、田豐：「打了這麼多年仗，大家都很累，咱們的資金也沒有了。現在我們要做的是休養生息，向偉大英明的皇帝陛下表達咱們的忠心。」

「如果曹操不讓咱們見天子，正好給了咱們理由打他，咱們就進駐黎陽，不斷騷擾曹操，讓他顧得了東顧不了西，不得安寧。三年之內，絕對能把曹操搞定。」

審配、郭圖：「以咱們袁老闆的實力，率領大家幹掉曹操易如反掌，現在不去打他，將來更難辦！」

沮授：「救好人、打壞人的軍隊叫做義兵；仗著人多欺負人的軍隊叫做驕兵。義兵無敵，驕兵必敗。天子在曹操那邊，咱們去打曹操就是不義。再說曹操又不是公孫瓚，那可是一位軍事高手，如果現在去打他，倒楣的一定是我們。」

郭圖：「周武王攻打商紂也沒人說他不義，他曹操算什麼啊？我覺得該狠狠地揍他一頓，現在咱們兵強馬壯，人人摩拳擦掌、躍躍欲試，反觀曹操這幾年打完陶謙又打呂布，肯定過度疲勞。對付敵人不能手軟，現在老天爺給了我們機會，袁將軍一定要把穩大局！」

既是觀眾又是評委的袁紹聽完正反雙方的辯論後，沒有多做考慮，直接同意郭圖的看法，決定出兵攻打許都。

郭圖可不是什麼正人君子，特長是污蔑別人，見袁領導接受了自己的建議，便得意洋洋，趁熱打鐵地進讒言毀謗沮授，好鞏固自己的地位。

袁紹這個人沒什麼辨別是非的能力，很輕易就相信郭圖，把沮授掌管的軍隊分成三部分，分別交給沮授、郭圖及淳于瓊三人管理。

見領導不僅沒有接受自己的意見，還剝奪自己手中的兵權，沮授同志很是鬱悶，回家後便召開家庭會議，把家財分給親戚們，因為他知道，自己活不了多久。

弟弟沮宗勸他，曹操沒什麼好怕的，不用擔心。其實，沮授料定此戰袁紹必敗，曹操必勝。袁紹的軍隊很疲勞，這幾年一直和公孫瓚拼刺刀，大家都很累了，倉庫裡的糧食也不多了。

曹操那邊也好不到哪兒去，自從他當上兗州的主人，陶謙、張繡、袁術、呂布、劉備……打完這個打那個，連休息都沒時間，到現在，已經有了兗州、豫州、徐州大部、揚州北部等地盤，與袁紹隔河對峙，一個在黃河北面，一個在黃河南面。

客觀來看，曹操正處於事業上升期，最需要的就是穩定，只要天下太平，曹操就可以一心一意發展，聚精會神搞建設，不久就能發展壯大，由一顆小樹苗長成參天大樹！

絕不能夠給曹操發展的穩定環境條件，要把他弄得焦頭爛額，晚打不如早打，早打不如現在打！從這點來說，袁紹出兵的決定也不能算是錯。

46 史上最牛宣戰書

陳琳同志這篇文章罵出了水準，罵出了風格，引經據典，文辭優美，用意惡毒，隨便幾個字就能讓人遺臭萬年，知識份子當真惹不起啊！

建安四年六月，袁紹集結十萬精兵、一萬騎兵，命審配、逢紀主管軍務，又任田豐、荀諶、許攸爲參謀，以顏良、文醜爲將軍，劍指許都！

同時，袁紹還聯絡曹操南邊的張繡、劉表，開闢第二戰場，對曹操實行兩面夾擊。

看到袁紹的信後，劉表表示願意和他合作，卻始終沒有派出一兵一卒，也不主動支援曹操，存心坐山觀虎鬥，看看情勢再說，反正刀又不架在自己脖子上。

不料別人倒急了，從事中郎韓嵩、別駕劉先及部將蒯越等人紛紛來勸劉表，也跟劉表分析得很清楚：如果兩邊都不幫，就是兩邊都得罪，沒有中立這種狀況。他們同時也提出，就戰況來看，歸順曹操是比較好的選擇。

但劉表仍然很猶豫，不知道到底該幫誰，便派韓嵩先去許都探探情況。

韓嵩說得很明白，「我這一去，若是天子給我個一官半職做，從此便是天子的臣子，不再是將軍的屬下，以後也得爲天子獻策，不會爲將軍效勞，希望你再考慮清楚。」

劉表點點頭，執意讓韓嵩進京。

韓嵩見到劉協，也果眞得到侍中及零陵太守的職位，回來後向劉表盛讚曹操，還勸劉表把兒子送到許都。

劉表很生氣，「你這小子！去了趟許都就有二心了，我要宰了你！」

韓嵩淡定地把臨走前說的話重複一遍，證明自己早已說過了風險。

劉表的老婆蔡氏也勸劉表暫且平息怒氣，但劉表就是嚥不下這口氣，把從行人員全殺了，又將韓嵩關進牢中。

最終，劉表誰也沒幫，只想守住自己的一畝三分地。

雖然誰也沒幫，但其實他無形中已經幫了曹操很大的忙，劉表不參戰就解除曹操南邊的憂慮，讓他可以專心對付袁紹。

對袁紹來說就不大好了，劉表沒爭取過來，少了一個盟友，更糟糕的是，張繡那邊也不同意與袁紹合作，還反而投降了曹操。

話說袁紹的代表到張繡處，轉達袁紹想和他合夥攻打曹操的提議。張繡一喜，正準

備答應時，旁邊的賈詡說話了。

「回去告訴袁本初，他們兄弟尚不能相容，能容得下別人嗎？」

張繡嚇得臉色蒼白，悄聲問道：「大哥你要幹嘛？拒絕袁紹後，我們該去哪裡？」

賈詡給出了一個非常明確的答案，「歸順曹操！」

張繡糊塗了，「你沒搞錯吧？現在的形勢可是袁強曹弱，再說咱跟曹操還有仇呢！」

賈詡點點頭，「正因爲這樣，才更應該去曹操那兒。」又列了三條理由，向張繡分析，「首先，曹操是奉天子以令天下，是正義的一方。其次，袁紹有的是兵，根本不會把我們這點人數放在眼裡，反之曹操的兵少，一定會重視我們的存在。最後，曹操是個有霸王志向的人，肯定會盡釋前嫌，以此向天下證明，他是個開明清高的人物。」

張繡一向都聽賈先生的話，於是捲起鋪蓋，領著兄弟們直接奔向許都。

來到許都，曹操表示了熱烈的歡迎，並與二人親切握手。他最高興的，莫過於終於得到了賈詡這個一等一的奇才，甚至激動地對賈詡說了一句話，「使我位重於天下者，子也！」又拜賈詡爲執金吾，封都亭侯，遷冀州牧。

爲了打消張繡的疑慮，讓張繡知道自己已經把殺子之仇忘了，曹操與張繡結成兒女親家，爲兒子曹均迎娶張繡的女兒，同時拜張繡爲揚威將軍。

袁紹的第二戰場雖然沒有開闢成功，但他已經下定決心，一定要拿下許都！

不過，古人打仗講究師出有名，不能無緣無故地打人，太沒禮貌。

袁紹雖然是中原霸主，但天子畢竟在曹操那兒，地方首長發兵打中央，怎麼都說不過去。

但人們的智慧無窮，自古以來，地方上起兵打中央，都會打著「清君側」的名號。清君側這詞通俗易懂，就是清除君主身旁的小人，本應是一項正義之舉，可惜總是成為叛亂發動者反抗中央政府的主要理由。

袁紹也不例外，以「清君側」為理由，讓秘書陳琳寫了一封討伐曹操檄文，也就是宣戰書。

陳琳，字孔璋，廣陵射陽（今江蘇淮安市）人，建安七子之一，有名的大才子，寫的這封宣戰書堪稱為中國歷史上最牛的一份宣戰書，從頭至尾都是在罵曹操，把人罵得狗血淋頭！

他首先指出曹操爛命一條，值不了幾個錢，又罵曹操的爺爺曹騰是個妖孽；罵他的老爹曹嵩用贓款買官，禍亂國家；罵曹操是贅閹遺醜、狼子野心，毫無道德底線……總而言之，曹家祖孫三代沒一個是好東西！

俗話說，打人不打臉，罵人不揭短，偏偏陳琳同志就是要揭曹操的短，刺他的傷疤，毫不留情地把曹操身為宦官後代的事向人民重新講述一遍，想讓他在天下人面前丟臉。

陳琳同志接著又對曹操的發家史進行大揭發，闡述他從投奔袁紹，一直到平步青雲挾天子以令諸侯的個人歷史，最後得出結論：曹操的一切，是袁紹幫他得到的。

隨後，另起一行，列舉曹操的種種惡行，是個殘暴無比、殺害忠良的魔頭。

更要命的還在後頭，陳琳為了徹底毀壞曹操的形象，在文中大罵曹操不要臉，竟敢帶頭挖皇親國戚的墳，還親臨現場指揮，破棺裸屍，偷走寶物。

陳琳還指出，找遍古今書籍的記載，貪婪殘暴虐烈無道的人臣中，曹操是最卑鄙最無恥的一個！

接著筆鋒一轉，將曹操這種無恥行徑和袁紹偉大光輝的高大形象做了對比，最後得出結論：曹操是個大壞蛋，人人得而誅之！

赤裸裸的人身攻擊，直接把曹操罵成了千古罪人，社會垃圾。

陳琳同志這篇文章罵出了水準，罵出了風格，引經據典，文辭優美，用意惡毒，隨便幾個字就能讓人遺臭萬年，知識份子當眞惹不起啊！

此篇文章一出，大戰立即引爆，不打都不行了！

47 迎戰袁紹

曹操知道自己與袁紹早晚會撕破臉打一仗，可沒想到這一天來得這麼快，此時他還不是袁紹的對手，但主動權是在袁紹手中，自己說了不算。

袁紹要攻打許都的消息傳來後，許都這邊發出了兩種聲音。

孔融被袁紹的強硬作風嚇住，馬上跳出來散佈悲觀言論，理由還很充分，「袁紹地廣兵強，還有田豐、許攸這些智計之士爲他出謀劃策，審配、逢紀也是盡忠之臣，無法動搖，加上顏良、文醜勇猛異常，我們是打不過他的！」

荀彧站出來，一一駁斥孔融那些袁紹不可戰勝的誤解，「袁紹雖兵多卻法不整，田豐剛而犯上，許攸貪而不治，審配專而無謀，逢紀果而自用，顏良、文醜匹夫之勇，一戰便可成擒。」

荀彧早把袁紹陣容中的人物看透，清楚他們的弱點，而且也很清楚曹操的優點，對

曹操十分有信心，也早就料定曹操與袁紹早晚會有一場大戰。

當初，曹操首征張繡失敗，回來後表現反常，動不動就大發脾氣，失去以往的冷靜理性，像變了一個人似的。

其他人以為這是被張繡打敗的後遺症，荀彧卻不這樣想，覺得曹操心中肯定是有別的事，便特地去求見，探探到底發生了什麼事。

原來，曹操收到袁紹的一封信，信中袁紹的口氣強硬傲慢，令人火大。

曹操想去教訓教訓袁紹，但是當時的他還沒那個能耐，便問荀彧該怎麼辦。

荀彧給從各個方面認眞分析了曹操和袁紹兩個人的不同，還列舉出劉邦項羽的例子，得出結論：曹操在度、謀、武、仁四個方面均大勝袁紹，沒什麼好怕的。

很早以前，郭嘉也曾與曹操討論過袁紹的問題，內容跟荀彧差不多，也用了劉邦、項羽的事例來激勵曹操。與荀彧不同的是，郭嘉指出，曹操在道、義、治、度、謀、德、仁、明、文、武等十個方面皆勝袁紹，說得曹操都不好意思了。

荀彧與郭嘉都是為了增強曹操的信心才這麼說，如果曹操眞的是四勝或者十勝袁紹，那官渡之戰根本不會打得那麼艱苦。

別看袁紹耳根子軟，他要是沒有兩把刷子，能拿下冀州、幽州、并州、青州，成為北方霸主嗎？

當時很多人都抱著上述這種想法，認為曹操應該打不過袁紹。

為了替大家建立信心，曹操召開戰前軍事會議，在大會上發表一番重要談話。

「我知道袁紹是個什麼樣的人，志大而智小，色厲而膽薄，忌克而少威，兵多而分畫不明，將驕而政令不一，土地雖廣，糧食雖豐，都是給我準備的。」

「同志們，在困難的時候要看到成績，看到光明，有條件要上，沒有條件創造條件也要上！」

眾人認眞聆聽領導的訓示，並進行充分而深刻的意見討論，最後終於達成一致：我們必須站起來反抗袁紹，否則死路一條！

既然眾人思想統一，接下來就可以安排作戰任務了。

琅琊相臧霸進兵青州牽制袁紹青州的兵力。

平虜校尉于禁駐兵延津（今河南延津），東郡太守劉延駐兵白馬（今河南滑縣），組建北面第一道防線。

夏侯惇駐紮敖倉、孟津，組建西面防線。

裨將軍徐晃、張遼把守官渡，組建北面第二道防線。

河內太守魏種駐兵河內，程昱駐兵鄄城，組建起周邊防線。程昱手中只有七百人，曹操原本打算增派二千人，卻被程昱同志拒絕。

厲鋒校尉曹仁駐守陽翟，揚武中郎將曹洪駐守宛城，設立南部防線——劉表、孫策不得不防啊，萬一他倆背後打悶棍，自己絕對死翹翹。

司隸校尉鍾繇鎮守弘農，控制關中。還派衛凱為代表，慰問關中諸將，先穩住他們，這樣一來，就建立起一個許都保護圈。

總之，目的只有一個，對抗外敵，不惜一切代價保衛許都安全！

曹操知道自己與袁紹早晚會撕破臉打一仗，可沒想到這一天來得這麼快，此時他還不是袁紹的對手，但主動權是在袁紹手中，自己說了不算。

曹操必須迎戰，他沒有別的選擇。

從被人瞧不起，到現在奉天子以令不臣，這一路的艱辛困苦，曹操記得清清楚楚。

這一戰將是一場真正意義上的決戰。

要不是他把袁紹打敗，就是被袁紹打敗，沒有第三種可能。

打認識袁紹那天起，他一直都比我強。

出身比我好，相貌比我帥，地盤比我大，實力比我強。

而現在，我們要在戰場上一決高下，勝者將有機會一統天下，敗者下地獄。

此時此刻，曹操無法預料誰勝誰負，但他有些恐懼，又有幾分激動。

本初，決一死戰吧！

另一邊的袁紹也在沉思之中。

打敗曹操，我就可以揮師南下一統山河，建立一個屬於自己的時代。

你們說我不配做皇帝，好，我就讓你們看看，我有沒有資格成爲九五之尊！

曹阿瞞，我絕對不會輸給你！

來吧，做個了斷吧！

這是一場殘酷的戰爭，勝者將擁有一切，敗者將失去一切，包括生命。

勝者將成爲正義的一方，名流千古；敗者將被釘在邪惡的柱子上，遺臭萬年。

在官渡，將決定天下所有人的命運。

解決後顧之憂

曹操召開前線軍事會議，首先對前線將士們表達深深的敬意和溫暖的問候，隨後安排一下新的戰略部署，提出要親自去打劉備的決定。諸將一臉茫然……

建安四年九月，一切安排就緒後，曹操讓荀彧留守許都，自己親自前往黎陽前線視察軍情，卻無法多作停留，因爲許都出事了！原來，天子劉協很會挑時間，偏偏在曹操正被袁紹折騰得焦頭爛額的時候跳出來搗亂。

劉協漸漸長大，覺得自己再也不能這樣窩囊過活，身爲天下之主，卻沒有自由，更悲哀的是也沒有尊嚴，他受夠了，想要結束這場荒謬的人質生活，決定反抗！

先前，他寫了一封密詔藏到自己的衣服裡，再把衣服偷偷交給老丈人董承同志，讓他除掉曹操，把寶押到董承身上！

董承收到密詔後，到處聯絡同志，偏將軍王服、越騎校尉种輯都表示願爲人民斃了曹操，據說劉備也加盟了他們。

可惜董承不是王允，並不擅長從事謀殺工作，也沒有掌握到謀殺的重點。

從事謀殺工作，需要良好的心理素質，臨危不亂、鎮定自若是基本條件，同時還得制定周密的計劃，不是口頭上說說就可以，還得制定預備方案，一旦出現突發意外時可以應用。

最重要的是，謀殺這種事，知道的人越少越好，絕不能走漏半點風聲！

董承顯然不是一個可以值得託付的人，建安五年春天，董承等人還沒來得及行動，事情就敗露了，顯然保密工作不夠好。

曹操是誰？他絕對無法容忍別人在自己眼皮子底下耍什麼陰謀詭計，對董承這種人自然不手軟，凡是參加董承陰謀集團的人，滿門抄斬，夷滅三族！

當然，他也知道幕後主謀絕對是劉協。好小子，老子辛辛苦苦保護你，你竟然在背後害老夫！自由？尊嚴？沒要你這條小命就已經很不錯了，你還得寸進尺，老實待著吧！

打敗董承陰謀集團後，曹操又風塵僕僕地趕回前線，見袁紹陣營還沒有動靜，便決定先去解決另一個人，劉備。

自從劉備重新佔據徐州後，曾多次派孫乾爲代表聯繫袁紹，共商攻打曹操大計，如果他倆眞走到一塊，情勢可就不樂觀了，必須先幹掉一個！

曹操召開前線軍事會議，首先對前線將士們表達深深的敬意和溫暖的問候，希望大家再接再厲，同心協力打倒袁紹，隨後安排一下新的戰略部署，提出要親自去打劉備的決定。

諸將一臉茫然，接著紛紛勸說曹操，「不可，與公爭天下的是袁紹，現在去東面打劉備，袁紹趁機攻過來怎麼辦？」

曹操堅定地告訴大家，「劉備是人傑，現在不把他扼殺在搖籃裡，將會後患無窮！而且袁紹這個人反應遲鈍，一定不會有什麼大動作。」

郭嘉同志對領導的分析表示支持，還進一步指出，「袁紹不僅反應遲鈍，還生性多疑，劉備則是剛剛得勢，內部尚未團結，正好可以打他個措手不及。」

郭嘉都這麼說了，那就出兵徐州。

曹操曾派劉岱（這位仁兄與前兗州刺史劉岱不是一個人）、王忠去教訓劉備，卻被劉備狠狠教訓了一頓。劉備還得意洋洋地說：「像你們這樣的人，來一百個也奈何不了我，就算是曹操親自來，勝負也不好說。」

劉備認為曹操在全力備戰袁紹，不可能來打徐州，才敢說大話吹牛皮。偏偏這時，偵察兵告訴劉備曹操親自來了！

劉備不相信曹操會親自前來，自己又領著幾個人去偵查，果真遠遠望到曹操的旗幟，驚出一身冷汗。

關鍵時刻，劉備毫不含糊，再次丟下老婆孩子，撇下部眾，自己一個人跑了！領導自己跑了，剩下的鬥志全無，曹操順利拿下徐州，也拿住了劉備的老婆孩子，接著攻向下邳。

曹軍包圍下邳城後，關羽知道以自己的水準肯定拼不過曹操，只好無條件投降。此次徐州之行大獲全勝，唯一的遺憾就是讓劉備跑了。不過，曹操還是很高興，不僅得到徐州，還得到了關羽，而且袁紹果然沒有任何行動。

袁紹爲什麼沒有趁機進攻呢？那是因爲他很忙，忙著照顧生病的小兒子。田豐得知曹操去打劉備之後，極力勸說袁紹抓住良機，一舉滅曹。誰知袁紹卻說自己沒空，因爲兒子病了，所以不能發起進攻，氣得田豐把拐杖都給扔了。

袁紹沒有抓住這個天賜良機，袁曹之戰，勝負已分！這是袁紹在官渡之戰中犯的第一個錯誤，也使他錯過了滅曹的第一次機會。

第一戰

急行軍一直到距白馬城十里的地方，顏良才發現，不由得一愣，曹操不是在延津嗎？怎麼會在這裡出現？曹操沒有留給顏良思考的時間，立馬進攻！

雖然打跑東面的劉備，曹操依然很擔心南方情勢，倒不是擔心劉表，而是孫策！

沒錯，就是小霸王孫策！

看到曹操與袁紹對峙官渡，孫策如果趁機偷襲許都，把劉協同志搶過來用，也來個「挾天子以令諸侯」……這是曹操最害怕的的發展，因為他沒有足夠兵力能阻擋孫策的江東軍。

這時，郭嘉同志安慰曹操沒必要擔心，「孫猛人開發江東時，殺了不少英雄豪傑，也得罪不少人，加上性格輕率，雖有百萬之衆，卻無異於獨行中原，隨便一個刺客都能幹掉他。照我看，孫策必死於匹夫之手！」

郭嘉眞是神機妙算，孫策後來到了長江邊，還沒來得及過江，果然被許貢的門客偷襲了……

咱們接著從劉備撇下老婆孩子自己跑路開始說起，這劉備一路跑啊跑，最後跑到了袁紹那兒，受到熱烈的歡迎和接待。

出城迎接劉備的有袁紹、袁譚等領導同志。劉備向袁紹講述自己被曹操欺負的經過，說明自己面臨的危機和困難，表達自己對曹操的不滿。

袁紹對劉備的遭遇表示同情，強烈譴責曹操侵犯他州權利的做法，並且表示要爲劉備報仇，讓他靜候佳音。

劉備來了，兒子的病好了，曹操也從徐州趕回來，袁紹總算要發動攻勢。該攻的時候不攻，不該攻的時候偏偏攻，正所謂天堂有路你不走，地獄無門你偏來。

田豐不是俊傑，十分不識時務，這時候又去勸諫袁紹，「時機已經錯過，現在不是進攻的時候啊！」

袁紹對田豐已經失去耐心，「我不想做的時候你非要我做，現在我想做了你又來阻止我，故意跟我唱反調是吧？給我綁了！」

袁紹不想再聽田豐叨來念去，這次沒有讓他跟著去前線，反而把他留在冀州，這是田豐的幸運，也是他的不幸。

建安五年二月，袁紹終於開始攻擊，先派大將顏良過黃河攻打白馬，自己則進兵黎陽，隨時準備過黃河。

田豐沒來，不代表袁紹的耳根子就能清淨，沮授站出來說：「顏良有勇無謀，不能單獨一個人去。」

可袁紹已經聽不進去任何意見了，認爲顏良很勇敢，不出幾天，白馬就可以變成自己的據點，打敗曹操指日可待。但事實告訴袁紹，他錯了！

曹操不會坐以待斃的，四月，便親自領兵支援駐守白馬的劉延同志。

這時，荀攸又爲曹操獻上一計，聲東擊西——確切地說，是聲西擊東！

具體操作流程是這樣，曹操先領兵到延津，做出從延津渡河，欲攻打袁紹後方的樣子，把袁紹主力吸引過來，然後以輕兵奇襲白馬，打他個措手不及。

最關鍵的一步是，在延津一定要表演得特別像。

曹操充分展現出專業演員的演技，帶領大家敲鑼打鼓，邊唱著歌，聲勢浩大地來到延津，極有可能還扯開嗓子大喊「殺過黃河去活捉袁紹」之類的。

袁紹果然上當了，緊急分兵向西全力阻止曹操過河。

曹操馬不停蹄，一路往白馬狂奔。劉延，你可要頂住，我馬上就來了！

關羽同志此次也在曹操軍中。他投降後，曹操今天送禮明天請客，極盡拉攏之能事，所謂拿人手短吃人嘴軟，收了別人的好處就得供人驅使，雖然他心中時時想著的是只顧自己逃跑不管別人死活的劉備同志，但曹操對自己這麼好，必定得知恩圖報，而此時就是最好的時機！

曹操急行軍一直到距白馬城十里的地方，顏良才發現，不由得一愣，曹操不是在延津嗎？怎麼會出現在這裡？

曹操沒有留給顏良思考的時間，立馬發動了進攻，前鋒是張遼、關羽。

關羽邊往前衝邊觀察，最後終於找到了顏良，鎖定目標後，便以迅雷不及掩耳之勢衝到對方面前。

眼前突然多一個壯漢，顏良還沒搞清楚怎麼回事，只聽關羽大喝一聲，一傢伙招呼過來，可憐的顏良同志就這樣成就了關羽名聲。

這就是傳說中的「萬人叢中取上將首級」，難度極高，一般人絕對做不來，同時必須具備良好的心理素質，下手要快狠準，一招致命，不能給敵人任何反應空間。

見領導被砍死，小兵小將當然本著「生命至上，安全第一」的理念逃散。

白馬之圍解了，但曹操並沒有停留，反而下令撤退。撤走的不僅僅是軍隊，還帶走老百姓，以及豬狗牛羊之類的活物，只要能帶走的全都帶走，只留給袁紹一座空城。

曹操很清楚，損失一員大將顏良的袁紹一定怒紅了眼，把氣全撒到白馬百姓身上，就像當年在徐州怒氣勃發的自己一樣，所以必須將白馬百姓全部撤離。

袁紹發現自己上當後，立即命令文醜、劉備渡過黃河全力追擊曹操。

沮授趕忙站出來阻止，但袁紹就是不聽，一定要南渡黃河，與曹操一較高下。

沮授來到黃河邊上，不住歎氣，料定過了黃河就再也回不去。

曹操領著大家沿著黃河一直往西走，走到延津南面的白馬山南坡下才停下腳步。他知道後邊還跟著一條尾巴，必須除掉這條尾巴才能安全地回到大本營，所以選擇在這裡打一場伏擊。

文醜跟劉備很快就追了過來。

偵察兵跑來報告說袁軍有五、六百個騎兵，不一會又報告說袁軍騎兵越來越多，步兵不計其數，曹操只有六百騎兵。

「行了，別報告了，大家解鞍下馬，準備戰鬥！把白馬輜重全部放到路上，原地待命！」

大家一臉茫然，敵兵這麼多，應該是要趕快回營吧？

荀攸明確地告訴大家，「咱們就是要引誘敵人，怎麼可以閃呢？」

曹操笑了，心裡默念，知我者公達也。

文醜、劉備沒讓曹操他們等太久，先後趕到，袁軍的騎兵已經達到五、六千之多。

「首長，打吧！」

「下命令吧！首長，你就下命令吧！」

曹首長說：「大家穩住，不能打，還不是時候。」

袁軍看到了曹軍的輜重全放在路上，顧不了那麼多，馬上擁上前，不搶白不搶！

這時，曹首長一聲令下，「弟兄們，衝啊！」

大夥以不怕死的大無畏精神向袁軍衝去，想白搶？沒那回事！

此時的袁軍正忙著搶輜重，被打了個措手不及。被衝散的袁軍徹底混亂，根本無法組織任何有效的反擊，只有乖乖被斬殺的份。

更要命的是，身爲大將的文醜同志竟被人砍死了！

誰砍的？不清楚，據說是徐晃。

另一方面，因爲劉備同志有「逃跑」這項特長，並且經驗豐富，再一次成功跑遠。

曹操順利回到設在官渡的指揮部，但心情卻沒有很輕鬆，反而沉重得很，因爲眞正的戰鬥才剛開始。

50 艱苦的歲月

許攸同志對自己能想出這麼好的計策正洋洋得意，自己都佩服自己，正等著袁紹領導的表揚，可惜他失望了。

官渡第一戰，連斬顏良、文醜兩員大將，戰果豐碩，正所謂好的開始是成功的一半。關羽萬人叢中取顏良首級立了大功，正好給了一個曹操獎勵示好的機會，於是封他爲漢壽亭侯。

曹操很欣賞雲長兄，但也知道關羽不會一直留在自己身邊。剛得到關羽的那幾天，他曾讓張遼去探口風，還指示要打動關羽同志，最好能讓人心甘情願留下來。

張遼肩負著曹操的囑託與希望，來到了關羽家中。

關羽熱烈接待張遼同志，兩人回顧友誼，交談始終在親密友好的氛圍中進行。

最後，張遼終於把此次來訪的核心問題道出，「曹公讓我問問你，你會跳槽嗎？」

關羽是個爽快人，不會繞彎子，直接說出心中想法。

「俺知道曹公對俺很好，但是劉備給俺的恩情相當厚，俺誓死與共，絕不背叛他！俺不可能留下來，等報答了曹公俺就走。」

張遼心裡糾結得很，這回去怎麼跟主公交代？

曹操是我的老闆，關羽是我的兄弟，說了怕兄弟被殺，不說又絕非事君之道……最終心一橫，把關羽的打算全盤托出。

曹操嘆道：「事君不忘本，是天下的義士！你覺得他什麼時候會走？」

「雲長兄說，報答完曹公的恩情他就閃人。」

現在關羽砍死顏良，做出了重大貢獻，算報了曹操的恩情，又打聽到劉備在袁紹那兒做臨時工，便把曹操先送給他的「糖」全部封起來，又留下一封書信通知曹操：閃人時刻到了！

你身爲曹軍將領，竟然想偷偷跑到敵軍袁紹那兒，這分明是赤裸裸的背叛！

曹軍諸將義憤塡膺，紛紛表示願意去把忘恩負義的關羽追回來。

曹操對眾人的反應表示讚許，卻又喟然嘆道：「大家都是各爲其主，也不用追了。」

言下之意，是決定成全關羽的忠義。

說老實話，如果曹操不願意放關羽走，就算關羽長十對翅膀也飛不出去，但他還是

讓關羽走了。不是胸懷天下，擁有王霸之志的人，肯定做不到這一點。

顏良、文醜先後戰死的消息傳來後，袁紹的第一反應是不相信，他們可是袁軍中最猛的人，第一次交鋒就掛了，曹操有這麼厲害嗎？

袁紹認爲沒有，卻又不得不承認折損兩員大將的事實，弄得一肚子氣，想馬上收拾曹操，把他打回原形，便打算把戰線向前提到陽武（今河南陽武）。

沮授沮先生再一次站出來反對，「打閃電戰對曹操有利，打持久戰對我軍有利，咱們應該慢慢耗死他！」

袁紹仍是沒搭理，親自率領大軍從延津挺進到陽武，正面就是曹操的官渡大營，兩軍幾乎是面對面。

這年七月，汝南黃巾軍劉辟造反了！造曹操的反。

劉辟同志看到袁紹、曹操打起來了，認爲兵強馬壯，人數也占優勢的袁紹會取得最後勝利，便暗中聯繫袁紹，表達自己想脫離曹操，加盟袁老闆的誠意。

袁紹對劉辟這一勇敢舉動表示讚許，派劉備前往支援，同時命韓荀負責騷擾曹操西線，而劉辟和劉備就在汝南潁川一帶時不時地扔幾塊石頭，放幾把火，讓曹軍大後方不得安寧。

見許昌南邊的老百姓天天擔驚受怕，曹操明白絕不能讓劉備他們在自己背後搗亂，便派堂弟曹仁前去剿滅這兩個搗蛋鬼。

曹仁領著騎兵三兩下就把劉辟、劉備趕走，劉備同志再一次發揮了他的逃跑特長，跑回袁紹大本營。

擅長逃跑的劉備政治嗅覺相當靈敏，隱隱約約感覺到袁紹很可能會陰溝裡翻船，不宜久留，便故意建議袁紹聯繫劉表，開闢第二戰場，兩面夾擊曹操。

袁紹隨口說：「你們都是老劉家的人，這件事就讓你去辦吧。」

劉備便乘機開溜，向南跑了。

另一邊，平定了汝南潁川叛亂後，曹仁又趕到西線，在雞洛山（今河南密縣境）一帶狠狠地痛扁韓荀，打得他哭爹喊娘。

見小打小鬧效果沒辦法出來，袁紹決定大兵壓境，壓不死曹操也能嚇死他。

八月，袁紹大軍東西連營數十里向前推進，說得具體一點，袁紹大軍就好比一層浪般向曹操衝過來。

面對巨浪，曹操卻不能退，官渡後面就是許都，無論如何都必須堅守官渡！

防海浪目前最好的辦法是建防浪大堤，用在軍隊上便是「連營」，但這樣做的後果很嚴重，可能還會致命。與袁紹連營相對，一旦人數較多的袁紹有餘力分兵，悄悄繞過

去偷襲許都，一切就完了！

九月，曹操率先出擊，結果，結果被袁紹狠揍一頓。

袁紹同志終於嘗到了勝利的滋味，許攸看到曹操連營與袁紹分兵相對後也笑了！他興高采烈地跑去見袁紹，「老闆，我們馬上就要勝利了！現在我們不用跟曹操硬碰硬了，只要派一支部隊繞過去許都把天子接來，嘿嘿，咱們就可以開慶功大會了！」

許攸同志對自己能想出這麼好的計策正洋洋得意，自己都佩服自己，正等著領導的表揚，可惜他失望了。

袁紹聽完許攸同志的建議後，皮不笑肉不笑，「許先生，你的建議確實不錯，可是我已經決定，一定要先拿下曹操，再堂堂正正地進許都。」

許攸無語。

原來，好不容易小勝一次的袁紹，竟天眞地認爲拿下曹操指日可待，決定要先幹掉曹操，再大搖大擺地走進許都，接受大家的膜拜。

袁紹啊袁紹，官渡之戰你敗了活該！

戰力上的差距

曹操到底有多少人馬，現在已很難徹底弄清，但肯定絕對不止一萬多而已，那《三國志》的作者陳壽為什麼說曹操的兵力是袁紹的十分之一呢？

袁紹又犯了一個錯誤，曹操又躲過了一劫，接下來必須討論一個很重要的問題：雙方士兵的數量。

官渡之戰中，袁紹有精兵十萬，這是很明確的數字，但曹操陣營裡到底有多少人馬，這是個關鍵，卻沒有詳細數據。

大家都知道，曹操是以少勝多，打贏了官渡之戰，以少勝多是對，那到底有多少？一直以來，大部份人的結論是一萬多，也就是說曹操的兵力是袁紹的十分之一。

可能嗎？

後來，很多學者對這個數據專門寫論文進行了反駁，論據主要有以下幾點：

一、《三國志》中記載，程昱只有七百人守鄄城，曹操要再給他增派兩千人，程昱卻沒接受。顯而易見地，既然曹操能輕易調動兩千人給程昱，正說明總兵力絕對不止一萬，至少也有數萬人力。

二、《三國志鍾繇傳》中也記載，鍾繇替曹操送去兩千匹戰馬，曹操原有戰馬肯定多於兩千，所以最後總騎兵數，至少會有四、五千。

三、《三國志任俊傳》記載，任俊往官渡前線運糧時，「使千乘爲一部，十道方行，爲復陣以營爲之。」後勤部隊都如此龐大了，前線部隊更是不會少。

四、《三國志》的《武帝紀》記載，袁紹連營東西數十里，曹操亦分營相抗。以一萬人去連營對抗十萬人，怎麼看都不可能成功，也無法造成對方的壓力。

同篇記述中也說明，曹操派徐晃及史渙攻擊袁紹的運糧隊，燒去他們的糧草。當時曹操與袁紹正在分營對抗，人數只有一萬多的話，哪還有餘力分兵去打袁紹的運輸隊？

更不用說，最後史載共有八萬袁紹軍馬投降，曹操把人全部活埋了，八萬人可不是小數目，要活埋八萬人，起碼得有三萬人力吧？

其他還有很多，筆者就不一一列舉了。

說到底，曹操的兵力究竟有多少呢？

剛剛當上兗州的老大時，曹操的兵力怎麼也得有五千，後來受降曹操的黃巾軍有三十萬，他又從中挑選精銳組成青州兵，所以這支青州兵至少有五、六萬人。

後來曹操連年征戰，陶謙、呂布、袁術、劉備等人都被他打敗，就算己方的確折損不少軍馬，但補充進來的兵力也不會少，又得跟袁紹的十萬大軍連營對抗……

袁紹的十萬大軍不是傻子，是一支精銳之師，任曹操再強悍、再牛，也不可能用一萬人成功阻擋打贏這十萬人。

曹操到底有多少人馬，現在已很難徹底弄清，但肯定絕對不止一萬多，那《三國志》的作者陳壽爲什麼說曹操的兵力是袁紹的十分之一呢？

很簡單，他是晉朝人，晉取代的是魏，因此自然以魏爲正統，爲了吹捧曹操的神勇，難免有誇大不實之辭。

分析完了雙方的兵力對比，我們接著往下講。

嘗到一點甜頭後，袁紹決定趁熱打鐵再打幾仗，把曹操徹底打垮。

袁紹想打，可曹操不想打，躲在自己的大營裡高掛免戰牌，堅決不出來，始終堅守四字法則：不動如山。

袁紹在曹操大營前建起高樓，築起土山，然後居高臨下，向曹操軍營裡放箭扔石塊，很有可能大家方便時，也直接對著下面的曹營解決一切生理需求。

天上下刀子、下石塊，說不準有時還會摻雜一些特殊物質，曹軍只好躲進軍帳裡，能不出門就不出門，不得不出門時，就用盾牌擋著那些要人命的飛箭、石塊。

這樣下去誰受得了啊？

曹操很快就想出反擊的辦法，命人製造拋石車，把大石塊拋到天上，去砸袁紹的高樓土山。

許多大石塊從天而降，就算砸不死，敵方嚇都嚇死了，高樓土山很快就被摧毀，袁軍給曹操的拋石車起了一個響亮的名字：霹靂車！

袁紹沒有氣餒，又讓人挖地道，一直挖到曹軍大營，想打場地道奇襲戰。

沒想到，袁紹挖，曹操這邊也挖，不過挖的不是地道，而是深塹。曹軍在自家軍營前合力挖出一條長長的深塹，袁紹地道戰的計劃碰到阻礙，自然失敗。

雙方就這樣掀起一場工程戰，一耗就耗了幾個月，看誰耗得過誰。

曹操心裡明白，雖然這是自己的地盤，但打持久戰的話，倒楣的還是自己，可是自己實力又不夠，一時之間也不知道該怎麼辦才好。

打仗就是燒錢，沒錢的人玩不起，古今皆然，與袁紹這個大富豪相比，曹操頂多是個鄉下的小地主，地盤沒有袁紹大，人口也沒有袁紹多，錢糧更是沒有袁紹充足。

不過，曹操他不是在屯田嗎？糧草應該很足吧？

曹操推行屯田的收成的確不錯，但打完張繡打袁術，打完呂布又打劉備，糧草根本沒來得及儲存，就全部運到前線，更不用說到了官渡之戰，一定得把家底全搬出來，過了幾個月，糧食已經不夠大家吃。

這時，後方的同志體會不到前線的苦，現在他們想的不是如何鍋賣碗募捐來支援前線，而是在思考自己的前途。

許都裡的行政人員，甚至曹營中的不少軍士，都偷偷寫信給袁紹，表示自己願意棄暗投明，希望袁老闆早日幹掉曹操，拯救蒼生於水火之中，以後就直接跟著袁老闆混。

曹操不是笨蛋，知道軍心動搖，很多人都在觀望，也做好踏過自己的屍體投奔袁紹的心理準備，所以絕對不能再和袁紹耗下去，不然早晚會出大事。

他對軍糧運輸隊說：「你們再堅持十五天，我一定打敗袁紹，那時不再勞累大家。」

十五天打敗袁紹？做夢去吧，還十五天打敗袁紹？被打敗還差不多。

如果此時運輸隊員抬頭望望天空，一定會看到無數牛皮在空中飄浮著。

大家心裡明白，這只是一番漂亮的表面話，不用說十五天了，就是一百天也夠嗆，跟袁紹已經耗了大半年，接下來崩潰的肯定是自己，所以事實眞相是，他不想打了！

曹操分別給荀彧、賈詡寫了一封信，告訴他們自己不願意再打，想要退兵回許都，

詢問兩人的意見。

荀彧很快便回了信，再度用劉邦、項羽的事蹟明確告訴曹操一件血淋淋的事實：誰先退誰完蛋，你都堅持半年了，還差再堅持幾天嗎？無論如何，都得拼死堅持下去！

賈詡也是相同立場，說曹公明、勇、用人、決機四勝袁紹，不要顧慮太多，堅持下去，該出手時就出手！

曹操受到兩人激勵，再度打起精神，做好堅持到最後一刻的心理準備，相信堅持就是未來勝利的前奏！

52 火燒烏巢

偷襲是個技術活，一般都是選擇在夜裡出動，在伸手不見五指的黑暗中，才不會被人發現計劃，行軍速度一定要快，同時得保持安靜……

這段堅持的日子曹軍過得很艱苦，就差要啃樹皮、吃草根過日子。

十月，袁紹的前線又運來糧食，他派淳于瓊等人率領一萬多人把軍糧護送到大營以北四十里的烏巢，並負責看守。

糧草一到，袁紹軍營連過年都不用愁了。

沮授建議袁紹加派蔣奇前去烏巢策應淳于瓊，以防曹操派人偷襲。

可惜，袁紹眼裡早沒有沮授這個人的存在，不管他說什麼，完全充耳不聞，又犯下一個嚴重的錯誤！

其實，犯錯並不可怕，有錯就改就是好同志，最可怕的是一直犯錯，從不改過。事

實證明，袁紹不是個會改過的人，自然不會是什麼好領導。

袁紹手下能人很多，例如田豐、沮授、許攸、郭圖、逢紀、審配等人，一字排開的話，氣勢徹底壓過曹營裡的猛人。不過，能人也是人，是人就有缺點。

就拿許攸來說吧，他很有計謀，是個好謀士，卻有個最大的缺點——貪。他的貪婪慾望永無止境，即使袁紹家業雄厚，也已漸漸滿足不了這份無底洞般的貪欲。

就在這時，許攸的家人犯法，留守鄴城的剛好是審配，他是個正直到近乎固執的人，執法從嚴，違法必究，不管對方是誰。

許攸託關係請審配高抬貴手，但審配同志完全不吃這一套，硬是依法定下許攸家人的罪。家人被定罪，許攸同志很鬱悶，再加上之前偷襲許都的建議沒被老闆採納，愈發覺得沒有必要再跟著袁老闆混，不如跳槽！

不過……離開袁紹後要去哪呢？去找曹操吧。

袁紹放許攸走，又是一個致命的錯誤，因爲許攸對袁軍軍情掌握得一清二楚，他一走，什麼消息全帶出去了。

官渡之戰的逆轉就在這一刻發生！

另一邊，曹操正在軍帳裡發愁，一聽許攸來了，高興得連鞋都沒來得及穿就跑出來了，拉著許攸的手，笑著說：「子遠，你一來我就勝利了！哈哈哈……」

兩人手拉著手走進軍帳，開門見山地開始討論。

許攸問道：「袁紹那邊兵強馬壯，曹公打算怎麼對付他？你們的軍糧還有多少？」

曹操冷靜地說：「我們的軍糧足足可以吃上一年。」

許攸哼了一聲，「好像不是吧？」

曹操馬上改口，「其實是……還可以吃半年。」

許攸冷冷地說：「看來你是不打算打敗袁紹了，怎麼不實話實說呢？」

曹操無奈一笑，「嘿嘿，剛才開個玩笑嘛……不瞞你說，這裡的糧草只夠吃一個月，子遠，你說我該怎麼辦？」眼光中充滿期待。

許攸沒有賣關子，直接把答案告訴了曹操。

「曹公，你現在孤軍無援，但只要出其不意地把袁紹軍糧燒光，不出三日，袁紹必敗！」

曹操大喜，讚道：「好辦法！許先生，高，實在是高！」

不過，其他人卻沒這麼容易接受，認爲許攸突然從袁紹那兒突然過來，肯定是來引誘敵人上鉤，正所謂來者不善，善者不來，絕對不能聽他的！

但荀攸與賈詡這兩個有眼光的人力勸曹操可以大膽實行計劃，反正撐下去終究也是輸，不如把握良機拼一次。

曹操說做就做，挑選出五千精銳，雖然有點少，但這已經是能動員的最多兵力，讓

曹洪、荀攸留守大營，自己帶領這五千人去烏巢放火。

偷襲是個技術活，一般都是選擇在夜裡出動，在伸手不見五指的黑暗中，才不會被人發現計劃。行軍速度一定要快，同時得保持安靜，士兵銜枚的銜枚，如果用到戰馬時，則需先摘鈴裹足，以免發出異響，引人注意。

最後得喬裝打扮一番，例如穿上敵人的軍裝，或是把旗幟換成敵方的，這樣一來，即使突然在路上遇到敵人，也可以蒙混過關。

這五千曹軍，便扛著袁軍的大旗，沿小路奔著烏巢去，路上不小心碰上袁紹部隊，便假稱是袁紹派去加強烏巢警戒的援軍。

東方泛白時，曹操終於到了烏巢，立馬二話不說，下令放火，不一會火光沖天，徹底染紅原本黑暗的天空。

留守烏巢的袁紹軍原本亂作一團，一他們看到曹軍的人數很少，便鎮定下來，在營門外擺開軍陣。

曹操發起進攻，淳于瓊被打退到軍營裡，但曹軍沒有停止攻擊，時間寶貴，必須速戰速決！

曹軍偷襲烏巢的消息一傳到袁紹大營，馬上產生兩種完全不同的建議。

張郃擲地有聲地直指重點，「曹操的精兵絕對能幹掉淳于瓊，淳于瓊要是完蛋，我們也就大勢已去，現在應該緊急發兵支援烏巢！」

袁紹點點頭，認爲張郃同志說得對，正想下令時，郭圖同志表達出不同的意見。

「張兄的方法不對，我們不如去攻打曹操的官渡大營，曹操一定會放棄攻打烏巢，趕回來救自己的大本營，烏巢危機不救而自解。」

張郃反駁說：「曹操的官渡大營肯定很堅固，相當難打，萬一淳于瓊被抓，咱們這些人就成俘虜了！」

沒想到這話聽在袁紹耳裡竟刺得很，「我們被曹操俘虜？你少在那兒胡說八道！我決定了，聽郭圖的！」

最後，他決定只派輕兵去救淳于瓊，以重兵反打曹操官渡大營。

又犯錯了！不過，這是袁紹犯的最後一個錯誤，因爲以後再也沒機會犯錯了。

53 袁紹退場

烏巢這一把火，燒得袁紹軍隊全體崩潰，可見袁老闆的治軍水準不怎麼樣，以往應該都是靠地盤及資源在撐場子。

當援軍趕到烏巢時，曹軍還在與淳于瓊激戰，大夥一看敵人的援軍來了，建議主公曹操分兵抵擋。曹操知道己方兵少，分兵會更慘，便朗聲道：「怕什麼？等他們到背後了再告訴我！」

大家都知道，要想活著回去就得先不要命，只好拿出吃奶的力氣去跟袁軍拼。

碰上這麼一群已經被逼得不要命的曹軍，袁軍只能乖乖迎接失敗的後果。最後，曹操順利地把烏巢的糧草全燒光，還斬殺了眭元進、韓莒子、呂威璜、趙叡等大將，以淳于瓊爲首的一千多殘兵則被割去鼻子，其餘牛馬也被割下舌頭。

淳于瓊是曹操的老同事，兩人在西園軍共事過，曹操一開始並不想殺他，但許攸提醒曹操，你毀了他的容，他不會忘記的。最後，曹操把這些殘兵做成了展覽品，讓袁軍免費參觀，嚇唬嚇唬他們，眞是缺德又殘忍！

烏巢戰敗的消息傳來，郭圖很慚愧，卻不承認自己的錯誤，反而誣衊張郃，「聽說那張郃得知烏巢大敗後很高興，還出言不遜，眞是過分！」

世間最可恥的莫過於小人的讒言，不僅要命，還能摧殘心志，張郃聞訊害怕得很，覺得不宜再久留，便和高覽決定投降曹操。

另一種說法則是指出，張郃、高覽在攻打曹操官渡大營時聽聞淳于瓊戰敗，便知袁紹大勢已去，自動投降曹操。

雖然兩種說法不同，但兩人投曹的過程絕對是事實。

張郃、高覽來到曹操官渡大營前，高喊自己要投降。

留守的曹洪同志不敢相信，「好端端的，張郃怎麼可能來投降呢？肯定是詐降！」同樣留守的荀攸則冷靜地說：「張郃是因爲袁紹沒採用他的建議很生氣，才會來投奔我們，沒有什麼好懷疑的，接受吧。」

曹洪這才接受了張郃二人的投降。

張郃一來，便湊齊了曹營中五大良將，分別是張遼、樂進、張郃、徐晃、于禁，在往後的戰爭中爲曹領導盡心盡力，名聲響亮。

另一方面，烏巢這一把火，燒得袁紹軍隊全體崩潰，可見袁老闆的治軍水準不怎麼樣，以往應該都是靠地盤及資源撐場子。

這一刻，曹操決定發動反擊，和袁紹一決死戰！

袁紹簡直不敢相信！自己帶著理想渡過黃河，心心念念要打敗曹操，要證明給那些反對他的人看，只要曹操不在，他的野心就能徹底實現，當上結束亂世的皇帝！可是，現在什麼都沒了。

面對挫折時，心理素質很重要，只有心理強大的人才是眞正的強者，很明顯的，袁紹不是。他認爲已經沒有必要再打，那就結束吧，隨即帶上兒子袁譚，領著八百親信騎兵，狼狽地逃回黎陽。

至此，袁軍已沒有精神迎戰，看到領導同志自己跑掉，既寒心又失望，便向曹操投降，人數將近八萬之多。事實證明，投降曹操是個錯誤的決定，反抗還有活下去的可能，但投降後的結果只有死！

曹操認爲，這八萬人的投降是沒有誠意的，留下他們也不安全，萬一他們反水就糟了，於是一不做二不休，下令全數活埋！

在戰場上，殺降是最缺德的事，或許有人會問，這未免太過殘忍，人道何在？

怎奈那是個人砍人的亂世，沒有道理可言，刀光劍影、殘酷廝殺都是常態，沒有人道，只有不擇手段！

沮授同志也被曹軍捉住了，他很有骨氣，不投降，曹操殺他時，感慨了一句，「孤早相得，天下不足慮。」

他本可以成就一番大事，可惜犯下在亂世中最大的錯——跟錯了領導。

官渡戰後，曹操樂得要死，總算這幾個月沒白熬，戰利品相當豐厚，不止有巨億財物，就連袁紹的古董珍寶等也一併笑納。

這袁紹也眞奇怪，打仗就打仗，把古董珍寶帶到前線顯擺做什麼？

戰利品整理歸類之後，先前許都及軍中人士與袁紹往來的書信也被曹操拿到手，信件的主人個個膽顫心驚，這下死定了！

就在大家親完老婆、抱完孩子，準備迎接死期時，曹操竟一把火把所有信件都燒了，看都沒看一眼，還喟然嘆道：「別提了，當時袁紹強大，就連我都不能保證能活，何況大家呢？會發生這種事也很正常。」

所有人聽曹操這麼一說，馬上感動得眼淚嘩嘩落下，「這麼一位好領導，以後我們全死心塌地跟著曹老闆你混！」

54 人才的重要

平定亂世，最有效的手段就是以暴制暴，用戰爭結束戰爭，把所有不服你的人都打趴，就能平定亂世，想勝過別人，自然需要工具。

官渡一戰，全國人民震驚無比，戰前耀武揚威的中原霸主袁紹竟然敗了，而且還敗得慘不忍睹！

袁紹率十萬大軍雄赳赳氣昂昂跨過黃河去，換回的卻是一場慘敗，說到底也怨不得別人，誰叫他從一開始就不斷犯錯呢？

當曹操決定東擊劉備時，袁紹沒有聽取田豐乘機南下的建議，錯過打敗曹操的第一次機會，是爲其一。

其後曹操聲「西」擊「東」，欲解白馬之圍，袁紹也輕易上當，是第二個錯。

當雙方相持不下時，許攸建議袁紹繞道偷襲，袁紹卻斷然拒絕，再次錯過良機，是第三個錯。

第四，是輕易放走許攸，對袁紹來說，這是個極爲致命的錯誤。

到了戰爭末期，沮授建議袁紹加強烏巢的警戒保安，袁紹全當沒聽見，是第五錯，結果造成烏巢才破，袁軍便瞬間崩潰的局面。

當曹操偷襲烏巢時，張郃、郭圖提出兩種不同的意見，袁紹卻驚人地再次選擇錯誤答案，徹底失去挽回敗局的最後機會，是他犯下的最後一個錯。

一個人犯錯誤不難，難得的是，從頭到尾一直犯錯，沒想到袁紹同志竟然神奇地辦到了！作爲一個失敗的範例，他可說是相當成功，甚至可以說，他創造出一個令衆人及後世盡皆傻眼的記錄。

筆者認爲，官渡決戰，袁紹最大的錯誤尚不在以上列舉的幾條當中，而是在於他自己身上，更精確地說，他的個性有很大問題！

袁紹這哥們剛愎自用，自以爲是，志向立得很遠大，智商卻不大夠，對人態度傲慢不留情，自己卻是個膽小鬼，一遇到挫折便害怕不安，光會嫉妒別人的才能，偏偏自己又沒什麼威嚴。

在治軍帶人方面更糟，手下員工很多，卻不懂得分工管理，行政混亂；武將方面，高級將領們個個傲氣不服他人，無法相容，當然也無法團結。

袁紹不是敗給了曹操，而是輸給了自己！

袁紹手下牛人一大堆，卻不知道如何使用，應該向曹操請討一本人才使用說明書，好好學學用人的大學問才是。

官渡之戰當中，袁紹浪費了無數戰機，曹操卻是創造出無數戰機，也學到「選擇」的重要。

每次戰機出現，便是考驗領導人智慧的時候，因為選擇是一種痛苦，不知道哪個才對，卻必須選一個，更殘酷的是，一旦選了就沒有回頭路。

所以，領導不是一般人能當的，一旦錯過時，便將終生遺憾。

和袁紹恰恰相反，曹操沒有浪費，牢牢抓住每一次機會，最終才能以少勝多，一舉打垮看似不可戰勝的中原霸主袁紹。

曹操獲勝的原因很多，什麼正義之師、士氣高漲等等，咱們不扯這些閒淡，先揀重要的說，也就是「人」的因素。

雖然曹操兵力不及袁紹一半，卻不是單打獨鬥。他很聰明，知道要想打敗強大的袁紹，必須靠眾人同心協力，自己也十分積極地聽取並採納部下意見。

在曹操想撤兵時，荀彧、賈詡請他堅持到底，他辦到了；許攸勸他火燒烏巢，他也燒了，正因為接受各方提供的正確建言，曹操才能打敗一錯再錯的袁紹。

官渡之勝絕不是僥倖，綜觀那個時代，各式各樣的人才一大把，曹操集團的能人自然也多如牛毛。

謀臣中有荀彧、荀攸、程昱、郭嘉、賈詡、毛玠、董昭、劉曄、司馬懿等等，將士中有張遼、張郃、徐晃、樂進、于禁、李典、典韋、許褚、文聘、龐德等人。

「謀臣如雨，將士如雲」不是胡說，曹操之所以能把這麼多人集結起來，是因爲他識人、用人眞的很有一套。

王沈在《魏書》裡說道：「知人善察，難眩以僞，把于禁、樂進於行陣之間，取張遼、徐晃於亡虜之內，皆佐命立功，列爲名將；其餘拔出細微，登爲牧守者，不可勝數。」

陳壽的《三國志》也說曹操是「官方授材，各因其器，矯情任算，不念舊惡」的高等領導。

司馬光的《資治通鑑》則說他「識拔奇才，不拘微賤，隨能任使，皆獲其用」。

這三段話講的都是同一件事，不管什麼身份地位，不管有沒有前科，只要有合適的人才能派得上用場，曹操就都會用，而且用人不疑，概括起來就是八個字：「知人善任，用人有方」。

不管在什麼年代，人才都是最貴的資源。

前面曾提到曹操和袁紹對奪取天下的不同看法，袁紹認為奪取天下的資本是地盤，曹操則認為是人才，兩人高低立見分曉。

其實，袁紹也有很多人才，比如田豐、沮授等等，可惜他不會用，就白搭了。

曹操深知人才需要自己去發掘，而不是等著他們自己找上門來。

他曾先後三次頒佈求賢令，明確指出「唯才是舉」。這在中國歷史上可說是開天闢地頭一回，在這之前，選拔人才看重德行，只要道德水準不高，即使才能再高也一概不考慮，當然，德才兼備最好不過。

曹操的看法卻跌破大家眼鏡，他說只要你是人才，哪怕不仁不孝，只要你有治國用兵之術，就可以來找我。

也正因為如此，出現很多罵聲。當然，罵他的人自然有自己的看法，但筆者想說說自己的理解。

曹操身處的時代是亂世，何謂亂世？亂世就是人砍人、人殺人，用一句時髦的話說就是人與人之間極不和諧，而曹操的志向就是平定亂世，使世界恢復和平。

平定亂世，最有效的手段就是以暴制暴，用戰爭結束戰爭，把所有不服你的人都打趴，就能平定亂世。想勝過別人，自然需要工具。

可是，那年頭德才兼備的人很少，比如荀彧，比如諸葛亮，都屬於稀有資源，能有一個就算多了，加上這類人大多很有自己主見，可遇而不可求。

再往下看，有大德的人卻不一定有才，很多滿口仁義道德的人和人辯論還行，讓他爲軍國大事出謀劃策或抄傢伙上戰場砍人，就完全沒用，這種人除了妝點門面外用處不大，孔融就是其中一個。

有的人道德修養可能不大高，有著貪財、好色之類的缺點，卻能在平定亂世的事業中發揮大作用，只要利用他們的才能，便可以更迅速地結束戰爭，結束這個令百姓痛苦的亂世。

所以曹操選拔人才的重點不放在道德上，而是著眼於才能，只要能爲他所有，能幫他加速平定天下，足矣。

第13章

定河北

曹操輕兵前進，五月抵達無終，卻逢夏天多雨，電閃雷鳴暴雨不斷，雨水阻絕道路，曹軍只得停下，等這場雨停，沒想到一等就是兩個月過去。

55 南下？北上！

不打孫權，那打劉表總可以了吧？反正早晚都得打，晚打不如早打！曹操正躍躍欲試時，荀彧又跳了出來，阻止此項計劃。

前面說過，袁紹沒帶田豐到前線，是田豐的幸運，也是不幸。幸運的是，他沒有像沮授那樣死在敵軍手裡；不幸的是，他仍是得死，而且是死在自己人手中。

當袁紹兵敗消息傳到大後方時，有人對田豐說：「恭喜啊，你料事如神，袁老闆以後肯定重用你！」

田豐卻長嘆道：「兄弟啊，這你就錯了，如果袁老闆勝利了，我還有活下去的一絲希望，現在他敗得如此之慘，我肯定再也活不了了。」

說眞的，田豐沒去擺個算命攤子太可惜了，說什麼中什麼，替人算命的話，生意一

定火紅。

果不其然，袁紹知道自己沒臉見田先生，便乾脆把人殺了，落得乾淨。

一個奇人最後的結局竟是死在自己老闆手中，可悲，可悲！

我們來看一份秘密名單《官渡之戰袁軍中高級領導陣亡及叛逃名單》，共有顏良、文醜、淳于瓊、沮授、田豐（被自己人所殺）、許攸、張郃、高覽等人。

雖然損兵折將損失慘重，擁有四州之地的袁紹其實還有東山再起的機會，但他不想捲土重來了。

官渡一戰，袁紹的意志被徹底擊垮，之前的自信滿滿早已灰飛煙滅，爲了名利打殺幾十年，自己又得到什麼？到頭來都只是一場夢。

只是，曹操絕不會就此撤手，宜將剩勇追窮寇，本著「袁紹亡我之心不死」的覺悟，毅然決定打過黃河去，堅決不讓袁紹死灰復燃！

建安六年四月，曹操在倉亭擊敗袁紹守軍。

河北是袁紹的地盤，曹操不敢貿然過黃河，雖然袁紹敗得很慘，要抵擋曹操的軍馬還是綽綽有餘。

曹操打倉亭，並不是爲了渡過黃河，而是想震懾袁軍，使他們不敢輕易南下，再說，他心裡還惦記著另一個人。

劉備，劉玄德！

話說劉備脫離袁紹後，又跑到汝南與山賊龔都建立起合作關係，一邊密切關注官渡戰場的變化。

中間，曹操曾派蔡陽前去圍剿，結果卻被劉備毫不客氣地打敗。

現在他終於騰出手來，親自去找劉備算帳。

患有嚴重恐曹症的劉備一聽曹操來了，反應極快，再一次完美發揮逃跑的本事，一口氣跑到劉表地盤荊州後才停下來。

劉表親自到城郊迎接劉備一行人，走上前與劉備親切握手，還擺下宴會爲劉備接風。吃完飯後，劉表決定讓劉備駐紮新野，負責看守荊州北大門。

攆走了劉備，接下來曹操要做什麼呢？

有一個成語叫衣錦還鄉，如今他發達了，雖不敢說是天下無敵，至少也是江湖上數一數二的大人物，所以決定回老家探探，看看當年的哥們。

從關東聯軍散夥到現在，曹操差不多有十年沒回過家鄉。

十年來，占兗州、收黃巾、打陶謙、迎天子、征張繡、伐袁術、殺呂布、擊劉備……他辛辛苦苦衝刺自己的事業成就，剛剛又打垮了中原霸主袁紹。

這樣一個小小的東郡太守壯大成一方諸侯，還「奉天子以令天下」，是多麼輝煌的

成就！曹操當然要回家鄉顯擺一番。

建安七年，剛過完春節，曹操同志領著大軍，浩浩蕩蕩地回到了老家譙縣。

走在那曾經走過無數次的街道上，往事一幕幕浮現在腦海中。一個人飛黃騰達，不管出於什麼目的，都會想爲家鄉做點貢獻，曹操同志也不例外，在父老鄉親面前發表了一番慷慨激昂的演講。

聽完曹操的演講，群衆熱情高漲、鬥志昂揚，紛紛表示會積極響應政府號召，爲建設安定和諧的美好家園做出更大的貢獻。

在家鄉重溫了童年時光後，曹操又到了浚儀（今河南開封），正巧橋玄老頭的墓就在這裡。

曹操十分感激這位老人家，當年自己剛剛踏入社會，一沒經驗二沒人脈，多虧有橋老爺子不遺餘力地幫自己做廣告、搞宣傳，才逐漸被社會認可，一步步走到今天。

沒想到知遇之恩還沒得及報，老爺子就走了，行經橋玄墓前，曹操心情很沉重，親自寫了一篇祭文懷念他。

文中首先對老爺子的人品大大讚揚一番，又回顧兩人友誼的源頭及過程，接著提到先前的約定：若是我曹操經過老爺子墳前時不拿一斗酒一隻雞祭拜，保證車走不了幾步就肚子疼……雖然是玩笑話，但若不是至親好友，豈能開這樣的玩笑嗎？現在特地帶來好酒好肉來看你了。

文末，曹操還寫下自己對未來的期許，結束得十分冠冕堂皇。

家也回了，墓也掃了，接下來得重新投入緊張的事務當中。既然北方的袁紹已經一敗塗地，不敢輕越黃河，曹操開始打算將工作重點放到南方。

放眼南邊，江東小霸王孫策死了，繼位的孫權還只是個小毛孩，本著柿子要揀軟的捏這項大原則，曹操決定先出兵欺負欺負孫權，拿下江東這塊地皮。

這時，張紘及時阻止了他。

張紘，字子綱，廣陵人，建安四年時被孫策派到許都拜訪，曹操給他一個侍御史的職務，硬是將人留在許都。

可張紘同志的心一直都在江東，生是江東的人，死是江東的鬼，絕對不允許曹操打江東的事發生！

他苦口婆心地勸諫曹操，「人家正在開追悼會，你現在去打人家，不太好吧？萬一江東打不下來，你們可就眞結仇了。」

「也是，萬一拿不下江東，事情還眞不好辦，既然張先生說不能用大棒招呼，就給他們幾根蘿蔔吧！」

曹操表孫權爲討虜將軍，領會稽太守，又放張紘回江東去當會稽東部都尉，不過，

同時又把華歆要了過來。

不打孫權，那打劉表總可以了吧？反正早晚都得打，晚打不如早打！

曹操正躍躍欲試時，荀彧又跳了出來，阻止此項計劃。

他本著「袁紹亡我之心不死」的覺悟再次重申立場，「我們首要敵人是袁紹，一定要把他打到死爲止，不能給他任何喘氣的機會！」

「好吧，既然荀先生這麼說，那就先打河北好了！」

在戰場上，曹操是個容易聽取屬下意見的人，決定按荀彧說的，先把北方搞定，其他的不急，慢慢來，反正有的是時間。

56 老袁家的悲劇

袁紹沒有決定讓誰接班，袁譚、袁尚兩位同學便爭著搶著要當老大，再加上郭圖、逢紀一干人等摻和，這兄弟倆肯定會內鬥……

袁紹回黎陽後，一直無法走出官渡戰敗的陰影，結果在建安七年五月鬱悶而死，總結他這一生，最大的不幸就是碰到了曹操。

袁紹一死，老袁家就徹底陷入亂局，因爲他沒來得及指定接班人選。

袁紹三個兒子當中，有能耐接過位置的是長子袁譚、少子袁尙，這兩人都想接班，名額卻只有一個。

結果，袁譚、袁尙兄弟倆充分繼承老袁家同室操戈、手足相殘的光榮傳統。

袁紹生前的想法是立袁尙這個小兒子。爲什麼呢？因爲袁尙長得帥！袁紹同志的邏輯是，自己是帥哥，接班人也得是個帥哥才行，加上他老婆劉氏也喜歡袁尙這帥小子，

天天吹枕邊風的影響下，這個想法更加明確。

雖然有立袁尚的想法，卻沒有發布正式公告，於是造成人才二分的政治場面：辛評、郭圖選擇支持袁譚，而審配和逢紀因為和兩人有過節，自然站到袁尚這一邊來。

大家根據立長的傳統，紛紛表示支持袁譚。審配和逢紀見勢不妙，便假冒袁紹的名義，直接立了袁尚同學。

袁譚同學心中不服，大哥怎麼能接受小弟的領導呢？索性自封「車騎將軍」，帶著自己的人馬駐紮到黎陽去。

袁尚同學還是很照顧手足，既然都要分家，就再分給人家一點兵好了，也把逢紀派去，以示友好。

沒想到袁譚同學認為袁尚太摳門，要求再撥更多的兵。

這下袁尚生氣了，怒道：「給你幾分顏色就敢開染坊啊！能給你兵就不錯了，還嫌少？我了個去！」

見到這個反應，袁譚也很生氣，一氣之下就把逢紀殺了。

到了建安七年九月，曹操決定揮軍北擊，一過黃河，便先向黎陽的袁譚開刀。

所謂「上陣父子兵，打仗親兄弟」，袁氏兄弟倆暫時放下恩怨情仇，一致對外，這一仗便從九月一直打到第二年二月，連大過年也沒能休息。

俗話說，「長江後浪推前浪，一代更比一代強。」這話到了老袁家，就出了點差錯，要眞說起來，他們家是一代更比一代弱才對。

既然盛氣凌人的老子袁紹都打不過曹操，兩個兒子就更不行了，雙方在黎陽城下打了五個月，袁家兄弟最後只得退回城內，當起了縮頭烏龜。

本著敵退我進的原則，曹操正準備包個大餃子，不料才剛擺下陣仗，袁家兩兄弟便趁著夜幕溜之大吉，曹操只好跟著追擊，一直追到鄴城。

鄴城是袁紹的老窩，袁家的大本營。只要拿下鄴城，冀州就是囊中之物。但鄴城不是說拿就能拿下的據點，不留下幾千甚至幾萬具屍體也休想進城，代價有點大，攻還是不攻呢？

這時，郭嘉郭參謀給出了最佳答案：不攻！

理由是什麼呢？

天下第一謀士說了，「袁紹沒有決定讓誰接班，袁譚、袁尙兩位同學爭著要當老大，再加上郭圖、逢紀一干人摻和，兄弟倆肯定會內鬥，不如直接給他們時間，讓這哥倆盡情鬥，咱們先轉過身去南征劉表，讓這兩小子慢慢玩，時機一到再殺回來！」

親兄弟打仗

建安九年二月，袁家兄弟本著「長江後浪推前浪，把爹拍在沙灘上」的覺悟，繼承並發揚老爹與叔叔的優良傳統，上演同室操戈、手足相殘的開春大戲。

對於郭參謀的話，曹操一向言聽計從。

五月，曹操留下賈信駐守黎陽，自己回了許都，臨走前，還幫袁尚收割鄴城周圍的麥子，權當此次出兵的軍務費用。

爲了讓袁家兄弟放心大膽地彼此折騰，九月，曹操主動南征劉表。

袁譚、袁尚兄弟倆先前的合作是件好事，兄弟同心，其利斷金，兩人手牽手在亂世裡共同打拼的故事也很美好，可惜無法永久持續下去。

曹操南下時速度很慢，因爲要密切關注冀州的動靜，走到西平時更停下了腳步，不出所料，袁譚、袁尚終於開打了。

外敵一退，哥倆翻臉比翻書還快，似乎一刻都無法忍受所謂的「兄弟相親相愛」的安定和諧生活，一看到曹操去南方參觀旅遊，立馬二話不說開打！

這時，劉表分別給兩人寫了一封信，勸他們千萬不要做這種親痛仇快的人間悲劇。不幸的是，這封信馬上被扔到廢紙簍裡，沒人想聽劉大叔的勸。

哥哥袁譚先動手，卻反被弟弟痛毆一頓，只得逃到平原城裡。

袁尚同學沒有放過老哥的意思，馬上對平原城發動猛烈進攻，反正亂世年頭打死人不償命，就算殺死自己的親哥哥也無所謂。

眼見平原城快守不住，這時，郭圖出了個「妙計」。

「愚以為，我們可以先把曹操請來幫忙打袁尚。曹操來了一定會先打鄴城，袁尚就會回去解圍，這時將軍再帶兵西進，如此一來，鄴城以北的地盤就是咱們的了。袁尚一旦兵敗，便會選擇逃跑，咱們就可以把那些殘兵招入麾下，再用他們去打曹操。曹操軍勞師遠行，只要軍糧吃光就不得不撤……最後，冀州等地就手到擒來，還能和曹操那廝對抗，完全不顯氣弱。」

袁譚同學聽得猛點頭，立刻派出辛評的弟弟辛毗去請曹操。

想得真是美啊！可曹操會按郭圖設計的路線走嗎？「愚以為」、「愚以為」，郭先生看起來倒真的很笨，當年袁紹把董卓找來的後果難道都忘了？

後來的事實也證明，這是個徹頭徹尾的餿主意，但對曹操來說，再沒有比這更好的餿主意了！

救急如救火，接獲請求，曹操立刻發兵，十月就到了黎陽。

袁尚同學一聽曹操過了黃河，本著好漢不吃眼前虧的原則，立刻撤兵回返鄴城，沒想到自己的兩個部下呂曠、呂（一說姓高）翔不止想做好漢，還想做相時而動的大丈夫，二話不說跳槽，投靠了曹操。

另一方面，袁譚同學不曉得哪根筋不對，竟然私自刻了兩枚將軍大印送給呂曠、呂翔，試圖挖角同時離間對方……

敢在曹操眼皮子底下玩這一招，袁譚智商可能眞的不高。

呂曠、呂翔根本不打算與他合作，爲了證明自己的清白，兩人把大印主動交給曹操，並且解釋自己是無辜的，再一次表達忠心。

曹操則表示對他們完全信任，袁譚那點小算盤他早已看透，不過，現在還不能翻臉，還有用得到袁譚的地方。

亂世，除了自己誰都靠不住，哪怕是親朋好友。但是從心理上講，有點親戚關係總比無親無故強上一些。

爲了穩住袁譚，曹操使出無數江湖人士都用過的一招，結親！爲自己的兒子曹整同學迎娶袁譚的女兒。也不知道曹整同學願意還是不願意，就算不願意，這婚還是得結，在萬惡的舊社會，兒女總是做不了主。

曹操幫袁譚打跑了袁尚，又結爲兒女親家，場面皆大歡喜，隨後帶著一份不錯的心情回家了，回家看戲，隔岸觀火。

建安九年二月，袁家兄弟本著「長江後浪推前浪，把爹拍在沙灘上」的覺悟，繼承並發揚老爹與叔叔的優良傳統，再次上演同室操戈、手足相殘的開春大戲，《袁家兄弟內鬥記》！

這回率先發難的是袁尚同學，他命蘇由、審配留守鄴城，自己領軍再次進攻平原，看來不把袁譚打死不甘心。

曹操見狀大喜，機會總算來了！

58 水困鄴城

審配看到曹軍這麼辛苦地挖水渠，笑了，想用這麼淺的水溝淹城？淹螞蟻窩還差不多！審配決定不鳥他。第二天早上起來一看，只見城下汪洋一片，登時傻眼……

曹操率領大軍直奔鄴城。

留守人員很重要，必須具備強悍的身心，哪怕敵人千軍萬馬來攻，也要做到不心慌，鎮定自若，最重要的是一定要有高尚的操行，威武不屈，誓死與城池共存亡，人在城在，城亡人亡，堅決不投降。

事實證明，審配是個好同志，而蘇由是個小人。曹操走到洹水，離鄴城還有五十里，蘇由便按捺不住激動的心情，偷偷跑來見曹操，表示自己願意做內應。

曹操對蘇由同志的深明大義加以讚美，鼓勵他再接再厲，於是蘇由回到鄴城後，便開始密謀策反，拉攏別人。

很不幸，蘇由投降的事被審配知道，一頓痛打之後，蘇由被審配打得落荒而逃。

蘇由失敗，但曹操並不想攻城，那樣代價太大，不死個幾千人，恐怕連城牆都摸不到，他要以最小的代價獲得最大的成果。

於是，曹操派工兵挖地道，想把地道一直挖到鄴城內，殺他個措手不及。

可惜，曹軍在幹什麼，城牆上的審配看得清清楚楚。

官渡決戰時，袁老闆也用挖地道對付曹操，曹操在軍營前挖了一條深溝，讓袁紹的計劃流產。

審配以其人之道還治其人之身，也挖了一條深溝，使得曹操的地道計劃宣告失敗。

可惜這個世界上，騎牆派何止蘇由一人，審配的部將馮禮同志也認爲前途遠比操行重要，決定投靠曹操，爲曹操打開鄴城的大門。

可惜，這不是道勝利之門。從曹操包圍鄴城的那天起，審配的神經就處於高度緊張狀態，有什麼風吹草動，他都一清二楚。看到三百多名曹兵悄悄入城後，站在城牆上的審配立即下令扔石頭，「砸，狠狠地砸！」

三百多人沒被砸死的也被砍死了，沒一個活著回去。

一計不成，曹操又生一計，派人在鄴城四周挖了一條淺淺的水渠，一步就可以邁過去。審配看到曹軍辛苦地挖水渠，笑了，想用這麼淺的水溝淹城？淹螞蟻窩還差不多！審配決定不鳥他。

第二天早上，審配起來一看，只見城下汪洋一片，登時傻眼，奇怪，又沒下雨，哪來這麼多水？

原來，曹操之所以水溝挖得很淺，就是爲了欺騙審配，到了夜裡，再命人加速趕工，把水渠挖到寬兩丈深兩丈，然後引進漳水，困住鄴城。

一夜之間，鄴城變成一座孤島，就這麼在水中泡著，連隻老鼠都逃不出來。

被圍困，糧食就不夠吃，不被曹操打死也會餓死，後來，城中果然至少有一半的人被活活餓死，其他還沒餓死的人也瀕臨崩潰邊緣。

審配同志鼓勵大家再堅持一下，袁尙會回來救我們的。

七月，袁尙終於來了，雖然有些遲，但還是來了，鄴城的軍民盼星星盼月亮的，終於把大頭目盼來了，眼中又燃起希望。

鄴城是袁尙的老窩，大家一致認爲袁尙肯定會拿出吃奶的勁來拼命，紛紛建議曹操儘量避免和袁尙交手。

曹操教導衆人，「各位，事物是相對的，要一分爲二地去看。如果袁尙同學從大路上來，咱們就避一避；從西山小路來，咱們就勝券在握，可以抓住他。」

他的意思是，袁尙要是走大路，就表示他不顧一切，做好一決生死的打算；要是走小路，就說明他不敢跟曹軍交鋒，未戰先怯。

果然，袁尙沒走大路與曹軍大戰一場，領著一萬多人從小路畏畏縮縮地前進。

現在的鄴城被圍得水洩不通，別說是人，進去一隻老鼠都難，袁尙左思右想，最後派牛人李孚進城。

李孚同志不愧是個牛人，向世人充分展示了出色的演技。他裝扮成查崗的曹軍都督，來到城牆下，讓守城士兵放下繩子把他吊了上去，見到審配後，告訴他舉火爲號，與袁尙前後夾擊曹操。

曹操得知後，笑著告訴大家：此人能進去，就能出來！

果然，李孚把城中的部分群眾放了出去，說是城中沒東西吃了要投降，一行人就藏在群眾裡邊混出城。

既然知道你進了城，就知道你們要做啥！

夜裡，袁尙大軍舉起火把，乘著夜幕向曹操大營發動了進攻，審配看到火光後衝出城門攻打曹操背後。

不過，曹操早有準備，審配出城沒走幾步就被打了回去。

薑還是老的辣，曹操很快便包圍了袁尙。

袁尙再一次見識到曹操的可怕，派陳琳等人出使曹營，表示自己願意投降。

曹操對袁尙的投降直接回絕，「用不了幾天我就能把鄴城拿下，到時候哪些地方不

是我的？打仗打來的遠比受降得到的實惠，我沒必要接受你的投降。」

打又打不過，投降人家又不接受，要想活命，就得趕快閃人！

於是乎，一場萬人賽跑大賽開始，袁尚帶著一萬多人在前面跑，曹操的幾萬人則在後面緊追不捨，煙塵滾滾，十分壯觀。

突然間，袁軍停了奔跑的腳步，轉過身來擺好陣勢。

就在雙方人馬摩拳擦掌，準備上去拼命時，馬延等同志臨陣投降。這一下來得太突然了，袁軍陣容瞬間崩潰。

袁尚同學和他老爹袁紹一樣，也是個逃跑高手，一下子便從萬人叢中安全逃脫。

城中人見狀，心寒到了極點，好不容易才把領導盼來，對方卻撇下咱們自己跑了，是怎麼一回事？見鄴城人馬上就要崩潰，曹操決定落井下石，命人把繳獲的袁尚印綬節鉞放在鄴城下展示，讓城中的人清楚看到。

城中軍民情緒低落至極，再也不抱任何希望，只有審配同志依然堅守城池。鄴城是袁家的大本營，絕不能拱手送人，雖然他也知道，鄴城已是一座孤城，沒有人會來救援，但作爲袁家的臣子，更要堅守到底，與鄴城共存亡。

這種危急存亡關頭，最怕的就是有人立場不堅定，做出賣主求榮的卑鄙勾當，孰料，此人不是別人，正是審配的侄子審榮！

審榮同志受不了這種「沒水喝、沒糧吃、沒人救」的三無生活，更不願和叔叔白白等死，於是選擇背叛，在八月某個月黑風高的晚上，偷偷打開鄴城的東門……

曹軍潮水般湧進了鄴城，與意志力體力都達到極限的袁軍展開巷戰，結果輕而易舉地拿下鄴城，審配同志則被被五花大綁地帶到曹操面前。

「審老弟，我攻城的時候你射的箭也太多了吧？」

「多嗎？我倒覺得太少了！」

「你效忠袁家，也是不得已而爲之。」

曹操被審配堅定不移的精神折服，想把他收入自己帳下，亂世當中的忠烈之士可是稀世珍寶，誰都想得到他的忠誠。

就在曹操要放走他時，一旁的辛毗卻哭了起來，原來，鄴城未破之前，他哥哥辛評的家人全被審配殺了！

辛毗一把鼻涕一把淚，在衆人面前陳述無辜家人的噩運，更痛斥審配殘害無辜的罪行，更當衆希望曹公能爲自己做主，對審配做出應有的「處置」。曹操雖然希望能保住審配的人，又不能對辛毗同志的哭訴充耳不聞，最後只好忍痛斬了審配。

從頭到尾，審配都沒告一聲饒，也沒想過要投降，抱著必死的決心來見曹操，直接慷慨赴死，連死時都面朝北方的袁紹地盤，用生命闡釋了「忠義」二字，算是一位鐵骨錚然的男子漢！

姐弟戀

曹丕懷著激動而又喜悅的心情前去拜見老爹，把心事向老爹做了剖切陳述，最後表示自己年齡也不小了，懇請老爹成全！

打下鄴城後，曹操沒有直接進城，先去為袁紹掃墓。在這位舊友的墓前，曹操回想起那美好的年少時光，眼眶情不自禁濕潤起來。

在洛陽時，他、袁紹，還有張邈，三個年輕人曾經天天泡在一起，建立起深厚的友誼，那時的他們無憂無慮，天真狂傲地憧憬未來。

往事歷歷在目，他和袁紹一起惡搞人家的新娘子、一起打過董卓、一起打黃巾……可惜，如今張邈不在，袁紹也走了，只剩下自己一個人仍為那個遙遠的夢奔波。

在袁紹的墓前，曹操觸景生情，他們是敵人，可也曾是共商理想的朋友！

掃完了墓，接著看回鄴城裡頭。

話說，老曹家的公子曹丕同學才一進鄴城，便直奔袁家而去，連招呼都不打一聲便破門而入，接著看到了兩個女人：老的是袁紹的老婆劉氏，年輕的則是袁熙的老婆甄氏。

此時的袁熙人在幽州，由於老爹鬱悶死亡，他怕老媽也跟著想不開，導致精神分裂什麼的，更把老婆甄氏留在鄴城照顧婆婆。

闖進來後，曹丕同學驚呆了，「哇！美女！」

沒錯，甄氏是個美女，還是那種從背面看是天使，從正面看也是天使的絕世美女。見到絕世美人，曹丕同學早已神魂顛倒，她是我的，我一定要娶她！哪怕是她是別人的老婆！

可見小曹同志完全繼承老爹的風格，不管人家是什麼身份、有沒有結婚，只要自己喜歡就把她娶進門。

曹丕懷著激動而又喜悅的心情前去拜見老爹，把心事向老爹做了剖切陳述，最後表示自己年齡也不小了，懇請老爹成全！

曹操聽完曹丕同學的報告後，笑了，「批准！」

能娶到這樣一個大美女，曹丕歡天喜地、興高采烈，樂開了花。

要知道，甄氏是結過婚的人（而且並沒有離婚），還比曹丕大上五歲，曹丕依然把她娶進門，這就是老曹家的一貫風格，跟一般通人硬是不一樣！

有好事者吃飽撐著沒事幹，說什麼曹操、曹丕、曹植父子同時看上甄氏，最後曹丕捷足先登搶到甄氏。

筆者不禁搖頭，這些人還眞是什麼樣的料都敢爆。以曹操的智商，會跟自己的兒子搶老婆嗎？更別說當時的曹植才十二歲，正在許都好好學習，天天向上，壓根兒沒有見過甄氏，也不知道甄氏是何許人也，怎麼會去跟哥哥搶老婆？

對於三曹同時追甄氏這種說法，可以用四個字來評價：無稽之談！

60

老袁家徹底滅亡

袁譚死了，冀州才算安定下來。之後，曹操派人到處發公文，宣傳自己殺袁譚是場正義對抗邪惡的偉大勝利。

在鄴城，曹操親切接見袁紹的妻子，致以誠摯的問候，表示政府絕不會忘記老袁家先前對社會進步所做出的巨大貢獻，以後袁家的生活費用全部由政府負責。

安頓好一切後，曹操召開了見面會，出席會議的有冀州的各界代表。

他二話不說，直接宣佈自己將是新一任冀州牧，同時任命冀州政府的新一屆領導班子，希望各位以後在工作上能大力支持和配合自己，大家同心協力，一起爲建設文明富強和諧的新冀州奮鬥。

場面話說過後，又任命清河東武（今山東武城境）人崔琰同志（字季珪）爲別駕從事，進一步和本人進行一場親切交談。

曹操說：「昨天我查了一下冀州的戶口，人口有三十多萬，冀州眞是個大州啊！」

崔琰當即對領導同志的言論做出批評，「現在天下亂成一鍋粥，袁家兄弟似乎嫌自己活的時間太長，沒想到曹老闆你不先訪查民情，竟盤算著擴軍事宜，眞讓在下和廣大冀州人民失望，看來也沒好到哪去。」

此言一出，會場頓時靜寂無聲，其他人冷汗不斷往外冒，衣服悄然濕透，心裡又驚又急，崔琰這小子，是不是活膩了？竟敢跟閻王頂嘴？

在大家正準備爲崔琰同志求情時，曹操卻向崔琰同志致以歉意，表示會反省自己思慮不周之處。

當然，眞誠不眞誠很難說，領導同志能當衆道歉就已經很不錯了！

後來，曹操看到陳琳同志，淡淡說道：「當年你替袁紹寫的宣戰書相當給力，不過，你罵我也就行了，何必連我爹、我爺爺都一塊罵下去呢？」

曹操的心情大家完全可以體會，當別人問候自己祖宗時，每個人一定都恨不得衝過去咬他兩口。

此時此刻，陳琳同志表面上雖然淡定，心裡卻已化成一隻四處亂竄的小兔子，但才子就是才子，他隨即用八個字回答，「矢在弦上，不可不發！」

聽完了陳琳同志簡要的自我辯護，曹操沒有太爲難他，反而讓他主管文字工作，當個文字秘書。

這招實在是高！

如此一來，曹操不僅得到陳琳這個筆桿子，讓他爲自己服務，同時也可以此向大家發出呼喊，自己的心胸比天空還要寬廣，連罵了曹家祖孫三代的陳琳都能容，請大家儘管放心到這邊上班，絕對不會虧待大家！

陳琳可以不殺，但有的人不得不斬之爲快，比如許攸。

大家都知道許攸同志對曹操的「大恩大德」，他自己更是天天掛在口頭上，唯恐別人不知道。

居功自傲的許先生根本就不拿曹操當領導看，動不到就尋他開心，不是開會遲到，就是揭曹操的短。

有次在衆人面前，許攸同志竟不知死活地直呼領導小名，「阿瞞，沒有我，你能拿下冀州嗎？」

曹操笑臉相迎，「許先生說得對！」心裡卻想，看我怎麼好好收拾你！

這忍讓給了許攸一個錯誤的信號，認爲曹操不會把自己怎樣，完全沒有察覺死神正一步一步靠近自己……

許攸是有才，但肯定還不夠聰明，應該要好好跟賈詡同志學習，可惜頻頻觸碰曹操容忍極限之下，他已經沒有機會。

當曹操還有用得到他的地方時，他再怎麼傲，曹操都會忍著；一旦失去利用價值，

又不低調行事，他就只能去閻王爺面前胡吹了！

好了，接下來我們再說曹操的「友軍」袁譚同學。

當曹操忙著攻打鄴城時，袁譚同學也沒閒著，忙著搶袁尚同學丟下的地盤，不搶白不搶，只不過，最後卻因此付出慘痛的代價、生命。

袁譚搶佔甘陵、安平、渤海、及河間等地，還順便去倒打袁尚同學一耙。

屋漏偏逢連夜雨的袁尚同學只好跑到二哥幽州刺史袁熙那裡尋求政治庇護。

袁譚所做的一切，都被一雙眼睛看得清清楚楚。

曹操給袁譚同學寫了一封信，信中嚴厲批評袁譚的所作所爲，並指出要與其斷絕姻親關係！

把袁譚的女兒平安地送回去後，十二月，曹操便把隊伍開到袁譚家門口。

袁譚知道不妙，直接跑跑跑，趁著夜幕，一口氣跑到了南皮。

曹操自然不會輕易放過他。

建安十年正月，曹操追上袁譚，衝上去便是一頓痛打，從早上打到中午，完全沒閒工夫吃飯。

可砍人是個體力活，揮大刀是很累的，就在這時，曹操親自敲起戰鼓。

見領導親自上場，曹軍頓時感到體內充滿力量，一陣猛砍，袁軍瞬間崩潰。

袁譚轉身就跑，鞭子往馬屁股上狠抽，但追他的人是虎豹騎中的一員，不達目的絕不罷休，有耐心得很。

袁譚同學很鬱悶，據知情人士透露，當時他一邊跑還一邊吆喝，「只要你放了我，我便保你榮華富貴！」

一句話還沒說完，追擊者上去就是一刀，直接摘下袁譚的首級。

本著「斬草不除根，春風吹又生」的原則，曹操下令將人斬首，袁譚戶口名簿上的名字一個也沒放過。

另外，郭圖同志也沒能跑掉，本人及戶口名簿上的人員亦全部被斬殺。

小人，走到哪裡都不招人喜歡。

袁譚死了，冀州才算安定下來。

之後，曹操派人到處發公文，宣傳自己殺袁譚是場正義對抗邪惡的偉大勝利，翻譯成現代漢語便是如下的一席話。

「袁譚是這次戰事的始作俑者、幕後指使和罪魁禍首，狼子野心，罪不容恕。這樣的害群之馬只會帶領天真、無辜和盲從的冀州人民走上邪路，爲了冀州穩定和諧的大局，我不得不斬殺袁譚及其老婆孩子。」

「另外，除了袁譚，還有別人跟著鬧事，爲虎作倀、助紂爲虐，這些分子我也已經

處理。我明白，冀州絕大多數群衆都很安分守己，只是受到犯罪分子的挑撥和慫恿才鑄下錯事，情有可原，政府會對這部分群衆網開一面，只要之後和害群之馬劃清界限，絕不會秋後算帳。」

下一個，該輪到袁尙、袁熙了……

想不到曹操都還沒動手，袁尙那邊就出事了。

大家爲了前程打拼，上有老下有小，生活不容易，在亂世裡，見風轉舵很正常，背叛更是司空見慣，焦觸、張南兩人便屬這批背叛大軍中的重要成員。

眼看袁氏兄弟大勢已去，已經沒有必要再替老袁家打工，兩人便反戈一擊，將槍口調回袁氏兄弟身上。

哥倆兒被打了個措手不及，只有跑路的份，這回跑得很遠，一口氣跑到烏桓。

趕走袁尙、袁熙後，焦觸同志自己當上幽州刺史。

筆者懷疑，焦觸同志突然反水背叛，可能是曹操暗地指使的結果，有三條證據可以證明：

一、焦觸自任幽州刺史。

要知道，曹操下一個目標就是幽州，你在這個時候自任幽州刺史不是找死嗎？焦觸不是白癡，既然敢自任幽州刺史，一定得到曹操的允許。

二、焦觸以幽州刺史的身份驅趕那些轄內太守、縣令及縣長們，背叛袁家投降曹操……原來，讓焦觸做幽州刺史是為了便於發號施令。

三、焦觸殺白馬為盟，命令大家一起投降曹操，違者便斬！

瞧瞧這，人家的路想怎麼走就怎麼走，你投降就投降沒人攔你，幹嘛非得把其他人拉上船？

筆者推論，曹操也許曾對焦觸同志說：「兄弟啊，想投降就得拿出一點『誠意』來吧？」可能也順道出了斬白馬為盟的主意。

以上種種跡象表明焦觸確實早被策反，可見孟德兄的策反手段讓人防不勝防。

接下來登場的這位同學是袁紹的外甥，高幹。

當年身為并州牧的高幹並沒有在官渡戰場幫舅舅砍人，不是他不想去，也不是不敢去，而是走不開——曹操派魏種、鍾繇等人死命拖住高幹，讓他完全抽不開身去支援。

袁紹戰敗後，高幹便開始悶不吭聲，當一個圍觀者，見最後曹操攻破鄴城，便直接選擇投降，曹操讓他續任并州刺史。

不過，高幹同學並不打算老老實實地幹刺史，他總覺得曹操不會放過自己，不想整日活在忐忑不安當中，毅然選擇叛變。

建安十一年，曹操親征高幹。

由於孤立無援，高幹同學只好去匈奴搬救兵。沒想到單于壓根不想得罪曹操，沒答應他，他只得領著幾個人改逃荊州，結果被上洛都尉王琰同志逮個正著，刷刷地拿下人頭回地覆命。

見老袁家就剩下袁熙和袁尚兄弟倆，本著「斬草不除根，春風吹又生」的前提，曹操決定要把袁家勢力徹底消滅乾淨。

61 閃擊烏桓

曹操決定北征烏桓，一舉滅袁，雷厲風行地召開軍事會議，就「北征烏桓」主題進行討論。會議上，所有人皆踴躍發言，各持己見，氣氛熱烈。

烏桓，又稱烏丸，中國古代民族之一，屬於東胡的一個分支。東胡有著悠久的歷史和傳統，有些朋友可能不熟悉，挑最簡單的例子說，像契丹跟蒙古這類勇猛軍隊，就屬於東胡出身。

身爲遊牧民族，烏桓自然也具備剽悍的民族性，傳統美德是貴少賤老，把年輕人當作寶貝，把老年人看成不值錢的豆腐渣。

還有更猛的呢！作爲烏桓人，如果看不慣自己老爹或自己哥，一氣之下把他們砍了，也不會有人來追究你的責任，卻無論如何都不能害老媽，因爲老媽有娘家人，有屬於自己的部落，會有人找上門報仇。

在烏桓，女子的地位很尊貴，除了打架砍人這些暴力事件外，其餘都是女人家說了算，要是看上某個美女想娶她，追求要比現代人麻煩許多。

首先，得學會耍流氓，用暴力手段把她搶來談情說愛，至少得同居一百多天或半年，然後，再把牛羊送到準丈母娘家，作爲聘禮。

丈夫得陪著妻子回娘家，當足一年或兩年的上門女婿。在老丈人家也得幫忙幹活，只要是妻子的家人，不管地位高低或年齡大小，都得每天向他們請安，不過，不用拜會準丈人、丈母娘。

一兩年後，丈夫就可以把妻子帶回家，一些生活用品或家具之類也不用發愁，老丈人會替新人準備好，從此過著幸福甜蜜的美好生活。

烏桓的頭領稱爲「大人」，誰的力氣大能砍人，誰就可以當大人，然後領導大家奔向光明。

漢高祖元年（西元前二〇六年），東胡被匈奴史上最牛的領導人冒頓擊敗，部衆流離逃散，其中有一支逃至烏桓山落腳，因此才有了「烏桓」這一稱呼。

被冒頓打敗後，烏桓便臣服於匈奴，每年都得進貢，心裡雖一百個不願意，卻因處於弱勢無法不進貢。

漢武帝元狩四年（西元前一一九年），西漢名將霍去病大勝匈奴，把人趕出漠南。

見大漢打走匈奴，烏桓感恩戴德，表示願意歸順大漢。

大漢政府把他們安置在塞外的上谷、漁陽、右北平、遼西、遼東等五郡，命他們看守北邊，同時設立烏桓校尉，負責管理並監視地方秩序。

一開始還好，可日子久了，烏桓便不安於大漢的領導，他們是遊牧民族，生活上有種種條件限制，不會種地，只有放羊打獵的特長，賺不到什麼錢。

烏桓人沒有日常用品生活，見南邊的鄰居大漢家裡很富，什麼都不缺，便幹起打劫這種無本生意，時不時去大漢邊境搶上一回補貼家用，順便再抓幾個壯丁回來當奴隸。

大漢天子很生氣，堅決不能容忍烏桓這種藐視他國主權、侵犯他國領土、搶劫他國財物的行爲！

大漢派出軍隊狠狠地揍了烏桓幾頓，卻治不了本，對方只會老實幾天，只要軍隊一撤，過幾天又跑來鬧事，大漢只好再發兵……就這樣打打停停了幾百年，陷入永無盡頭的循環。

時光流逝，轉眼間到了東漢靈帝年間，烏桓內部有四個「大人」：上谷難樓、遼西丘力居、遼東蘇僕延、右北平烏延，都是猛人，不僅四肢發達，頭腦也比較靈活。

初平年間，丘力居同志去世，兒子樓班還是個小朋友，侄子蹋頓同學便先當上接班人，總攝遼東、遼西、右北平三郡烏桓。

袁紹與公孫瓚打架之時，把蹋頓同學請來幫忙，後來爲了對蹋頓表示謝意，竟盜用皇帝的名義封各部大人爲單于，還將家族遠親的女兒冒充成自己女兒嫁過去，彼此建立良好關係。

正因爲有層姻親關係在，袁尙、袁熙哥倆戰敗後才會想跑到烏桓求助。

本著「袁氏亡我之心不死」的大原則，曹操決定北征烏桓，一舉滅袁，雷厲風行地召開軍事會議，就「北征烏桓」主題進行討論。

會議上，所有人皆踴躍發言，各持己見，氣氛熱烈。

大多數人不支持北征烏桓，理由是袁尙身爲逃犯，烏桓人怎麼可能爲他賣命？還有，一旦北征，劉備肯定蠱惑劉表偷襲許都，到時候後悔就來不及了。

有反對的，就有支持的人。

在一片反對聲中，郭嘉同志勇敢地站起來，表示自己支持北征，並說出了理由，「袁紹和烏桓還有交情在，加上河北四州人民很懷念老袁家，一旦烏桓幫助他們兩小子打回來，青州、冀州肯定又會從咱們手中消失，不得不慎。至於劉表，他就只會坐著看戲侃八卦，也因爲他知道自己不如劉備，肯定不會聽劉備的話。曹公儘管北征，沒什麼好怕的！」

既然連曹操最信任的郭嘉也支持北征，那就抄起傢伙去吧！

62 烏桓敗

見大雨不止，曹操沒有其他辦法，便下令全軍後撤，還在路旁豎起一塊木板「提醒」烏桓，上頭寫著：方今暑夏，道路不通，且俟秋冬，乃復進軍。

建安十二年，曹操北征烏桓三郡，郭嘉隨軍出征，沒想到，這是他最後一次出征。

曹操大軍達到易縣（今河北雄縣境）後，郭嘉認爲行軍速度太慢，建議曹操不如留下輜重，輕兵出擊，打他個措手不及。

曹操輕兵前進，五月抵達無終（今天津薊縣），卻逢夏天多雨，電閃雷鳴暴雨不斷，雨水阻絕道路，曹軍只得停下，等這場雨停。沒想到一等就是兩個月過去，建安十二年七月，雨水變得更大，衆人眼前已成汪洋一片，別說是打仗了，就連走路都難。

當大家心灰意冷，認爲北征烏桓之舉即將泡湯時，一個人的出現竟徹底改變一切。

此人叫田疇，字子泰，右北平無終人，從小就是個愛學習的好孩子，卻不是書呆子，

課餘時間抓緊練習劍術，使德智體得到全面發展。

董卓把劉協挾持到長安後，幽州牧劉虞同志作爲老劉家的人感到很傷心，派出以田疇爲團長的代表團出使長安，爲劉協帶去最誠摯的問候。

當時，田疇同志才二十二歲，爲了減少不必要的麻煩，帶著二十個親信喬裝打扮，靜悄悄地上路，過程歷盡艱辛，翻山越嶺、跋山涉水，最後一行人終於抵達長安，送上劉虞的禮物以及問候，圓滿完成任務。

劉協大爲高興，給了他一個騎都尉的職務，他拒絕了；三公想聘請他到旗下，他也拒絕了，只想趕回幽州，沒想到還是遲了一步！

原來，在田疇不在的那段日子裡，劉虞和公孫瓚鬧不和，結果被公孫瓚砍了。

聽到消息，田疇同志極度傷心，一回去便跑到劉虞的墳前大哭，彷彿墳裡躺著的人是自己的爹媽，哭過之後，帶著數百人去徐無山玩隱居，發誓要爲劉虞報仇！

田疇同志在徐無山建立了一個烏托邦，沒有戰亂，沒有陰謀詭計，大家在這世外桃源過著幸福生活。袁紹、袁尚父子曾多次高薪聘請他，可田疇同志就是不去。奇怪的是，這次曹操北征烏桓，剛出發時便派田豫爲代表前去相請，他倒很爽快，說來就來，馬上成了曹軍大家庭中的一員。

面對眼前被大水淹沒的道路，曹操很愁悶，就在這時，田疇同志站了出來，爲大夥指明前進的路。他說：「夏秋季節雨水不斷，這條路肯定不能走，幸好我知道還有一條路可以到柳城（今遼寧朝陽），從平岡經盧龍能到達柳城！只是，這條路從光武帝建武年間便已荒廢沒人走，到今天差不多二百年之久，應該還可以走，既然進退兩難，不如改從盧龍跨越白檀之險，打他個措手不及。」

見大雨不止，曹操也沒有其他辦法，下令全軍後撤，又在路旁豎起一塊木板「提醒」烏桓，上頭寫著：方今暑夏，道路不通，且俟秋冬，乃復進軍。

沒想到烏桓偵察兵十分好騙，看到十六個大字後，天眞地以爲曹軍知難而退，便向蹋頓報告曹軍閃人的消息。

蹋頓一聽，也就放鬆戒心，悲劇就此開始。

嚮導田疇同志領著曹軍從盧龍出塞，一路披荊斬棘，見山開路，遇水搭橋，走了五百多里，一路又寒又旱，帶的口糧吃盡，又殺了數千匹戰馬充饑。

要知道，那個時候戰馬不僅是最快的交通工具，更是戰士的第二條生命，不到逼不得已，絕不會如此浪費。

最後，曹軍終於走出這塊鳥不拉屎的地方，經白檀、平岡等地，向柳城直奔，離柳城不到二百里時，才被烏桓的偵察軍發現。

聞報，袁尙、袁熙、蹋頓等人匆忙集結部隊出城拒敵。

曹軍翻過白狼山後，遇上烏桓大軍，由於輜重部隊落在後方還沒跟上，士兵穿鎧甲的人很少，見烏桓人人多勢衆，又個個兇狠蠻橫，不禁心生害怕，一時不知該怎麼辦。

此時，曹操爬到高處觀察，發現烏桓軍隊雖然人多，陣容卻極爲混亂，有機可趁，便下令以張遼爲先鋒，率領大軍衝上前去，誰攔著就砍誰！

烏桓這邊熱身運動都還沒做完，見曹軍殺氣騰騰直撲過來，想都沒有想就往回跑！前邊的人一回頭，後面搞不清狀況的也跟著狂奔，烏桓軍瞬間崩潰，亂成了一鍋粥。

張遼左衝右撞，如入無人之境，將蹋頓等領導斬落馬下，其他人無計可施，只好選擇投降。

另一邊，袁尙、袁熙一看勢頭不妙，又一路狂奔，跑到了遼東。

遼東太守公孫康熱情接待袁尙等人。仗著天高皇帝遠，公孫康一向對中央政府不理不睬。很多人建議曹操斬草除根，打到遼東去，活捉袁尙、袁熙，絕不能給老袁家任何捲土重來的機會！

曹操信心滿滿，很有把握地告訴大家，「其實，我已經通知公孫康讓他把袁尙、袁熙的首級送過來，大家不用去追了。」

衆人將信將疑，公孫康會這麼聽話？

63 田疇的執著

夏侯惇回去後，向曹操彙報，曹操相當無奈，只好放棄。或許有人會問，為什麼他不接受亭侯爵位呢？是啊，田疇為什麼打死都不願意接受呢？

袁家兄弟抵達遼東後，表面雖然和諧，暗地裡卻在打公孫康的主意，私下商量要在酒桌上幹掉對方，好併吞他的部衆，打回中原去！

沒想到公孫康卻搶先擲杯爲號，砍下了這兩兄弟的腦袋瓜子。幾天後，曹操果然收到了袁氏兄弟的頭顱，正式宣告「四世三公」的老袁家從此退出歷史舞台。

見大家一臉茫然，曹操終於開始解釋一番，「如果我急著攻打遼東，公孫康和袁尚他們一定會聯合起來，不理他們，他們必會自相殘殺！」

事全辦完了，那就收拾收拾回家，回去時，曹操沒有走原路，改繞南線，經過碣石山時，心有所感，寫下史上第一首山水詩《觀滄海》。

東臨碣石，以觀滄海。水何澹澹，山島竦峙。樹木叢生，百草豐茂。秋風蕭瑟，洪波湧起。日月之行，若出其中。星漢燦爛，若出其裡。幸甚至哉！歌以詠志。

在北征烏桓當中，負責帶路的田疇同志立下大功，根據傳統，該對他好好獎賞一番。曹操想封田疇爲亭侯，田疇同志卻堅決辭讓，曹操也就沒有堅持。

田疇隨後帶著家人親戚搬進鄴城，還將曹操賜給他的車馬布疋全分出去。過了不久，曹操很後悔沒有堅持封賞，於情於理怎麼樣都說不過去，決定把亭侯的頭銜再次封給他。沒想到田疇同志十分固執，再度上書，拒不接受。

曹操這次不依了，堅持要賞，田疇也堅持不要，場面顯得有趣又尷尬。一而再、再而三地你推我讓後，連其他人都看不下去，群起上書彈劾田疇，對他的做法表示抗議不滿，要求直接用法律手段解決這件事，施以免官加刑。

曹操還特地召開會議，讓大家進行充分討論。

世子曹丕同學、尚書令荀彧同志，以及司隸校尉鍾繇同志，一致認爲田疇的行爲可以理解，不該懲罰，既然人家不想要就不要勉強。不過，曹操也是個固執的人，依舊堅持要封賞，於是又派平素和田疇關係不錯的夏侯惇去勸。

夏侯惇屁顛屁顛地去了，見田疇一句話都不說也很無奈，臨走前拍了拍他的背，勸道：「大哥，怎麼著也得給領導一點面子吧，嗯？」

田疇是個認死扣的人，氣道：「不要逼我，你再逼我，我就在你面前自刎！」夏侯惇回去後，向曹操彙報，曹操相當無奈，只好放棄。

也許你要問了，爲什麼不接受亭侯爵位呢？是啊，田疇爲什麼打死都不願意接受呢？

話得說回田疇二十二歲那年，劉虞請他到幽州上班，並派他出使長安。那次的結果很簡單，後來皇帝任命他做騎都尉他不做，三公高薪聘請也不去，袁紹父子更請不動他。

幫曹操打烏桓，表面上是因爲烏桓常來自己地盤打劫，才想借曹操之手教訓烏桓，其實最重要的原因是爲了大漢。烏桓這幫人常常到大漢來打劫，曹操代表的又是中央政府，所以一向愛國的田疇同志是幫大漢軍帶路，而不是爲了曹操。

田疇心裡想的是大漢，一心想要興復漢室，正因此才接受劉虞的邀請。對方是個道德高尚的人，理想也是振興大漢，兩人可謂是志同道合。

除了劉虞之外，其他人想的都是挖大漢的牆角，他田疇就是死也不會跟這幫人合作！

至於曹操，田疇料定他們老曹家篡漢是早晚的事，與其到時自己無能爲力，眼睜睜看著大漢滅亡，還不如現在盡早離開這個是非之地，才不會多欠人情。

第14章

建安十二年

建安十二年，曹操失去郭嘉，便如折斷一隻胳膊，氣勢趨弱。另一方面，劉備得到臥龍諸葛亮，猶如長出一雙翅膀般，正待肆意飛翔，天下大勢開始向劉備一方傾斜。

64 惜哉奉孝！

在曹操的謀臣中，郭嘉是最年輕的，原本他打算把自己身後事託付給郭嘉，就像後來劉備托孤給諸葛亮一般，可惜，曹操沒能等到那一天。

建安十二年，西元二〇七年，中國歷史上極不平凡的一年。

這一頁被厚厚的歷史塵土掩蓋，向來無人重視，筆者卻認爲，這一年是極爲關鍵的一年，東漢亂世的走向可說在這一年有了逆轉性的發展。

這全因爲一個人的辭世，和另一個人的入世。

離世的前者，就是郭嘉郭奉孝。

郭嘉一向身體不好，雖然不算體弱多病，寸步難行，卻也一堆藥物傍身，片刻不離。

在北征烏桓途中，興許是水土不服，也可能是被不明病菌傳染，從柳城回來後，郭

嘉便染上重病，身子骨一日比一日虛弱，病情絲毫不見起色。

曹操對此表示密切關注，天天去看望慰問郭嘉同志，很是關心。可惜最後郭嘉終究沒挺過去，於建安十二年病亡，年僅三十八歲。

對一個男人來說，三十八歲正值壯年，也是立業發展的大好時期，可惜郭嘉的立業路和生命卻在這一年同時畫下句點。

眞是天妒英才！

郭嘉一共跟了曹操十一年，這十一年來，每當曹操拿不定主意時，都是郭嘉在一旁堅定他的信心，幫助他做出最後決定。

郭嘉一生足智多謀，神機妙算，爲曹操立下不少汗馬功勞。他擁有敏銳的眼光、驚人的判斷力，能準確預測事情的發展，用短短的十一年證明自己確實是當代的天下第一謀士。

基本上，曹操想到的，他想到了，曹操沒有想到的，他也想到了。

曹操從沒把郭嘉當成是部下，而是當做一生知己看待，出入皆同車，坐則同席，對這位知己也是言聽計從。

正是在郭嘉幫助下，曹操才能穩當地一步步走到今天。

在曹操的謀臣中，郭嘉是最年輕的，原本曹操打算把自己身後事託付給郭嘉，就像後來劉備托孤給諸葛亮一般，可惜，他沒能等到那一天。

郭嘉死後，曹操難掩傷心，對其他人道：「哀哉奉孝！痛哉奉孝！惜哉奉孝！」顯見他多麼倚重這能和自己心有靈犀的知己。

可惜斯人已去，世間再無第二個郭奉孝！

後來赤壁戰敗時，曹操更傷心地感慨道：「郭奉孝在，不使孤至此！」

接下來，筆者要談的那位入世的人，便是諸葛孔明。

孔明出道

孔明年僅二十六歲，長期在農村生活，一年進不了幾次城，居然能準確地分析天下大勢，幫劉備設計好了「三分」路線。

定居荊州後，孔明先生就一直待在鄉下（南陽隆中）田間搞農業自給自足，幹活時還不時扯直嗓子，來上幾句《梁父吟》

他的偶像是管仲和樂毅，兩人都是治國奇才，孔明常常自比這兩個人，並以他們爲榜樣，腳踏實地，埋頭苦幹，最後也終於達到管仲、樂毅的治國高度。

徐庶向劉備推薦諸葛亮，劉備等人去了三次才見到傳說中的臥龍孔明先生。劉備同志很激動，緊緊握住孔明先生的手，慷慨激昂地說：「同志，終於見到你了！」

兩人在密室裡舉行會晤，由於當時只有他們兩個，談話內容不得而知。

想不到，厲害的人就是厲害，《三國志》的作者陳壽先生竟然能揣測出此番對話的大體內容，也就是流傳後世的隆中對。

據說劉備首先發言，「現在國家眼看就要完蛋了，在下不知好歹，想要伸張正義，但智商又比較低，加以時運不濟，落到今天這種地步，現在心下迷茫，希望孔明先生能爲我指條明路。」

孔明對劉備的遭遇表示同情，嘆道：「自董卓以來，英雄豪傑紛紛站起，占山爲王、落草爲寇。曹操跟袁紹比起來本是雞蛋碰石頭，卻能以弱勝強，說明此人很牛。現在他挾天子而令諸侯，閣下還惹不起他。孫權佔據江東，經過三代治理，國家富強、社會安定，也不能打他的主意，只能與其合作。」

「荊州北據漢沔，利盡南海，東連吳會，西通巴蜀，它的主人是個窩囊廢，這可是上天給你的大好機會，你想要嗎？益州，天府之國，沃野千里，想當年，劉邦就是從這裡起家的，人民都渴望能有一位好領導帶領他們走向光明。你身爲皇帝的遠房親戚，相當具有號召力。如果佔有荊、益兩州，和少數民族搞好關係，再與孫權同學建立合作關係。一旦天下有變，便派一牛人帶領荊州部隊殺向宛城、洛陽，再親自率領益州部隊衝出秦川，兩線並出，人民群眾一定會出門夾道歡迎，霸業可成，漢室可興！」

聽完了孔明先生的演講，劉備恍然大悟，茅塞頓開，「好啊！我瞎忙了這麼多年，今天終於找到方向了！」

臥龍就是臥龍，非常人也！一語驚醒夢中人。此時的孔明年僅二十六歲，長期在農

村生活，一年進不了幾次城，居然能準確地分析天下大勢，幫劉備設計好了「三分」路線，若按這條路線走，一統天下的可能性相當大。

此刻，劉備對孔明的敬佩之情，如滾滾長江之水延綿不絕，又有如滔滔黃河之水氾濫成災，爲了進一步鞏固並加深與孔明先生的友誼，更是天天往孔明房裡跑。

這下，關羽、張飛兩位同志就不願意了，他倆吃醋地對大哥劉備抗議，「大哥，這書生又有什麼好的？」

劉備同志安慰他們，「我得到了孔明，如魚得水一般快活，你們別再說三道四了！」

一請出了諸葛亮，劉備同志便是鹹魚翻身，雄起爭霸！

雖然郭嘉與諸葛孔明實力不大相似，一個是軍事天才，另一個則是政治天才，不過，在各自集團的地位同樣舉足輕重。

建安十二年，曹操失去郭嘉，便如折斷一隻胳膊，氣勢趨弱，另一面的劉備得到臥龍諸葛亮，猶如長出一雙翅膀般，正待肆意飛翔，天下大勢開始向劉備一方傾斜。

第15章 建安十三年

曹操的理想已不再是所謂的興復漢室，大漢這座即將坍塌的大廈已經沒法扶，他要開闢一個嶄新的時代，一個屬於自己的時代！

66 丞相這個玩意兒

曹操，但他已經不滿足於當個司空而已，雖然還不至於將劉協從皇位上踢下，不過司空的確已經配不上他現在的身份及權力。

丞相者，一人之下萬人之上，這「一人」指的自然是皇帝。

其實，做皇帝也挺不容易的，全國大大小小的事都需要他處理，什麼都得由自己拿主意，全國人民都在看著你，要對他們負責。

事情一件接一件，每天連吃飯睡覺上廁所的時間都擠不出來……領導不好當啊！尤其是國家元首，更是累死人。

皇帝也是人，也需要娛樂休息，當皇帝是爲了享受生活，不是幹活。爲了能更享受生活，就得招聘一個管家幫忙打理事務，將一切整理得井然有序，皇帝只要簽字蓋章就行，不用操心。

這個管家就是丞相。

任用丞相，意味著要把皇權分一部分出去，當然，如果不想分給他，也可以不設丞相，後果就是所有事都得自己處理。還是千萬別逞能，這世界上只有一個朱元璋。

作為行政首腦，丞相要德才兼備。有才，就可以帶領大家邁向新的時代；有德，就能讓人民群眾過上安穩日子。要是真碰上無德無才的傢伙，絕對玩完！

這項幫助皇帝的制度始於戰國，終於明初，丞相總領百官，在歷史上一直扮演著相當重要的角色，還能對皇權產生制約作用。

不過，皇帝也有辦法對付那些太多嘴批評的丞相，他把權力分給丞相一部分，再把丞相的權力劃給其他人，這就是所謂的「削弱相權」。

這項動作一開始出現在漢武帝時期，當時政務轉交內庭處理，丞相變成閒職，被徹底晾在一邊。

漢成帝時，相權一分為三，開始使用三公制，並進一步推廣到東漢。漢獻帝時，董卓專政，自任相國，比皇帝還皇帝。

而現在，來到了屬於曹操的時代。

東漢政府目前實行的依然是三公制，太尉從缺，司徒趙溫，司空便是曹操。

眾所皆知，現在天下的老大不是皇帝劉協，而是曹操，但他已經不滿足於當個司空而已，雖然還不至於直接將劉協從皇位上踢下，司空的確已經配不上他現在的權。

找個什麼官職好呢？皇帝肯定是不行的，那就退而求其次，做丞相吧！

和先前的丞相不大一樣的是，曹操當的這個丞相是「萬人之上」，再上去也沒別人了！建安十三年六月，曹操罷免三公，設置丞相、御史大夫。癸巳，曹操就任丞相，七月，郗慮就任御史大夫。

當了丞相，就得開府，組建自己的領導班子。

狂人

孔融沒察覺到死亡正一步步逼近自己，還是一如既往風雨無阻，竟敢當著孫權使者的面跟曹操抬槓，一點面子也不留給領導。

新任御史大夫是郗慮，沒聽說過他以往有什麼豐功偉績，怎麼會選中他呢？其實，他之所以能當上御史大夫，是有原因的。

原因之一，郗慮沒什麼能力，而且既老實又聽話，十分容易操縱；原因二，郗慮能幫曹操除掉一個眼中釘，孔融。

曹操早就看孔融不順眼，欲置之死地而後快，郗慮同志雖然跟孔融沒什麼深仇大恨，但也曾有些怨隙。

先前，劉協曾經特地召見過孔融、郗慮兩個人。

三人聊完家常瑣事後，劉協突然問孔融，「郗慮同志有什麼長處啊？」

孔融用自己的祖先孔夫子的話作了回答，「可與適道，未可與權。」

這句話意思是，可以和他做朋友，但不能和他共事。

聞此，郗慮當即反擊回去，「當初孔融兄主持北海國工作時，政務鬆散，老百姓紛紛外逃，你的本事有有多好？」

這話在孔融的傷口上撒上一大把鹽，頓時你一句、我一句，兩人展開對罵，從此不和，最後領導曹操出面爲兩人調解才落幕。

從這件事中我們可以看出孔融的性格，自視甚高，口無遮攔，想說什麼就說什麼，從不顧別人感受，是挺招人煩的類型。

孔融同志卻絲毫不以爲意，想把這種不怕得罪人的大無畏精神徹底發揚，在許都，他的主要工作是找碴，特別是找曹操的碴。

敢找主子的毛病？這根本不是要求進步，是找死！

官渡之戰前，孔融便曾散佈曹操打不過袁紹的悲觀言論，嚴重擾亂軍心，此後更變本加厲，一直跟曹操唱反調，根本就不把曹操當領導看。

攻下鄴城後，曹丕同學迎娶甄姑娘，兩人甜甜蜜蜜地過生活。

這時，看不過去的孔融寫信給曹操，信裡說「武王伐紂，把妲己賜給了周公」。

曹操以前沒聽過這個典故，趕忙向孔融虛心請教出處。

誰知孔融竟回道：「想當然耳。」顯然在諷刺曹丕娶甄氏的事。

曹操隱忍著，你就繼續折騰吧。

又有一次，由於軍中老缺糧，曹操便下了一道禁酒令，禁止拿糧食釀酒。愛喝酒的孔融不樂意了，三番兩次上書，訴說禁酒是一項錯誤的命令，文章裡還時不時冒出幾個髒字。

孔融不僅自己跟領導唱反調，還找來同志跟他一起唱。

孔融算是狂人了吧？但有人比他還狂，叫禰衡。此人狂得不知天高地厚，見到別人時，連看都不看一眼。

來到許都後，有人建議他去投靠陳群或者司馬朗（即司馬懿的哥哥）。

禰狂人哼道：「我怎麼能跟殺豬賣肉的人混呢？」

有人問他許都的人他瞧得上誰，你猜他怎麼說的，「孔融可以做我大兒子，楊修可以做我小兒子！」

又有人請他評價曹操、荀彧、趙融等當代名人。

禰狂人說：「荀彧可以用他的臉去弔喪，趙融可以讓他去管廚房！」

他還準備了一張名片，上邊的字模糊不清，更沒找到合適的人送出去，估計就算送出去了也會被嫌棄。

他看不上別人，別人當然也看不上他。禰衡這種人很討人厭，大家只是把他當成一個小丑。

孔融和禰衡兩人碰上了，如同找到知己一般，禰衡說孔融是「仲尼不死」，孔融則說禰衡是「顏回復生」，看來兩人臉皮都是橡膠做的，厚得很哪！

孔融多次向曹操推薦禰衡，說他有經天緯地之才云云，把他捧到天上去了。

曹操一聽有這麼一個人才，便喊道：「那還不趕緊把人給我叫來？」

禰狂人也看不起曹操，說自己患有狂病（看來也挺有自知之明），就是不去，還罵罵咧咧，一副欠他二百塊錢沒還的跩樣。

曹操想羞辱羞辱這狂小子，便讓禰狂人當了鼓吏。

八月朝會，在宴會上，鼓吏們表演擊鼓助興。按照規定，鼓吏得換上新衣服表演，可禰狂人沒換，先是表演了一段《漁陽》鼓曲技驚四座，衆人陶醉其中，對祖國的藝術有了進一步的感悟。

接下來的一場，長官叫他換衣服，禰狂人沒有表示異議，舉動卻讓人瞠目結舌。禰狂人在無數眼睛面前，慢悠悠脫下自己的衣服，赤身裸體地站在那兒，然後再慢騰騰地把演出服裝一件件穿上，臉不紅心不跳。

現場氣氛很是尷尬，關鍵時刻曹操用笑聲解除了這種尷尬，自嘲道：「本想羞辱禰衡，沒想到卻讓他羞辱了。」

孔融對禰衡此一行爲嚴厲譴責，叫他一定得去向曹操道歉。

這次禰狂人終於答應了，「看在你的面子上，我去！」

十月朝會，孔融告訴曹操禰衡求見。

曹操很高興，吩咐看門的老大爺如果有人登門拜訪立馬通報，一整天都沒敢出去，乖乖在家等，可是太陽已經很高了，禰狂人仍沒有出現。

黃昏時分，禰衡終於現身。只見禰狂人穿著麻布單衣，腳登布鞋，提著一根木棍走到曹操家大門前站定，氣沉丹田，開口便罵，從東罵到西又從西罵到東，把曹操罵了個狗血淋頭，一邊罵還一邊用木棍敲地打著節拍，很有節奏感。看來，這位仁兄對行爲藝術相當有研究！

曹操終於受不了，「這臭小子好大的膽子！我殺他如同殺死麻雀老鼠，老子不想把他怎麼樣也不行，把他給我送劉表那去！」

曹操很理智，殺禰衡不行，否則在廣大人民群衆心目中，自己心胸寬廣大好人的光輝形象就會一落千丈，成爲一個心胸狹隘的大壞蛋。

曹操讓人爲禰狂人備馬，還給他派了兩個保鏢護送他到南陽，這不是仁慈，是借刀殺人！臨走前，大家都到郊外送他，大家商量好等禰衡出來時，故意躺在地上不起身，看他怎麼辦。

禰狂人出城一看，便放聲大哭。

眾人不解，「喂，你哭什麼啊？」

禰衡解釋說：「這滿地的屍體，我能不哭嗎？」

瞧瞧，這是什麼回答？

禰衡到了南陽，劉表很清楚曹操怎麼想的，才不上當，又把禰衡轉送到黃祖那裡。

禰狂人到誰那就得罪誰，黃祖是位純猛的武將，可不像曹操、劉表那樣顧忌輿論，直接說殺就殺，於是一代狂人，便伴隨著滾滾長江水，魂歸西天。

禰狂人走了，孔融還在，他要與曹操抗爭到底，經常說：「坐上客恆滿，樽中酒不空，我沒什麼好擔心的。」

還沒什麼好擔心的，這廝馬上就死到臨頭了！

郗慮同志彈劾過孔融一次，當時曹操覺得還不到時候，輕輕化去兩人間的矛盾。一開始，孔融同志還有妝點門面的作用，如今在曹操眼中，已變成一個多餘的人，他還不知好歹，老是跟領導唱反調，反抗命令。

曹操統一北方後，終於開始有空整頓內部工作人員，對孔融的耐心也已經到達極限，不想再聽孔融整天在耳邊說三道四，諷來刺去的，最好讓他消失，徹底地消失！

孔融沒察覺到死亡正一步步逼近自己，還是一如既往風雨無阻，竟敢當著孫權使者的面跟曹操抬槓，一點面子也不留給領導。

剛當上御史大夫的郗慮看出曹操心中不耐，見此事發生，心底哼哼地冷笑，孔融，你死定了！

很快地，郗慮便找到許多罪證，林林總總加起來，就算孔融有十個腦袋也不夠砍。這些罪名包括了圖謀不軌、譭謗朝廷、不遵朝儀、大逆不道……總結起來就是四個字：不忠不孝！

好一劑猛藥，不僅把人搞死，還把名聲弄臭！

這些罪名到底有沒有，後世已經不得而知，就是沒有，郗慮他們也會想辦法無中生有，總之最後，孔融家裡的人一個也沒留下。

宰相肚裡能撐船，就是鐵達尼號我也能容得下，可就是不能容你孔融，不殺你就不能維護我的權威，也實現不了團結！孔融，你必須死！

孔融肚子裡的墨水很多，同時他也具有文人共有的一個毛病：看不順眼的就罵！這也再次證明，性格決定命運，做人不要太狂，要低調，領導是得罪不起的！

68

神醫

華佗現在的身份是曹操的私人醫生，天天待在丞相府裡，不愁吃不愁穿，可他不喜歡這種生活。他膩了，而且已經很久沒回家，胸中頓時燃起思鄉之情。

華佗，字元化，和曹操同鄉，據說將近一百歲了還不顯老，用鶴髮童顏來形容一點也不為過，大多數人更一致認為華佗先生是神仙下凡。

作為一名醫學大師，華醫師精通外科、內科、婦科、小兒科、針灸科等等，而且他還有兩項世界之最。一是創造出世界上最早的麻藥，麻沸散，為無數疾病患者減輕手術中的痛苦；二是發明世上最早的體操，五禽戲。

所謂五禽戲，就是模仿虎、鹿、熊、猿、鳥這五種動物的動作來活動關節，出一身汗後，再把特製藥粉抹到身上，渾身清爽。

華醫師的徒弟吳普同學也嚴格要求自己每日做五禽戲，九十多歲了依然耳聰目明、

牙齒完好，只可惜五禽戲並沒有像現在的廣播體操一樣得到強力推廣。

人怕出名豬怕壯，華佗的事蹟一傳十、十傳百，最後傳進曹操的耳朵裡。江湖上竟然有這號人物，而且還是自己的老鄉？曹操大喜，立刻叫人把華醫師帶進了丞相府。

曹操患有頭風，是一種神經性頭痛。頭風並不可怕，可怕的是不知道它什麼時候發作，一發作起來疼痛難忍，持續的時間也比較長，這就要人命了。

華佗的醫術被人傳得神乎其神，曹操就把治癒頭風的希望寄託在他身上，從此命華佗常伴己身，只要病一犯，華佗就給他扎針，立馬見效。曹操的頭風越來越嚴重，華佗很明確地告訴曹操，這種病很難治癒，徹底治療方可延長壽命。

華佗現在的身份是曹操的私人醫生，天天待在丞相府裡，不愁吃不愁穿，可他不喜歡這種生活。他膩了，自己也已經很久沒回家，胸中頓時燃起思鄉之情。

於是華醫師騙曹操剛剛收到家書，希望曹操能放他兩天假讓他回去看看，曹操便批了假條。可是華佗一回去就不想回來，以老婆生病爲由多次逾期不歸，曹操催他上路的命令一道接一道，同時還命令各郡縣領導快把華佗送回來！

但華醫師已經厭煩這項工作，仍沒有收拾包裹回去上班的意思。

曹操很生氣，直接派人到華佗家裡檢查，如果他老婆真病了，就賞他四十斛小豆，再放他幾天假，如果他騙人，就立即抓回來。

那人到華佗家一看，發現全是騙人的，便讓華神醫享受囚車待遇，返回許都大獄，還嚴打拷問了一番。荀彧同志聽說後，跑去勸曹操，「華佗醫術高明，當世少有，您大人有大量，饒他一命吧！」

曹操頭痛得要死，怒道：「饒他？難道天下就沒有這樣的鼠輩了嗎？」執意不肯。

在獄中，華佗臨死前把自己辛苦寫成的醫書交給獄卒，沒想到這位仁兄是個膽小鬼，沒敢能接過去。華佗一氣之下，就把書燒了！

神醫死後，曹操仍是口氣很硬地罵道：「華佗明明能治好我的頭風，卻不眞心眞意幫我治，只想以此來來抬高自己。就是老子不殺他，他也不會幫我治療！」

當時，醫生是個很低賤的職業，並不像現在這樣受人尊敬，曹操府中也聚集一大批另類人才，比如魔術師、道士，甚至是算命郎中等等，通常都被稱爲江湖術士，華佗也是當中的一員。

華佗的性格不是很好，不懂得和領導處關係，夢想卻是當一名士大夫。說實在的，他很適合做一名醫生，也在崗位上做出巨大貢獻，爲祖國和人民留下寶貴的知識財富。

無論醫術還是醫德，華佗都是個好醫生！

然而，曹操終究還是殺了華佗。

神童

曹丕曾多次安慰老爹，曹操嘆道：「這是我的不幸，也是你們的大幸！」這話倒是說得沒錯，若是曹沖不死，也許就沒有後來繼位的曹丕……

說完了華神醫，再說一位曹神童。

曹操的兒子裡，除了家喻戶曉的曹丕、曹植兩兄弟外，最有名的當屬曹沖，堪稱一代神童！

曹沖，字倉舒，西元一九六年生，長得很可愛，五、六歲時就已達到成人的智力水準，更難得的是，曹小朋友不僅聰明，還很有仁愛之心。

《三國志》裡頭記載，有一次曹操同志的馬鞍被倉庫裡的老鼠咬破，倉管人員嚇得要死，感覺自己離見閻王的日子不遠。

曹沖小朋友喜歡助人爲樂，救人於危難之時，知道這件事後，便吩咐管理員三天後再向上通報此事。

接下來，他拿了把刀子把自己的衣服戳出好幾個窟窿，看上去就跟被老鼠咬了一樣，然後裝出一臉愁容，故意在老爸身邊晃來晃去。

曹操見狀，問他怎麼一回事。

曹沖黯然回答，「人家說，衣服被老鼠咬破會很不吉祥，可我的衣服被老鼠咬破了，嗚嗚……」

「別聽他們胡說八道，沒事的。」曹操安慰道。

過了不久，那位倉庫管理員懷著忐忑不安的心情往上通報馬鞍被咬壞的事。

曹操聞訊哈哈大笑，「我兒子身邊的衣服都會被老鼠咬了，更何況是倉庫裡的馬鞍？」最後沒有責罰相關人員。

據說像管理員這種遭遇的人，曹沖小朋友前前後後幫了數十個，可見性格多麼善良。可惜，這麼一個心慈聰明的神童竟在十三歲時染上重病，於建安十三年病逝。

長子曹昂死後，曹操本想讓小曹沖當接班人，也多次在大家面前誇讚曹沖，對於這個兒子十分欣賞，可惜老天無眼，早早拎走了這個小孩子。

曹沖死後很長一段時間，曹操眼裡仍舊一直閃著淚光。他真的很悲傷，很難過，卻又不得不接受現實。

曹丕曾多次安慰老爹，曹操嘆道：「這是我的不幸，也是你們的大幸！」

這話倒是說得沒錯，若是曹沖不死，也許就沒有後來繼位的曹丕。

怕曹沖死後過於寂寞，曹操本想要與邴原的亡女合葬，卻被邴原以不合禮法拒絕，後來爲他聘娶甄家的亡女合葬，還把自己另一個兒子曹據的兒子曹琮過繼給曹沖，對這個兒子的疼愛可見一斑。

曹沖有個好朋友叫周不疑，也是個天才兒童。

曹操每次看見他就想起曹沖，心裡一陣氣悶，憑什麼你活得好好的，我兒子就得死？於是找個理由把人殺了。

當時，曹丕想替周不疑求情，反倒被曹操訓斥一頓，「傻孩子，周不疑不是你能控制得了的人！」

由此可見，周不疑的本事有多可怕，由此也可推，曹沖的水準有多高！

70 才女蔡文姬的痛苦

蔡琰內心忍受著巨大的痛苦與煎熬，對她來說，回歸漢土並不是一件值得高興的事，對大漢民族來說也許是種神氣，卻建立在蔡琰的痛苦上。

本書中極少提到女同志，這實在是沒有辦法的事，在萬惡的舊社會，史書記載的多是帝王將相，很少有女子能被寫進史書（后妃例外），除非是一等一的奇女子。下面我要說的這位不僅是大才女，還有一段「傳奇」的人生經歷，她就是大名鼎鼎的蔡琰蔡文姬（本稱昭姬，後因避司馬昭名諱而改稱文姬）。

提到這位奇女子時，不得不先提到她爹蔡邕。蔡邕名聞遐邇，在文壇上享有崇高名氣，寫得一手好字好文章，更精通天文、地理、辭賦、音律，是位了不起的全才！

蔡琰雖是一介女流，但她充分繼承父親的優良基因，從小便以當代才女班昭為偶像，博覽群書，再加上名師爹爹指導，終成一代才女，青史留名。

據說當時文采能超過蔡琰的文人士子一隻手就能數得出來，然而，這位才女的一生卻只能用「悲慘」二字形容。

男大當婚，女大當嫁，蔡琰後來嫁給河東人衛仲道，誰知才結婚不久，衛同志便到閻王殿旅遊參觀，處在喪夫之痛中的蔡琰只能收拾好包袱，返回蔡家。

自此揭開蔡文姬悲苦一生的序幕。

王允同志幹掉董卓後，脾氣越來越大，蔡邕才多嘆幾聲氣，就被殺了。

可憐的蔡琰失去世界上唯一的長輩，但上天似乎覺得這樣還不夠，沒等她悲痛完，災難再次降臨在她身上。

李傕、郭汜之亂時，匈奴到中原趁火打劫，把能搶的全都搶走，包括婦女同胞，蔡琰就是其中一位。

一個手無縛雞之力的弱女子卻屢遭命運的打擊，什麼叫禍不單行？這就叫禍不單行！

想當年，王昭君是以大漢公主的身份風風光光地嫁到匈奴，卻仍感到無限淒涼，更何況蔡琰是被劫掠挾離，遭受凌辱在所難免。

不幸中的大幸是，老天爺並沒把事情做絕。

南匈奴左賢王一看見蔡琰後就知此女非比尋常，覺得她身上有股特別的氣質——領導就是有水準，眼光總比一般人銳利，於是便迎娶蔡琰。

這對家破人亡、流離失所的蔡琰來說，未嘗不是一個好歸宿，但身處異境，她心中仍是無限孤獨寂寞。

無日無夜兮不思我鄉土，稟氣含生兮莫過我最苦。天災國亂兮人無主，唯我薄命兮沒戎虜。——《胡茄十八拍之四》

不久，蔡琰為左賢王生下了兩個兒子，從此生活有了寄託。為了兒子，她必須拋棄悲傷，勇敢堅強地活下去！

時間飛快，她已經在匈奴人的地盤上生活十二年，正覺自己應該如此度過餘生，沒想到老天爺仍不改折磨她的習慣，要讓蔡琰從哪來，就回哪去。

此時，曹操已經統一北方，當上大漢的丞相。

人在飛黃騰達的時候總喜歡回憶往事，曹操同志也不例外。他想起自己的老師兼摯友蔡邕雖然已不幸去世，可還有一個女兒活在世上，聽說就在鄰居匈奴家裡，便派使者帶著黃金白璧，務必把人贖回來。

南匈奴和北匈奴不同，早已歸附大漢，所以曹大丞相想要個女人，他們必須交出，不得窩藏，還能收到黃金白璧，已經是不錯的談判了。

然而，對身為母親的蔡琰來說，這卻是人生中最痛苦的抉擇，回歸故鄉意味著母子分離，這是人世間最悲慘的選擇題。更悲哀的是，她連選擇的權利都沒有。

子母分離兮意難任，不得相隨兮空斷腸。我與兒兮各一方，生死不相知兮何處尋。

——《胡笳十八拍之十六》

蔡琰內心忍受著巨大的痛苦與煎熬，對她來說，回歸漢土並不是一件值得高興的事，對大漢民族來說也許威風神氣，卻是建立在蔡琰的痛苦上。

過了十二年，蔡琰再度回到生養自己的家鄉，但這裡物是人非，沒有了疼愛自己的父親，更沒有在裙邊依偎的兒子。

曹操見她孤苦，給她做媒，讓她嫁給當時的屯田校尉董祀。

董祀絕對是沾了老婆蔡琰的光，如果不是因爲娶了蔡才女，絕對沒人知道古代還有這號人物。

然而，蔡琰悲苦的命運並沒有就此結束。

董祀似乎不是一個老實人，犯了死罪，至於什麼罪，現在已不清楚。

蔡琰的一生中失去無數親人，不願意再看到連現任丈夫也將離她而去，便直接去向曹操求情。

當時曹操正在開派對，對大家說：「現在蔡邕的女兒就在外面，我替大家引見。」

蔡琰進來時，所有人都呆住了。只見她披散著頭髮、光著腳丫，不停地向曹操磕頭，請求饒恕自己的丈夫，在座所有人都被感動。

人心都是肉做的，曹操也看不下去了，便下令赦免董祀，同時賜給蔡琰頭巾鞋襪讓她整理儀容。

之後曹操問了句，「聽說妳家以前藏書很多，是不？」

蔡琰略一點頭，「我父親有藏書四千卷，幾經戰亂，都已佚失……」

好學的曹操聞言，不禁深感失望。

此時，蔡琰又說：「現在我還能背出四百多篇。」

曹操大喜，「我現在就派十個人去夫人那兒寫下來。」

蔡琰立馬答道：「男女有別，授受不親，還是給我紙筆，我自己寫吧。」

憑藉自己出色的記憶力，蔡琰寫出那四百多篇著作，「文無遺誤」（不曉得范曄先生如何考證出「文無遺誤」，筆者深表佩服），爲後人留下一筆寶貴的財富。

蔡琰，中國歷史上的一個才女，卻是命運多舛，一個又一個不幸降臨在她的身上，她卻堅強地活了下來，是東漢末年一道無比偉大堅韌的女性身影。

71 天下英雄誰敵手

曹操的理想不再是所謂的興復漢室，大漢這座即將坍塌的大廈已經沒法扶，他要開闢一個嶄新的時代，一個屬於自己的時代！

東漢末年，天下大亂，群雄並起，但董卓、李傕、郭汜、張濟、楊奉、袁術、公孫瓚、呂布、袁紹……一串串熟悉的名字都已遠去，如今放眼天下，雄傑何在？

曹操從刀光劍影、腥風血雨中走了出來。他曾經弱小，也曾經失敗過，但終究沒有倒下，反而在失敗中成長，在勝利中壯大，堅強地挺了過來！

亂世的基本法是強者生存，經歷了一次次殘酷鬥爭的洗禮，曹操成了天下最強的人！

曹孟德無疑是位眞正的強者！

幾十年前，人們心裡還瞧不起這位宦官之後，可現在，他成爲一名受人敬仰的英雄。

剛開始，曹操只是一個小小的代理奮武將軍，沒有聲望沒有實力，卻依然堅守興復漢室的偉大理想，到了兗州，才開始明白要想扶漢必須先爭霸，便投身慘烈的軍閥混戰當中，從此變得殘酷無情，心狠手辣。

曹操知道，要想完成王者霸業就得狠！對敵人仁慈就是對自己殘忍，要對別人狠一點，否則永遠也成不了大業！

對他來說，此前重要的一件事是打敗霸主袁紹。那幾個月也是他一生中最艱苦的時期，幾乎沒什麼人認爲他能戰勝袁紹，可是他做到了！他打敗了那個野心勃勃不可一世的袁紹！

那一刻起，他成了新的中原霸主，成了眞正的天下第一，隨後統一北方，結束長久以來的戰亂！

成功時，人的野心總是會不可思議地膨脹。

此時，曹操的理想已不再是所謂的興復漢室，大漢這座即將坍塌的大廈已經沒法扶，他要開闢一個嶄新的時代，一個屬於自己的時代！

雖然很艱難，但他相信自己一定能夠成功，已經成功了一半，現在他要踏上新的征途去實現另一半！

南下！曹操決定渡江，可他並不曉得，此生眞正的對手正在那裡等著！

第16章

江東大開發

江東能在三分天下當中占有一席之地，除了孫權領導有智慧有衝勁之外，其中，還有五個很重要的人，若沒有這五人，絕無法與天下群雄相爭。

72 使有子如孫郎，夫復何恨？

孫策帶著周瑜、呂范、程普、孫權、韓當、黃蓋等人迎江而上，向黃祖發動了進攻。全體將士都知道，此行的目的只有一個：為老領導報仇！

先聲明，這句話的版權屬於袁術。

初平三年（西元一九二年），袁術派孫堅孫猛人攻打荊州，孫堅不幸被黃祖士兵射殺，年三十七。

他的大兒子孫策只有十七歲，註定不能像大多數同齡人一樣，好好享受美好的青春時光，要跨上戰馬、馳騁沙場，爲父報仇！

對一個十七歲的少年來說，這確實有些殘酷，但縱然腥風血雨，也要闖蕩一番！

興平元年（西元一九四年），孫策投奔袁術。

袁術常常歎息，「使有子如孫郎，夫復何恨！」

他這個人表面一套，背地裡又是一套，看到人家的孩子猛如虎，自己的孩子卻是頭蠢豬，羨慕妒恨交加，自然對孫策同學一直存有戒心。

袁術答應讓孫策出任九江太守，可是很快就讓陳紀去九江赴任，之後許諾打下廬江後讓孫策當太守，誰知當孫策同學拿下廬江後，袁術又派了劉勳前去。

一連兩次被忽悠，孫策對袁術很失望，決定脫離袁術，主動請求過江爲袁老闆平定江東。袁術雖然不大聰明，但還是看得很明白，你小子不就想單幹而已嗎？直接把孫堅的舊部屬還給孫策。他的算盤打得很精，知道江東現在有劉繇跟王朗在，覺得這小子絕對成不了氣候！

西元一九四年，孫策過了長江。

江東包括長江中下游地區，雖然現在經濟十分發達，可是在東漢末年，人煙稀少，經濟落後，屬於半開發狀態。說得好聽點，這塊地有開發潛力，說得不好聽的，這種窮困地區根本沒人要！

孫策同志領著一千多人過了長江，沿途招兵買馬，到歷陽時，已經拉起一支五、六千人的隊伍。人多力量大，手上有人馬，打起仗來也才順手得多。

孫策同學軍紀嚴整，不拿群眾一針一線，打仗更是所向無敵其鋒難當，江東人民夾道歡迎孫策同學的到來。

短短幾年間，孫策打走劉繇、劉勳、王朗等人，佔據會稽、丹陽、吳郡、廬江等地，把江東六郡收歸爲老孫家的地盤。

孫策打仗勇猛，長得又帥又年輕，人稱「孫郎」，是新一代的偶像，頗受江東人民愛戴，不過，有一件事就像塊沉重石頭般，一直壓在他的心頭。

究竟，父親的大仇何時能報？

建安四年十二月，孫策帶著周瑜、呂范、程普、孫權、韓當、黃蓋等人迎江而上，向黃祖發動了進攻。

全體將士都知道，此行的目的只有一個：爲老領導報仇！

對面是他們不共戴天的仇人，帶頭的孫策也沒有說什麼「繳械不殺」之類的溫吞廢話，直接抄起傢伙，一馬當先地衝上去，見人就砍。

人人都是一副不要命的表情，刀槍、弓箭或石頭都全往黃祖那邊的士兵丟，有時對方都已經掛了，還硬要衝上去補個兩三刀，不爲別的，就爲了解氣！

面對眼前這群不要命的傢伙，黃祖軍徹底崩盤！

戰後統計，孫策軍抓走黃祖的老婆、孩子共七人，斬殺敵軍兩萬多人，淹死的有一萬多人，繳獲戰船六千餘艘，財物更是堆積如山，獲得空前勝果。

唯一遺憾的是，讓黃祖在一片混亂中跑掉，父仇猶未能雪。

孫策雄姿英發，武略超群，卻有一個致命的弱點，輕佻暴躁，行事輕率。

吳郡太守許貢上表，對曹操說孫策的驍勇跟項羽有一拼，應該把他召回京師控制，放在外面一定會釀禍患！

豈料，這份奏表沒能送到許都，半路上便被孫策的人發現。

孫策拿著奏表嚴厲批評許貢，許貢則死不認帳，再三強調那不是自己寫的。

孫同志沒有耐心跟他繼續吵下去，決定直接把人絞死，這事就算了結。

孫策同學殺的人多得很，壓根沒把這事放在心上，隨即拋到腦後，忘得一乾二淨。

可是，有一群人不會忘記，許貢的門客特長是恐怖襲擊，他們立下誓言，絕對要孫策血債血償！

孫策同學喜歡打獵，由於騎術佳，馬的腳力也快，部下們常常跟不上，這次他又孤身入林追趕一隻鹿，面前突然出現三個人。

「爾等何人？」

「我們是韓當的部下。」

「韓當的兵我都認識，怎麼沒有見過你們？」談話間，孫策便直接拉弓射死一個。

剩下兩個人見識到孫郎的箭術，不再多廢話，引弓便射，射中孫策的臉頰，可惜力道不足，並沒有要了孫策的命，估計是平時訓練有些偷懶。

這時，孫策的部下及時趕到把這兩人擒住，發現三人是許貢的門客。

接下來，大家趕忙把孫策送回住處搶救，經過一番搶救後，醫生告訴大家可以治好，但必須好好養護，一百天內不能劇烈運動。

孫策拿過鏡子來一照，氣得大吼一聲，「臉都成這樣了，還怎麼建功立業？」還把桌子掀翻，情緒激動下，導致傷口崩裂，更加嚴重。

孫策知道自己不行了，跟孫權說：「舉江東之衆，決機於兩陣之間，與天下爭衡，卿不如我。舉賢任能，各盡其心，以保江東，我不如卿！」

精闢！

不久後一個夜裡，孫策便正式告別這個世界，年方二十六。

二十六，對大多數人來說才剛踏入社會不久，這位江東孫郎卻早已打下一片江山，令人欽佩。雖然父仇仍未報，但是孫策可以放心地走，因爲他有一個相當了不起的弟弟，會替父兄完成一切！

73 孫權的幫手Ⅰ

建安十三年，周瑜等人終於幹掉可惡的黃祖，為老領導報了仇。周瑜接下來將會迎戰生命中最大的對手，將自己的身影刻入史冊！

孫策死後，江東在孫權領導下開闢了一個嶄新的時代。

江東能在三分天下當中占有一席之地，除了孫權領導有智慧有衝勁之外，離不開廣大江東父老的大力支持和幫助。另外，還有五個很重要的人，若沒有這五人，絕無法與天下群雄相爭。

首先要說的，自然是「美周郎」周瑜。

周瑜，西元一七五年生，字公瑾，廬江舒縣（今安徽廬江縣境）人，風流倜儻、文武雙全，在軍事上有極高成就，在音樂方面也有相當深的造詣，放在現代的話，絕對是位天王級巨星。

周瑜與孫策同年，兩人是鐵哥們，年輕帥氣、雄略過人，可謂一等一的少年英雄。

當時，江東有兩位絕世美女——大喬、小喬，均是傾城國色。自古英雄配美女，放眼江東，也就這兩位帥哥能配得上。

據說，孫策曾跟周瑜開玩笑道：「喬公家的兩位閨女國色天香，咱倆做他的女婿，他也應該高興了！」

孫郎、周郎配上大小二喬，郎才女貌才子佳人，可惜，卻稱不上完滿姻緣，後來二郎均英年早逝，留下二喬年輕守寡，眞是紅顏薄命。

孫策遇刺身亡時，孫權同學還年輕，有點鎮不住場子，人心浮動，幸好這時周瑜帶著大批軍隊回來參加孫策的告別式，與張昭同志一起幫剛繼位的孫權穩住局勢。

建安七年，曹操要求孫權同學送兒子到許都做人質。

孫權立即召開會議，誰知，大家討論來討論去也沒討論出結果，孫權自己打心底不願意送兒子出國，便領著周瑜去跟老媽商議。

周瑜就目前國內外形勢做了深刻的分析，最後得出結論：不鳥曹操，靜觀其變。

孫權媽對此深表贊同，並囑咐孫權同學，「以後你就把周瑜當大哥。」

建安十三年，周瑜等人終於幹掉可惡的黃祖，爲老領導報了仇。接下來，周瑜將會迎戰生命中最大的對手，將自己的身影刻入史冊！

第二個要談的是張昭。

很多人認爲，張昭在江東的地位並不重要，認爲他沒立下什麼功勞，多把目光放在其他四傑身上，把張同志晾在一旁，這對他很不公平。

張昭，西元一五六年生，字子布，彭城（今江蘇徐州）人，從小就是個愛學習的孩子，隸書也寫得很棒。

當時的士人流行致仕，以做官爲恥，張昭也受了影響，堅持不入朝爲官。

當時的徐州刺史陶謙聘請他上班，張昭死活不去。

最後，陶謙擺出一副「我是流氓我怕誰」的架勢，硬是把人給綁來。

好朋友趙昱同志本著爲朋友兩肋插刀的義氣，勇闖陶謙府救出張昭。

事後，張昭知道徐州不能再待，便毅然渡江。

當時，孫策正在創業，急需人才，便把張昭聘來，把他看作是自己的仲父，國家大事都交由他打理，投以極深信任，甚至在重傷臨死前，還對張昭說：「孫權如若難擔重任，君便自取！」

兄長撒手西去後，孫權同學哭得很傷心，幾近失儀。

張昭冷靜地勸道：「現在是哭的時候嗎？」接著幫孫權換上正服，扶他上馬，出外檢閱三軍，讓新領導跟大家見面，以安軍心。

孫策死後，人心浮動，大家隨時可能呈鳥獸散，更有甚者，還會落井下石，趁機發動政變，江東岌岌可危。幸而有張昭安撫百姓，穩住民心，才使得江東撐過難關。

他對江東的貢獻及地方十分巨大。舉凡各方領導出征，都需要有人留守大後方，同時負責後勤支援等事。曹操有荀彧，劉備有諸葛亮，孫策、孫權這裡則是仰賴張昭。

在一場馬上就要打響的戰役之前，張昭同志一直是江東知名的謀略人物，但赤壁之戰卻改變了他的命運，使他無法善終。

戰前軍事會議上，張昭主張投降曹操，讓孫權很失望，加上平時張昭便經常批評孫權喝酒打獵、沉溺玩樂的行爲，難免產生一些疙瘩，總覺得張昭不拿自己當領導看，對他又敬又怕。

後來，孫權設丞相，所有人都認爲張昭是不二人選，然而孫權卻選擇了顧雍。

至於爲什麼，孫權也說得很明白，「張昭性情太過剛烈，不順他，他就反過來批評我，很煩人。」

孫權的幫手Ⅱ

可惜當時孫權太年輕，野心不大，沒有被這番慷慨激昂的演講打動，不過，至少記住了這個人！魯肅並不是很失望，起碼和領導混熟，將來一定還有機會。

孫權的第三個幫手是魯肅，字子敬，是臨淮東城（今安徽定遠）人。

魯肅同志出生的時候就沒了爹，一直跟著奶奶生活，幸好家境還算富裕，不用出外討生活，同時心善人慈，看到誰有困難就幫上一把，人氣相當高。

周瑜同學當居巢縣長時，曾到魯肅家借過糧食。

當時魯肅家中有兩間穀倉，各儲米三千斛，他隨手指向其中一間讓周瑜帶走。

周瑜見此人豪爽大方，便與之結交，建立起深刻友誼，也帶著他南渡，向新任領導孫權推薦這位良才。

孫權親切接見魯肅，兩人一見如故，相談甚歡，最後更留下魯肅，兩人合榻對飲，進行一番密談。

既然是密談，一般說來絕不可能知道此番談話內容。可陳壽同志硬是了得，通過認真調查、仔細分析後，竟又推測出談話的大致方向，記在《三國志》當中，內容大致如下。

孫權道：「大漢快不行了，我繼承父兄遺業，想要成就齊桓公、晉文公那樣的霸業，你說我該怎麼辦好呢？」

魯肅認認眞眞地道：「當年劉邦想尊奉義帝沒有成功，是因爲有項羽的存在，如今的曹操便像是當年的項羽，有他在，你還想成爲齊桓晉文？做夢去吧！個人認爲，大漢再也扶不起來了，但也不可能短時間內除掉曹操，最好的辦法，便是立足江東，靜觀天下變化，一旦北方出現問題，就直接幹掉黃祖，進而討伐劉表，拿下荊州，佔據長江勢力，最後建號稱帝，圖謀天下！」

孫權猶疑道：「現在的我只想保住江東，盡心盡力輔佐漢室，你說的那些什麼稱帝建號的，恐怕辦不到。」

魯肅一番話爲孫權指明方向，與諸葛亮的隆中對亦有異曲同工之妙，但魯同志說這話時，孔明還不知道在幹嘛呢！

可惜當時孫權野心不大，沒有被這番慷慨激昂的演講打動，卻自此記住了這個人！

魯肅並不是很失望，起碼和領導混熟，將來一定還有機會，接著便在江東做起官，

靜觀局勢。

呂蒙，字子明，西元一七八年生，從小就跟著姐夫鄧當混。那時的江東尚屬於未開化地區，窮山惡水出刁民，孫策、孫權兄弟倆的日常工作之一就是討伐山越。

鄧當同志多次隨孫策征討山越，十五、六歲的呂蒙同學初生之犢不怕虎，跟著去了。注意，他是偷偷去的，鄧當壓根不知道。

等到雙方開打，鄧當回頭一看，立馬氣炸，「你小子不要命了？誰讓你來的？這裡可是戰場，刀劍全不長眼，萬一你有個三長兩短，我該怎麼跟你們家交代？」

狠狠罵了一頓後，戰爭結束，鄧當又到丈母娘那兒告上一狀。

呂媽媽差點氣暈過去，但呂蒙同學依然振振有詞，理直氣壯地說：「不入虎穴，焉得虎子！」弄得老太太對這個兒子也沒什麼辦法，只好由他去。

後來，呂蒙同學的上司看不起他，曾多次辱罵他。

事實證明，呂蒙不是一個能忍讓的人，他抄起傢伙上去直接把人給剁了，隨後，更毫不猶豫地選擇逃跑。

後來校尉袁雄出來替他說情，孫策在百忙之中抽空接見呂蒙，從此牢牢記住這個年輕人，並且刻意把他調到自己身邊工作。

鄧當死後，張昭推薦呂蒙接替職務，當了司馬。

不久，孫策就掛了，孫權接班。

上邊換了領導，下邊也會有較大的人事變動，孫權一上任後，便開始整編部隊，準備把一些年輕將領帶的部隊合併起來。

呂蒙不想下崗，於是賒來布料，爲自己的部隊縫製新戰袍、新綁腿，等到閱兵那天，部隊軍容整齊、氣勢逼人。孫權見狀很高興，不僅沒有合併他的部隊，反而讓他統領更多的人。

有時候，要點小聰明還是很有必要。

孫權同學爲父報仇攻打黃祖，呂蒙身先士卒衝在最前，一刀把黃祖的親信陳就砍死，攻克城池，在領導心中留下深刻印象。

既做出了成績，又混熟了臉面，這年輕人眞是前途無量。

孫權晚年曾經跟一個人聊天，聊的內容是三個人：周瑜、魯肅、呂蒙，能有資格和孫權一起評論這些人才的人，肯定絕非等閒之輩。

《三國志》當中，除了三大集團的領導外，其他無數家喻戶曉的英雄人物都得和別人擠在一個傳記之中，好一點只有一個同伴，差一點就和一堆人放在一起。

但有一個傳記裡，只有主角和他的子孫。

這個人不是荀彧，荀彧和荀攸、賈詡等人寫在一起；也不是諸葛亮，諸葛亮的傳記裡還有董厥、樊建一些沒啥名氣的人；更不會是英年早逝的周瑜，周瑜、魯肅、呂蒙三人共列一傳。

這個人就是陸遜，三國時代出將入相的第一人！

陸遜，字伯言，西元一八三年生，子孫中有幾個名氣很大，兒子陸抗、孫子陸機、陸雲，相信大家都聽說過。

呂蒙、陸遜兩位仁兄都是牛人，一個幹掉了關羽，一個打垮了劉備，可現下兩人都還年輕，排在他們前邊的前輩多的是，他倆只能跑跑龍套，在後台歇著。

第17章

目標，荊州！

曹操順利地到達荊州，舉行了隆重的受降儀式，不費一兵一卒，荊州便成為囊中之物。

75 劉表的不幸

可惜劉表忘了，這是亂世，是個人砍人的時代。就算你不去惹別人，別人都會來找你麻煩，搶你地盤。這不，曹操已經在路上了。

曹操北征烏桓時，把背後留給劉表，旁邊的劉備終於等到了機會，興高采烈地跑去建議劉表偷襲許都。果然不出郭嘉所料，劉表沒有同意。

劉備眞想上去揍他一頓，考慮到這是劉表的地盤才沒敢付諸行動。

如郭嘉預料，劉表再次袖手旁觀，遠遠看著曹操擊垮烏桓，看著對方一路凱旋。悲哀的是，此刻他才意識到沒有趁機偷襲許都是個天大的錯誤，跟劉備說：「可惜沒有聽你的話，錯過了這天賜良機，唉！」

劉備聞言更覺無奈，對著眼前這個蠢人，只能安慰道：「以後還會有機會。」

劉表眞的還有機會嗎？很可惜，他沒有了，因爲……曹操的下一個目標就是他！

建安十三年（西元二〇八年）七月，曹操下荊州討征劉表！

荊州，北接司隸、豫州，東臨揚州，西鄰益州，南達交州，處於中國南部的中央位置，相當於今日的湖南、湖北兩省。上天開了一個天大的玩笑，讓劉表同志做了荊州的主人，這既是荊州的大幸，也是不幸。

天下大亂後，各州牧皆忙著參與鬥爭，你砍我、我砍你，砍得不亦樂乎，劉表卻把心思用在建設上，大力發展文化教育事業。

在他主持下，荊州蓬勃發展，社會安定和諧，無數愛好和平人士紛紛遷居荊州，一時人才雲集。

可惜劉表同志不懂得如何利用資源，似乎也不大想利用這些優秀的人才。

因爲他沒有什麼野心，只想著自己的這一畝三分地。別人愛怎麼折騰就怎麼折騰，只要不來搶荊州，其他都跟自己沒關係。

可惜劉表忘了，這是亂世，是個人砍人的時代，就算不去惹別人，別人也會來找你麻煩，搶你地盤。

這不，曹操已經在路上了。

可是，劉表沒能等到曹操。建安十三年八月，荊州牧劉表病亡。

很多人認爲劉表不過是個窩囊廢，做人沒什麼遠見。事實上，劉表爲荊州做出了大貢獻，使荊州成爲那個時代的一方樂土，爲人們提供一個躲避動亂的好地方。

劉表那個時代牛人一大把，董卓、袁紹、曹操個個都是厲害角色，個個都是雄心壯志野心勃勃，但是劉表沒有像他們一樣參加諸侯間的稱霸戰爭，他或許也知道，以自己的性格不適合成王敗寇的遊戲。

爲官一方造福一方，劉表做到了，所以他是個好領導。

賈詡說得對，如果生在和平年代，劉表肯定會是個好三公，可惜，亂世末年並不適合他，這也是劉表最大的不幸。

76 荊州易主

現在的荊州猶如當初的徐州，北邊的曹操和東邊的孫權都虎視眈眈，劉表死後，劉琮接過位子，成為荊州的新主人，劉備則駐紮到樊城。

劉表有兩個兒子，長子劉琦及次子劉琮。

劉表喜歡的是劉琮，因爲他跟自己長得一樣帥，很明顯的，他完全沒有記取老袁家的教訓，看來在那個年代，長得帥似乎眞的很重要。

劉表的後妻蔡氏也喜歡劉琮同學，因爲那是她的侄女婿，於是天天在劉表身邊吹枕頭風，說盡劉琮的好，盡說劉琦的壞。

領導喜歡，又有這麼多人敲邊鼓，劉琮成功當選爲荊州的未來接班人。

聞訊，劉琦同學很鬱悶，自己明明是長子，接班人應該是他才對，可是劉琮卻搶走了一切，憑什麼？就憑他長得帥？

同時，劉琦也害怕劉琮及蔡瑁等人會對自己落井下石，手足情算什麼？這年頭，爲了權力同室操戈的事還少嗎？

劉琦同學請來諸葛亮，緩緩向他吐露心事，希望諸葛亮能幫他出個主意渡過難關。

諸葛亮委婉地回絕，「這是你們劉家家事，我不便插手。」

誰知劉琦同學沒有放棄，把諸葛先生請到高樓上，然後撤去梯子，喊道：「你不幫我出主意，我就不讓你下去！」

野史說，這個上樓抽梯的主意還是劉備幫他出的。

諸葛先生只會讀書不會武功，被逼得沒有辦法，只好說出辦法，「君不見申生在內而危，重耳居外而安乎？」

劉琦茅塞頓開，正巧當時江夏太守黃祖被孫權殺死，便主動請求接任江夏太守。

劉表病重，劉琦趕回來看望老爹，但是張允等人堵在門口不讓他進去，劉琦只得哭著走了。

古代的領導人一般都在臨走前來個托孤，據說，劉表臨走前曾對劉備說：「我這些兒子都是窩囊廢，我死之後，荊州就是你的了！」

劉備當即表示自己無德無能，絕不敢打荊州的主意。

有人勸劉備接受荊州，可劉備他說自己「不忍心奪走荊州」。

衆人被感動得眼淚嘩嘩流，一致認爲劉備是個大好人。

眞是可笑！對於荊州，劉備可是求之不得，怎麼可能會不忍心？其實是劉備想得仔細，知道自己要是腦袋發熱，一口答應下來，刀斧手立馬出來要自己人頭！徐州的教訓劉備記得很清楚，當時人人都在盯著徐州，陶謙才把徐州交到劉備手上，結果坐沒幾天就被呂布搶去。

現在的荊州猶如當初的徐州，北邊的曹操和東邊的孫權都虎視眈眈，曹操也已經在路上，荊州絕對守不住，不如不要。

劉表死後，劉琮接過位子，成爲荊州的新主人，劉備則駐紮到樊城。

劉琮同學召開了緊急會議，出席會議的領導同志有劉琮、蔡瑁、蒯越、韓嵩及牛人傅巽等等。

通常這種情況下，參加討論的人會分爲兩派，一派主張投降，另一派表示要鬥爭到底，打了幾個小時的口水仗後，再由領導人拍案而起，表示要與敵人拼個你死我活，臉上還一副憤怒的表情。

但事情總有例外，現在會議上卻出現一邊倒的情況，大家紛紛勸劉琮投降，好像不投降就顯得不仁不義、罪大惡極。

劉琮同學問道：「爲什麼不能選擇抵抗，我們也很強啊？」

衆人詳細地爲他分析當前形勢，表示只有投降一條路，同時進行論證。

傅巽明確地告訴劉琮你打不過曹操，理由有三：

一、以人臣反抗人主，大逆不道。

二、以荊州對抗中原，是很危險的。

三、用劉備抵禦曹操，是擋不住的。

這三樣都不行，反抗的結果只有一個，死！

傅巽進一步問劉琮同學，「你覺得自己跟劉備比怎麼樣？」

劉琮很有自知之明，表示自己比不上劉備。

傅巽：「如果劉備都擋不住曹操，那你更不行；如果劉備擋住了曹操，那他會甘心做你的部下嗎？」

劉琮同學畢竟還年輕，最終無奈地選擇投降一途。

壞的是，這投降曹操的決定卻完全沒跟劉備打聲招呼，可把劉備同志害慘了！

人都到宛城，劉備才知道曹操已大兵壓境，這時候劉琮才派一個叫宋忠的人去告訴他自己投降的決定。

劉備幾乎當場暈過去，恨不得馬上剁了眼前這個「送終」。

見形勢嚴峻，劉備當機立斷，決定跑路！帶著老婆孩子及諸葛亮他們一路向南跑，確實發揮打不過就跑的硬道理！

跑到襄陽城外，諸葛亮勸劉備攻打劉琮，入主荊州。

劉備又說自己不忍心。什麼不忍心？事實上是他知道就算打下荊州也擋不住曹操，也別折騰了，直接閃人吧。

曹操順利地到達荊州，舉行了隆重的受降儀式，不費一兵一卒，荊州便成為囊中之物。接下來，曹丞相就得論功封賞了，任命劉琮為荊州刺史兼諫議大夫，封為列侯，蒯越等十五人也全數封侯，並且任命為首的蒯越為光祿勳，韓嵩為大鴻臚，文聘則為江夏太守。

輕而易舉地拿下荊州，開心歸開心，對曹操來說未必是好事！

77 長坂坡

張飛同志吼聲有力，表情到位，曹軍愣在原地全不敢動，果真為劉備的逃跑贏得寶貴時間，之後，張飛也趁機開溜，圓滿完成斷後任務。

劉備同志好不容易找到一個避難場所，又被曹操占去，只好繼續流浪。不過，這一次逃亡，劉備並不孤獨，除了老婆孩子、諸葛亮、關羽、張飛、趙雲等人之外，還有十萬百姓陪他。

領著十萬人民群衆去流浪，應該能創下金氏世界紀錄吧？只是，這些人爲什麼不好好待在家裡，反而跟著自身難保的劉備去流浪呢？

老百姓的眼光十分雪亮，相信劉備一定能夠帶著他們奔向光明。

現在的劉備沒有地盤沒有軍隊，是個吃了上頓沒下頓，看不到未來的主子，卻有十萬百姓卻心甘情願地跟著他，可見他的人格魅力多大。

只是，這十萬人是老百姓不是兵，隨身帶著家當，比如鍋碗瓢盆、鋤頭鐮刀什麼的，行進速度相當慢，一天只走十里路，跟烏龜的速度差不多。

有人建議劉備撇下這些人急速趕往江陵，否則被曹操追上可就慘了。

劉備沒有接受這個建議，回答說：「成大事得以人爲本，百姓都已跑來投奔我，怎麼忍心拋棄他們呢？」

以人爲本！

當然，劉備的「以人爲本」跟咱們今天說的「以人爲本」意思不大一樣，他說的是，將人作爲王者霸業的資本，說白了，人是他實現霸業的「工具」之一！

同時，劉備派關羽率領數百艘戰船走水路，在江陵會合——這個決定後來及時解救了劉備的困境。

此時的曹操腦袋很清醒，知道無論如何也不能再次讓劉備跑掉，也知道劉表生前曾在江陵儲備大量的武器裝備和軍糧，讓劉備拿到很危險，於是親自率領五千精騎，以二十四小時三百多里的速度追擊劉備。

劉備走一個月的，曹操一天一夜就走完了，很快地在當陽長坂追上劉備等人。

劉備當即撇下老婆孩子，跑！只留下張飛領著二十個人斷後。

斷後，不是一般人能做的，得保證擋得住敵兵追擊，爲領導逃跑贏得寶貴的時間，必須具備很高的心理素質，也要有高尚的操行，不會臨陣反水，就是死也得拼命頂住！

這項任務光榮而艱鉅，幸而猛人就是猛人，張飛同志膽子大又不怕死，把橋給拆了，拿一根長矛站在河邊，對著對面的曹軍大吼一聲。

「我就是張飛，誰敢來跟我決鬥！」神情憤怒，眼珠子像是要瞪出來。

張飛同志吼聲有力，表情到位，曹軍愣在原地全不敢動，果眞爲劉備的逃跑贏得寶貴時間，之後，張飛也趁機開溜，圓滿完成斷後任務。

至於，跟著劉備的那十萬百姓及隨行輜重家當，則全被曹軍奪走。

第18章 戰略合作夥伴

領導不同於參謀，必須在意見和建議中做出選擇。現在，江東的最高領導人孫權就面臨著一項選擇：是看著劉備被打死，還是冒著被打死的危險去救劉備？

78

孔明出使江東

其實史書的記載不一定全是真的，需要認真的思考和分析，判斷當中真偽才行。
如果孫權真如史書記載，如此不冷靜，如此衝動魯莽，那他肯定不是孫權。

大家一口氣跑出了十里地，停下來喘氣時，才發現有個人不見了，趙雲跑哪去了？

有人說他跑去投靠曹操。

劉備不信，說：「子龍是不會炒我魷魚的！」

不一會兒大家才看到趙雲的身影，和他一起的還有劉備的老婆之一甘夫人和兒子劉禪，眞是個好同志啊！

現在的劉備要多狼狽有多狼狽，沒想到，一個人的出現，爲劉備帶來了希望的火種！不僅幸運地逃過死劫，上天還給了他翻盤的機會。

此人就是魯肅！

劉表的死訊傳至江東時，魯肅立刻主動請求去參加劉表同志的追悼會，順道探探荊州形勢。他快馬加鞭地往襄陽趕，到了夏口，得知曹操已經南下荊州，更日夜兼程，以期能趕在對方前面。

可惜的是，魯肅終究還是去晚了。在南郡，他得知劉琮投降曹操、劉備逃跑後，立即動身繼續前進，終於在當陽長坂見到一身狼狽不堪的劉備同志。兩人在極其簡陋的環境中碰面，劉備對魯肅的到來表示熱烈歡迎，魯肅代表孫權向劉備致以誠摯的問候。

魯肅反覆強調江東的立場，希望劉備能與江東合作共抗曹操。劉備自然對此表示贊同，不過，現下可不是坐下開會的時候，曹操還在後頭追呢！一夥人繼續跑，魯肅也跟著跑，一口氣跑到江夏才停下來，回頭一看，還好曹操沒有追來。

諸葛亮應劉備之請，走出農村，卻沒什麼表現的機會，因爲劉備不是寄人籬下就是在逃跑，如今更是到了走投無路的地步。現在，他決定挺身而出，請求出使江東洽談雙方合作事宜。

劉備明白只靠自己，絕對鬥不過曹操，便把希望寄託在諸葛亮身上，希望他能說服孫權，雙方建立起聯合戰線，共抗曹操！

諸葛亮帶著劉備等人的希望與期待上路，這是他第一次在世人面前露臉，必須說服孫權合作，否則劉老闆就當眞糟了！

諸葛亮來到江東，受到孫權親切接見，立即進行一場深刻交談。

諸葛亮直言指出，「今天下大亂，將軍佔據江東，劉備在漢南，與曹操爭奪天下。曹操剛剛拿下荊州，英雄無用武之地的劉備只好選擇逃跑。將軍自己掂量掂量吧，能和曹操打就和他打，不能和他打就早點投降！男子漢大丈夫別猶猶豫豫的，否則大禍就要臨頭了！」

孫權問道：「既然你說得這麼好聽，那劉備怎麼不投降呢？」

諸葛亮嘆道：「當年田橫都堅決不投降了，更何況劉備？他是王室的後代，英才蓋世、衆人景仰，如果成不了大事，是因爲老天爺沒長眼，怎麼能投降曹操呢？」

聞言，孫權微微動怒，繼續問道：「劉備才剛慘敗，又憑什麼跟曹操作對？」

諸葛亮同志爲孫權認眞分析當前形勢，「劉備雖然在長坂坡慘敗，手下還有一萬人能戰鬥，劉琦那邊也有一萬人，夠曹操砍了！加上曹軍遠道而來，現在已經進入疲勞期，所謂強弩之末，勢不能穿魯縞。再則，北人本來就不擅長打水戰，軍略上處於下風。最後，也是最重要的，荊州雖勝，但士兵皆迫於形勢所逼才歸順曹操，其實心裡並不服氣。

只要將軍與劉備團結一心，衆志成城，定能打敗曹操。曹操兵敗必定回到北方去，到那時，東吳的勢力大增，鼎足的局勢就形成了！」

史書上記載，當孫領導聽完諸葛亮慷慨激昂的演講後，全身熱血沸騰、躍躍欲試，表示與曹操勢不兩立，隨即派周瑜等人去打曹操。

其實，史書的記載不一定全是眞的，需要認眞的思考和分析，判斷當中眞僞才行。如果孫權眞如史書記載，如此不冷靜，如此衝動魯莽，那他肯定不是孫權。

這可是關係到江東前途命運的大事，怎麼可能因諸葛亮三言兩語就被打動？領導不同於參謀，參謀把自己的意見和建議說出來就好，領導則必須在這些意見和建議中做出選擇，而且只有一次機會。

現在，江東的最高領導人孫權就面臨著一項選擇：是看著劉備被打死，還是冒著被打死的危險去救劉備？

孫權很糾結，選對了，就可以帶領部屬奔向光明未來，選錯了，就一起下地獄。

眞正讓孫權決定聯劉抗曹的關鍵人物，是魯肅跟周瑜！

79 孫權不出，誰與爭鋒？

孫權做出了戰略部署，任命周瑜為左都督，程普為右都督，魯肅為贊軍校尉，率領三萬水軍，逆江而上，迎戰曹操。

此時的曹操是一隻猛虎，猛虎下山，勢不可擋。劉備就好像一隻兔子，除了拼命逃跑，沒有其他辦法。

衆人對目前的形勢看得很清楚，劉備即將完蛋，曹操又將迎來一場大勝。這裡的衆人是指一般人，不包括那些牛人強人猛人。

此時，孫權收到了一封曹操的信，內容只有三十個字。

近者奉辭伐罪，旌麾南指，劉琮束手。今治水軍八十萬眾，方與將軍會獵於吳。

字數不多，但分量夠重！

大多數人認為這是一封恐嚇信或者是挑戰書，目的是要嚇唬孫權：你小子不要多管

閒事，老子可有八十萬軍隊，不服的話就在吳地練練。

其實，這不是什麼恐嚇信挑戰書，而是一封「邀請函」。

曹操的智商大家很清楚，絕不會在這種尷尬時刻寫恐嚇信威脅孫吳，要眞把孫權同學逼急了，他必會和劉備合作，這是曹操最不願意看到的後果。

筆者對這封信的理解是：曹操有意跟孫權合作。

「伐罪」伐的是劉備；「南指」目標當然是荊州；「水軍八十萬」是告訴孫權我很強，跟我合作不會有任何風險。

最關鍵的字是「會獵於吳」，「會獵」是指跟孫權一起打獵，至於獵物當然是走投無路的劉備同志；「吳」指的是長江中下游以南地區，包括了夏口等地，那可是孫權的地盤！

總結下來，曹操想講的其實是「我願意與你合作一起打劉備」這樣一句話，只是多少帶了點以大批兵馬威脅的語氣。

至於孫權怎麼理解，我們就不知道了，但是他肯定很清楚，對付完劉備，曹操下一個目標就是自己。

孫權召開了擴大戰前會議，向大家展示這封信，然後以「幫不幫忙」爲主題進行討論。會議中並沒有出現主和派主戰派大打口舌仗爭得臉紅脖子粗的場面，而是在張昭同志的帶領下，紛紛表示投降才是唯一出路，理由還很充分。

「曹操是豺虎，身居丞相之職，挾天子以征四方，動不動就拿朝廷嚇唬人，現在抵抗他，將來更難辦。我們能拿來抵禦曹操的也只有長江天塹，可是曹操已拿下荊州，整編劉表的水軍和戰船，再加上步兵，水陸俱發，長江之險不復存在，敵眾我寡，將軍還是投降吧！」

會場中只有一個人始終保持沉默，更透出對這些投降派的蔑視眼神。

他就是魯肅。

他很聰明，才一直保持沉默，如果此時站出來高喊「打倒曹操」、「保衛江東」之類的口號，肯定會被口水淹死。

等到孫權上廁所時，他才悄悄追了出去。

孫權知道他有話說，拉著他的手問：「你有什麼要說的嗎？」

魯肅同志首先對眾人膽小怕事的討論表達深濃的鄙視之情，並進一步指出，投降曹操只有死路一條，因爲曹操不會也不可能善待他，最後建議千萬別聽那些人胡說八道。

孫權被魯肅同志慷慨激昂的演講深深打動，激動得連肉麻話都說了出口，「你眞是老天爺賜給我的人！」

魯肅知道，有一個人絕對能讓孫權拍板決定，便力勸他把正在鄱陽出差的周瑜同志召回來，徵詢相關意見。

很明顯，周瑜一定是反曹人士！

周瑜趕回來後，立馬去見孫權，開始一場演講，聽衆有孫權及其他主和的臣下。周瑜上來先對曹操開展人身攻擊，指出曹操託名漢相，實際上是漢賊，接著又吹捧孫權，說他英明神武、雄才大略，定能橫行天下，爲大漢除掉垃圾，何況是曹操自己來送死，怎麼可以投降呢？

接著周瑜分析敵我形勢。

一、北方還不太平，關西還有馬超、韓遂為後患。

二、曹操不善長打水仗。

三、現在是冬天，對方糧草肯定不足。

四、曹兵大老遠跑來，水土不服，一定會染上瘟疫。

最後周瑜振臂一呼，喊道：「只要給我三萬精兵，一定能打敗曹操！」大家被周瑜的氣勢感染，孫權更是熱血沸騰，當即表示自己與曹操勢不兩立，爲了表示自己的決心，更是拔劍斬斷桌案，「誰要再敢說投降曹操，猶如此案！」

孫權不是衝動，也不是頭腦發熱，他已經明白，要想保住江東，就必須與劉備合作打敗曹操，沒有別的選擇。

當天夜裡，周瑜同志又去拜見孫權，分析得十分準確，「大家看了那封信，便相信對方眞有八十萬水軍，被嚇得魂飛魄散，也不想想曹操從北方帶來的軍隊，頂多十五、六萬，兼併的荊州部隊最多也不過七八萬，沒什麼可怕的，只要給我五萬精兵，一定能把他收拾乾淨！」

孫權對周瑜的看法表示贊同，「你說的話很合我的心意，張昭他們都是爲了自己，爲了老婆孩子，才想趕快投降曹操，只有你和魯肅跟我想法一樣，不過……五萬人不大好湊，我已經集結好三萬人，戰船及糧食也已備下，你們幾個去前線，我給你們做後勤，要是打不過曹操就回來，讓我來和他決一死戰！」

隔天，孫權做出了戰略部署，任命周瑜爲左都督，程普爲右都督，魯肅爲贊軍校尉，率領三萬水軍，逆江而上，迎戰曹操。

曹操終於遇到戰場上眞正的對手，而周瑜，也即將迎來一生中最爲輝煌的時刻，此戰過後，他將流芳千古！

第19章 一生的遺憾

當一切準備就緒，黃蓋便命人拉起船帆，豎起旗幟，把數十條小船綁在大船之後，領著自己的船隊浩浩蕩蕩地前去「投降」。

80 赤壁

為解決暈船問題，曹操想出一個辦法，把戰船連在一塊，這樣戰船就不會亂晃了，確實解決了暈船問題。對面周瑜等人看到這座拔水而起的「長城」，機會來了！

曹操到江陵後停了下來，這一停就是一個月，一個月能幹什麼？一個月夠讓孫權、劉備兩方結成聯盟，備戰曹操了！

這說來也怪，曹操早不打晚不打的，偏偏等孫權和劉備都簽完字蓋好章了才要打，眞搞不明白那顆腦袋裡裝的到底是啥？

賈詡建議曹操犒賞軍士安撫百姓，以達「不戰而屈江東」之效。

可是曹操不聽，彷彿被官渡之戰時的袁紹附身一般，聽不進任何建議，認爲收拾這兩人輕而易舉，天眞地派曹洪駐兵襄陽，又命曹仁、夏侯淵駐守江陵，自己順江東下，一路大軍舳艫千里、旌旗蔽空。

曹軍的兵力，正如周瑜同志在前面分析的，最多二十三萬，除了留守襄陽、江陵的兵馬，曹操手中至少有二十萬左右的兵。劉備、孫權，絕對要一舉擊潰你們，如此一來，就可以一統山河，開闢一個屬於我的新時代！

所有人都正往那個地點趕，在那裡，他們將拼個你死我活！這場戰爭決定曹操、劉備、孫權三人命運，還有參戰軍士的命運，更將決定天下人的命運！

樊口的劉備聽說曹操大軍順江南下，恐懼不已，心情相當急切，每天都派人在長江邊上遠望，心心念念著援軍的到來。

一天，偵察兵報告說周瑜的船隊來了，船上還有諸葛亮。

劉備同志不大相信，「你怎麼知道那是周瑜，而不是曹操？」看來嚇得著實不輕。

「那戰船上寫著呢！」

會後，劉備緊緊握住周瑜的手，「同志，終於見到你了！」隨後問了一個自己最關心的問題，「你帶了多少人？」

周瑜答曰：「三萬人！」

劉備當時就傻了，「三萬人，夠曹操砍嗎？也太少了吧！」

只見周瑜自信滿滿，「三萬人足矣，你等著看好戲吧！」

患有嚴重恐曹症的劉備依舊不敢相信周瑜能打敗像神一樣的曹操，把軍隊交給周瑜的同時，自己還留了兩千人保底，隨時做好逃跑的準備。

周瑜沒有在樊口多做停留，繼續前行，在烏林（今湖北洪湖市境）碰到此生最爲強大的一個對手，曹操。

此時，曹軍的問題多如牛毛：水土不服、在船上站不穩，剛一交戰，曹軍就敗了。可這次失敗仍未喚醒曹孟德同志，他下令將戰船停在江北的烏林。

另一邊，周瑜則把軍隊駐紮在赤壁——正因爲這場大戰，赤壁才家喻戶曉。

兩軍夾江對峙，由於瘟疫，曹營裡的非戰鬥減員每天都在增加。軍隊最怕的就是這個，仗都還沒打便先被病魔擊倒。

再者，雖然曹營士兵在玄武池做了長期訓練，可玄武池只是一個小小人工湖，豈可與長江同日而語？大部分人一上船就暈，再加上寒冷的西北風一吹，要多難受有多難受。

爲解決暈船問題，曹操想出一個辦法，把戰船連在一塊，這樣戰船就不會亂晃了，確實解決了暈船問題。

對面周瑜他們看到這座拔水而起的「長城」，機會來了！

周瑜的部將黃蓋老同志建議周瑜火攻！

對，火攻！對付連在一起的戰船，最好的方法就是火攻！

81 玩火攻的下場

喊殺聲、呻吟聲交織在一起，慘烈的場景一幕幕上演著，地上躺著的幾乎全是曹軍，江水被染成紅色，上面漂浮著的也是曹軍的屍體，大部分是被燒死或淹死的。

周瑜同志同意且採納了黃蓋的建議。

爲了讓火攻的效果事半功倍，黃蓋還寫了一封降書給曹操，大致意思如下。

「他們老孫家雖待我不薄，但我是一個識時務的人，江東六郡的山裡人抵擋中原百萬雄師絕無可能，吳人無論天才還是腦殘，也都很清楚這點，唯獨周瑜、魯肅不知天高地厚。我願爲您效犬馬之勞打頭陣。」

曹操看完後將信將疑，親自接見送信人，詳細詢問，最後說：「我怕你們耍我，但如果信是眞的，一定會給黃蓋老同志加官！」

興許是不費吹灰之力便拿下荊州的勝利沖昏了曹操頭腦，使他認爲拿下江東也是輕而易舉。現在的他已經失去判斷能力。

萬事俱備，只欠東風，可是，東風會來嗎？

黃蓋老同志生在南方，知道冬天也會刮東南風，也正是這道東南風，給了周都督極大幫助。

黃蓋他們準備了數十艘小船，船上放滿乾葉枯柴，為了讓火勢更旺，黃蓋還在上面澆了油，最後用帷幕蓋住。

當一切準備就緒，黃蓋便命人拉起船帆，豎起旗幟，把數十條小船綁在大船之後，領著自己的船隊浩浩蕩蕩地前去「投降」。

十艘戰船走在最前面，到了江心，黃蓋讓士兵們大聲喊道：「我們來投降了！」

曹軍聽到外面有人喊，紛紛出來看熱鬧。得知是黃蓋來投降後，沒有任何舉動，愣在那裡對黃蓋行注目禮。如果他們知道接下來將會發生什麼，一定不會選擇傻站在原地。

離曹軍還有二里時，黃蓋終於露出真面目，下令點火！

戰船上頓時燃起熊熊大火，藉著東南風，像離弦的箭一樣衝進曹軍船隊，同時很快地引燃曹軍的戰船。

一時間火光沖天，大風把火苗吹到岸邊的曹軍大營，整個曹營變成了一片火海！

周瑜抓住時機，吹響總攻的號角！

聯軍抄起傢伙跳上戰船殺向曹軍，曹軍早亂了套，盡皆身陷火海，能不能活命都很難說，誰還有工夫去跟敵人拼命？

江東聯軍可不管你有沒有空，衝上去就砍，曹軍毫無招架之力。

戰場成了屠場，人間爲地獄！

喊殺聲、呻吟聲交織在一起，慘烈的場景一幕幕上演著，地上躺著的幾乎全是曹軍，江水被染成紅色，上面漂浮著的也是曹軍的屍體，大部分是被燒死或淹死。

慘敗！

前所未有的慘敗！

曹操知道，場面已經無可挽回，但是本著不給敵人好處的覺悟，只能忍痛把沒著火的戰船全燒了。

他扔下了無數具屍體，向西逃跑。到華容道時，大雨使得道路泥濘造成交通癱瘓，曹操急中生智，命令羸兵背草塡路，大家才得以過去，犧牲很多羸兵被人馬踩踏而死。出了華容道，曹操笑了。

「丞相，你沒事吧，現在還有心情笑啊？」

曹操回答說：「劉備反應就是慢，如果他早在此埋伏放火燒我們，我們可就眞沒活路了。」

劉備確實比曹操慢一拍，等他來放火時，曹操早就過去了。

周瑜是個得理不饒人的主，本著落水狗一定要痛打的原則，也叫上了劉備，大家一起追擊曹操。

患有恐曹症的劉備同志不敢相信周瑜眞的勝了，跑出去一看才知道不是做夢，於是抄起傢伙跟著周瑜去了，兩人水陸並進，一直追到南郡才停下腳步。

曹操不想再在這兒多停留片刻，在這裡，自己一統山河的夢想被周瑜擊碎，留下曹仁、徐晃守江陵，樂進守襄陽，便匆匆收拾鋪蓋，領著殘部回北方去。

第20章 瓜分荊州

周瑜趁機搶佔江陵，同時一舉攻下南郡。這樣一來，孫權便擁有荊州的江夏、南郡兩郡；曹操手中則有南陽及南郡的襄陽。其實，佔荊州最多便宜的人是劉備。

82 荊州大家要

其實，佔荊州最多便宜的人是劉備。赤壁戰後，他並沒有急著追擊曹軍，而是先搶地盤，趁周瑜忙著打江陵時，跑到了長江南面……

荊州轄內有南陽、南郡、江夏、零陵、桂陽、武陵、長沙七郡，境內社會安定，環境優美，成爲無數有志青年嚮往之地，沒有歧視，也沒有不公平待遇。在這裡，你可以到政府機關上班，比如蒯越；你也可以開墾荒田自力更生，比如諸葛亮；你也可以隱居不問紅塵俗事，像司馬德操。

可惜，童話是美好的，現實是殘酷的！

事實上，荊州就是一碗紅燒肉，誰都想搶過來自己享用，尤其是北邊的曹操和東邊的孫權，饞得口水都落地上了！

孫權先一步行動，建安十二年開始打江夏太守黃祖。

曹操的效率更高，建安十三年七月領軍南下，八月就成了荊州的新主人。

當時的荊州牧劉表還沒等到曹操來就死了，荊州的好日子也馬上到了盡頭，至少他很幸運，荊州不是從自己手中丟失的。

不過，自己兒子實在不爭氣，用曹操的話來說就是，「劉琮是一頭笨豬！」

後來，劉笨豬決定投降曹操，荊州改歸曹營，可還沒過多久，曹操兵敗赤壁，荊州又被推到了浪尖上，任人垂涎。

在諸葛亮、魯肅爲各自集團設計的路線圖中，第一步都是先取荊州，由此可見，「取天下必須先取荊州」是大家的共識。

周瑜同志也很清楚荊州的重要性，赤壁戰後，他一直很忙，忙著邊趕曹操，邊「搶」荊州地盤，帶著隊伍追到南郡江陵，此處守將是曹仁。

周瑜沒有立即攻城，而是派甘寧先佔據夷陵，想要從東西兩側夾擊曹仁。

可惜，事情並沒有周瑜想像中那麼簡單，他也終於見識到曹操陸軍的眞正實力。

曹仁同志不是白癡，不可能等著你包他餃子，立即分兵包圍夷陵。

曹操的水軍打不贏人，陸軍可不是吃素的，一陣猛衝後，甘寧頓時吃不消，急忙發信向周瑜求救。

周瑜虛心採納呂蒙的建議，讓凌統守大營，分散曹仁的注意力，自己則和呂蒙前去營救，這才解了甘寧之危。

之後，謹慎的周瑜選擇把大軍駐紮在長江北邊，擺出一副不奪江陵誓不罷休的架勢，跟曹仁就此耗上！

打架的時候，周瑜充分發揮領導帶頭精神，跨上戰馬衝在最前邊，不過，曹軍可不會被周瑜這種高尚行爲感動，立即把手中的弓箭全招呼過去。

衝在最前面的周帥哥立刻被射中右肋，本想繼承夏侯惇輕傷不下火線的優良傳統，無奈傷勢實在太重，只得下了火線。

很明顯，曹仁同志不是一名人道主義者，完全不懂得體諒老弱病殘，直接帶著兵馬朝周瑜大營奔去，要去好好「慰問」周瑜同志。

此時的周瑜還在病床上躺著，一聽曹仁來了，只得忍住巨痛強行起身，到陣前激勵吳軍將士。

曹仁很有自知之明，雖然周帥哥受了傷，想打敗吳軍依然很難，加上江陵處於長江邊上，孤立無援，補給線太長，無法長期堅守，在和周瑜僵持一年多後，最終還是選擇大步後退，退保襄陽，放棄江陵。

周瑜則趁機搶佔江陵，同時努力擴大戰果，一舉攻下南郡。

這樣一來，孫權便擁有荊州的江夏、南郡兩郡；曹操手中則有南陽及南郡的襄陽。

其實，佔荊州最多便宜的人是劉備。

赤壁戰後，他並沒有急著追擊曹軍，而是先搶地盤，趁周瑜忙著打江陵時，跑到長江南面，直接佔據零陵、桂陽、武陵及長沙四郡，終於有了一塊屬於自己的地盤。

就在這時，劉表的兒子劉琦同學死了。

劉琦一死，最高興的當屬劉備，從此可以光明正大地當荊州四郡的新主人。但是，他胃口可不小，才剛剛吃上碗裡的一點肉，眼珠子就開始不安分地淨往鍋裡瞧了。

建安十五年（西元二一〇年），劉備同志訪問東吳，是雙方最高領導的第一次見面。

孫權對劉備的來訪表示熱烈歡迎，在親密友好的氛圍中，孫權對劉備對赤壁之戰的貢獻給予高度評價，劉備則再次聲明自己支持孫權的立場，隨後又交換許多意見，一致認為應該繼續加強各領域的合作，促進發展。

最後，劉備才總算道出此行的眞正目的。

「孫老弟，我那地盤實在是太小了，你看能不能先借我點地啊，等我搶到了別的地盤立馬還你，好不？」

「劉備同志，不是我說你，這年頭有借錢，也有借人的，但借地，還眞是頭一次聽說，你怎麼什麼都敢借啊？」

聽到這要求，周瑜堅決不同意，表示劉備「終非池中物」，無論如何都不可以拿土地幫助他，賠本的買賣絕不能做，否則養虎為患！

除此之外，周都督還建議直接把劉備軟禁起來，用美女腐化他的心靈。

魯肅則表達與周瑜完全不同的意見。

他力勸孫權把南郡借給劉備，因為現在東吳的主要敵人是曹操，要想抵擋曹操，必須聯合劉備，任他曹操再強，也不能以一挑二。只要把南郡借給劉備，西邊的防線也等於放給劉備看管，吳軍就可以把集中注意力在北邊，專心防禦曹操。

一個說不能借，一個說應該借，孫權心中十分糾結，最後思慮再三，才下定決心，「不就是個南郡嗎？借給他！」

將欲取之，必先與之！

周瑜病逝

周瑜是個執著的人，永不放棄，有條件要上，沒有條件也要上，跟劉備打過招呼後，不管對方同意了沒，毅然西行。誰也沒想到，他這一去，竟再也沒回來。

爲了鞏固同盟關係，也爲了將來更好的發展，孫權毅然把南郡借給劉備同志，同時也把自己的妹妹嫁給劉備。

至於這位妹妹叫啥，不好意思，正史上未載，至今還是個謎，但可以肯定的是，這位姑娘相當悍勇。

人家常說，生在南方的姑娘大多水靈，並且琴棋詩畫樣樣通，但孫姑娘硬是與衆不同，不喜歡那些針啊線的，偏偏喜歡舞刀弄槍，武藝十分高強，堪稱一代女俠。不僅如此，就連她身邊侍女也是刀劍從不離身。

據後來諸葛亮同志回憶說：「主公在公安時，北畏曹公之強盛，東憚孫權之進逼，近則懼孫夫人生變於肘腋之下；當此之時，進退狼跋。」

沒想到在孔明眼裡，這位當代女俠竟然能與曹操、孫權兩人相提並論，可見孫姑娘眞是非比尋常的人物！

「孫權把南郡借給劉備，還把自己妹妹嫁了過去。」這條爆炸性新聞傳到許都，當時正在寫字的曹操一聽，震驚得連筆都掉在地上。

孫權這小子眞不簡單！

曹操知道，孫權把自己辛辛苦苦打下來的地盤借給別人，絕不是腦子突然進水，相反的，足以證明他是個了不起的頭號危險人物。

無論是劉備還是孫權，都沒有能力單獨與自己抗衡，孫權也明白其中利害，才不惜借南郡給劉備，以加強同盟關係。

曹操臉色凝重，原先自己根本不把孫劉聯盟放在眼裡，現在不得不重新審視，也終於發現，孫權這小伙子才是自己眞正的敵手。

在江東這邊，周瑜仍是有點怨，堅決反對把南郡借給劉備，這廝野心極大，又厚臉皮，早晚會成爲江東的大威脅。只是領導已經拍板，周郎只能在心裡默默歎息。

荊州瓜分完畢，接下來就該輪到益州了。

益州的主人也姓劉，這人沒什麼本事，說直接點，根本就是個窩囊廢。

周瑜打曹操打出了手感，主動向孫權建議西取益州。

孫權當即大喜，一口答應，「哥，你去吧，我等著你的好消息！」

不過，西取益州並不是口頭上說說便行，對江東來說，甚至很不實際，因爲江東和益州完全不搭界。

從江東到益州，有兩條路可走。一是走北邊的旱路，卻在曹操的勢力範圍之內，就算有通行證，也不可能讓你走，所以不通；另一條則是走水路，逆江而上，也會經過劉備的地盤，雖然彼此是聯盟，也不大可能讓吳軍過境，他早想把益州據爲己有，怎麼可能讓別人去撿便宜呢？

周瑜是個執著的人，永不放棄，有條件要上，沒有條件也要上，直接跟劉備打聲招呼，不管對方同意了沒，毅然西行。

誰也沒想到，他這一去，竟再也沒回來。

建安十五年（西元二一〇年），周瑜於行軍途中染上重病，最終病逝，就此結束他短暫而輝煌的得意一生，年方三十六。

第21章

新的開始

曹操表現得倒很鎮靜，「猶據胡床不動」，眼看就要死於非命了，說時遲那時快，許褚、張郃趕緊拉起曹操，立馬往船上奔。

84 致全國人民的一封信

這封信霸氣十足，主題鮮明，條理清晰，論證有力，句句擲地有聲，將自己的願望和一生簡要交代，同時還能鮮明地表達自身立場。

誰都有失敗的時候，愛情失敗、事業挫折……等等。其實，失敗並不可恥，可怕的是因失敗而意志消沉，就此一蹶不振。

赤壁戰敗，曹操並未像袁紹那樣遭受打擊，重新冷靜，拾回理智，從戰敗的陰影中勇敢走出，繼續爲理想奮鬥。

可惜現實是殘酷的，赤壁之戰後，曹操人氣急劇下滑，劉備、孫權等人故意抨擊曹操篡漢自立的念頭。曹操本人不把劉協同學當領導對待的行徑，也遭到部份朝野人士大力批評，曹操的支持率隨之降低。

曹操明白，輿論的力量十分強大，絕對不能忽視，因此，爲了重新樹立自己光輝偉

大的形象，聲明自己擁護大漢的立場，建安十五年十二月己亥，曹操發表了致全國人民的一封信，《讓縣自明本志令》。

為了閱讀方便，筆者便直接以白話文說明大致內容。

我曹操被舉為孝廉的時候還很年輕，知道自己不是玩隱居的名流，擔心被天下人視為平庸之輩，只想好好當個郡守，做好政治和文化建設，好讓大家知道，世界上還有曹操這號人物。

在濟南工作時，我把打黑進行到底，堅決不向惡勢力低頭，卻因此得罪權閹，被大壞蛋們天天惦記。為了老婆孩子以及生命財產安全，只好向當局請假，回老家避避風頭。辭職之後，看看那些與自己同時舉為孝廉的人，即使是五十多歲也沒人嫌老，便在心裡琢磨，再過個二十年，等到世界和平出來做官也不遲，於是安心返回家鄉，專心讀書。我先是在譙縣東五十里處買了塊地，建起一棟別墅，打算夏秋啃啃書，冬春打打獵，與他人老死不相往來，但天不遂人願，連這點小願望也沒能實現。

後來我應政府調派，做了都尉，又升遷為典軍校尉，想法也漸漸發生變化，理想變成為祖國人民討伐亂臣賊子，最好能封個侯或是做個征西將軍什麼的，死後好在墓碑上刻上「漢故征西將軍曹侯之墓」等字樣。

沒想到後來碰上董卓之亂，遂起兵反董，以打倒董卓為己任。當時我完全可以招更多的兵馬，卻經常裁軍，不想擴編，畢竟樹大招風，汴水之戰時，我也只領幾千新兵。後來南下揚州募兵，也不過招了三千人，因爲我的志願並不遠大，主管兗州後，才受降黃巾降卒三十萬。

袁術狗膽包天，竟然敢盜用皇帝的名義，享受天子待遇，兩個老婆還爭風吃醋，搶皇后之位。心懷鬼胎的人建議袁術立即登基並向全世界宣佈，袁術很有自知之明，回答說：「曹操還活著，還不能這樣做。」

對這種禍害人民的行徑，我無法饒恕，便領著大軍前去討伐，活捉他四名將領，俘虜大量部衆，使得袁術山窮水盡、土崩瓦解，最後病死。

袁紹據有河北，力量很強大，我自己掂量一番，實在無法力拼，可一想到自己是爲國獻身，爲正義而死，便奮勇一戰。幸運的是，我擊退了袁紹，還殺了他兩個兒子。

劉表自以爲是老劉家的人，包藏禍心，佔據荊州，我擺平了他，也維護世界和平。

我能夠做到丞相，位極人臣，已經大大超出先前所願，現在特地說這些，看似自我吹噓，卻是因爲想讓他人閉嘴，才沒有什麼顧忌。老實說，要是國家沒有我曹操，還眞不知道有多少人跳出來稱王稱帝！

有人看到我實力強大，不信天命，會在背地裡議論，說我曹操狼子野心，這種胡說八道的言語常常令我感到不安，齊桓公和晉文公至今仍被人傳頌，是因爲他們實力強大，卻仍然對領導很尊敬。

《論語》說：「三分天下有其二，依然臣奉殷商，周武王的道德情操可以說是最高尚的了！」

當年樂毅投奔趙國，趙王想讓他去打燕國，樂毅跪在地上痛哭流涕，「我侍奉燕昭王，如同侍奉大王您；假如我犯了罪，被流放到國外，就是死了也不會回來禍害趙國人民，何況是燕國的後代呢？」

秦二世胡亥殺蒙恬時，蒙恬說：「從我爺爺、我爹到我，我們家爲秦國服務三代，以我的能力即使背叛也可以，但我只知道，就算是死也要恪守君臣之義，絕對不能辱沒祖宗的教誨，忘記了先帝的恩德。」

我每次讀到有關這兩人的書，都被感動得眼淚嘩嘩流下。

從爺爺、我爹到我，都是天子的重臣；加上曹丕兄弟，已經超過三代，而且不僅止在文章中講這些，我還常常跟妻子們說明我的想法。我跟她們說：「我死後，你們就改嫁，傳達我的想法，好讓人們都知道。」這些全都是肺腑之言。

但是，要我交出兵權，去掉武平侯的封國，絕對不可以！

爲什麼呢？我怕一旦交出了兵權會被人謀害，爲了替後代子孫打算，爲了確認自己不垮台，也爲了國家安危，我絕不會因貪圖虛名，而讓自己遭害。先前朝廷想封我三個兒子爲侯，我堅決不接受，不過，現在我改變主意了。並不是我想以此爲榮，而是想讓他們替我做後援，確保朝廷和我的雙方安全。

每當我讀到介子推躲避晉文公的封爵，申包胥逃避楚昭王的賞賜，都會放下書感歎一陣子，反省自己的行為。我仰仗著國家的聲威，代表天子出征，以弱擊強、以小擒大，想要辦到的事，做起來無不如意；心裡所考慮的事，實行時無不成功……就這樣掃平天下，幸而沒有辜負君主使命，可以說是上天在扶助大漢！

我的封地佔有四個縣，享受三萬戶的賦稅，我有什麼功德配得上呢！現在世界還沒有恢復和平，我不能退隱，至於封地，可以少要一些，我把陽夏、柘、苦三縣的二萬戶賦稅還給朝庭，只享受武平縣的一萬戶，想以此來平息衆人的誹謗和議論，稍稍減少別人對我的指責！

這封信霸氣十足，主題鮮明，條理清晰，論證有力，句句擲地有聲，將自己的願望和一生簡要交代，同時還能鮮明地表達自身立場。這幾段文字，概括成一句話就是：我曹操不會，也不能交出權力，一旦把權力交給劉協，天下必定大亂！

說句公道話，像他這樣一個有才能的人，生在亂世，註定當不了忠臣，要想成就一番事業，只能做奸雄，正所謂時勢造英雄，英雄助時勢。

什麼雄都是被逼的，弱者只能任人欺辱宰割，所以曹操只能變強，可以做梟雄，也可以當奸雄，反正都是雄！

打馬超！

逼不得已，許褚只好一手砍人，一手舉著馬鞍為曹操擋箭，幸虧這幫仁兄的箭術實在不怎麼樣，一箭也沒射中曹操。

赤壁之戰後，天下三分之勢已定，但是當時除了曹、劉、孫之外，還有兩股較大的勢力，分別是關西的馬超、韓遂，以及益州的劉璋。

劉璋比劉表差得遠，劉表雖然不喜歡打打殺殺，至少會搞建設、促發展，把荊州弄成人間仙境一般；劉璋只是個老實人——就是沒什麼用的人，什麼專長也沒有。奇怪了，都是老劉家的人，差距怎麼這麼大呢？

老實人劉璋沒什麼好擔心的，真正讓曹操不安的是關西的馬、韓二人。

提馬超之前，不得不先提他的父親馬騰。

馬騰，據說是東漢開國功臣馬援的後代，母親是個羌人，在靈帝末年光榮入伍，憑藉自己卓越的砍人業績，慢慢從小兵升到征西將軍的職位。

在軍旅中，馬騰與韓遂志同道合，結拜爲兄弟，不求同年同月同日生，但求同年同月同日死，兩人割據一方，做起了造反買賣。才做了沒多久，兩人又由造反頭子搖身一變，成了愛國人士。

某天，兩人手下也不知道什麼原因吵架，看到自己小弟受到欺負，馬騰便抄起傢伙去找韓遂算帳。

韓遂也不是省油的燈，叫來一群打手，連馬兄弟的老婆、孩子都給剁了——不知道是哪個老婆哪個兒子，反正不是馬超。原先結拜時的誓言忘得一乾二淨，兄弟變成不共戴天的仇敵。

後來兩人才在鍾繇等人的勸解下重歸於好。

官渡之戰時，曹操以皇帝的名義讓馬騰同志參戰，馬騰便派兒子馬超跟著鍾繇去打郭援、高幹。

建安十三年，老馬同志覺得自己年事已高，把全家搬到鄴城安度晚年，但小馬同志（即馬超）卻選擇留在關西繼承老爹衣缽，即使曹丞相高薪聘請也不去鄴城。

小馬接過老馬的槍後，與韓叔合作，割據關西，反正天高皇帝遠，他們什麼都不怕！

曹操卻覺這樣有些不妥，雖然老馬同志已經在自己掌控之中，但仍對血氣方剛的小馬同學不大放心。

馬超、韓遂算是曹操同志的鄰居，萬一哪天趁曹操出去串門子時闖進來打劫，那可就不妙，必須先把這兩人解決才行，將後院打掃乾淨，才能放眼別處風景。

可他們兩人都是屬官，若是無緣無故地去揍人家，肯定說不過去，只好讓馬超、韓遂兩人造反了，只要他們造反，就可以名正言順地出兵！

問題是，他們會造反嗎？

曹操說：「會！」

他的辦法是伐虢滅虞，具體操作步驟是，先下令命司隸校尉鍾繇去打漢中的張魯，又遣夏侯淵出河東，與鍾繇會師後一起前進。重點在於，想打漢中必須先經過關中，而關中正是馬超、韓遂的地盤。

聽說鍾繇、夏侯淵已向關中殺來，馬、韓兩人自然以爲對方是來打自己的，本著寧死不屈的覺悟，兩人當眞走上了反叛這一條路。

建安十六年（西元二一一年），在曹操的大力「支持」下，馬超不顧老爹的死活，毅然造反。

本著人多力量大的原則，他又拉了韓遂、侯選、程銀、李堪、張橫、梁興、成宜、馬遠、楊秋等關西武裝部隊一同攪和，集結出十萬大軍，聚結在黃河、潼關，光明正大地造反了！

很好，老子等著就是這一刻！

曹操任命曹仁爲安西將軍，由襄陽北上關中，又明確告訴前線將領，「關西兵很強悍，你們要堅守軍營，千萬不能出營作戰！」

因爲他知道，硬碰硬的話，曹仁他們肯定拼不過馬超。和馬超同學打架，得用腦子，不可強攻，只可智取。

七月，五十七歲高齡的曹操同志再次穿上戎裝跨上戰馬，奔向最前線。

曹操大軍開到潼關，與馬超夾關對峙。

潼關，北臨黃河、南踞秦嶺，地形易守難攻，是關西的東邊門口，正所謂峰巒如聚、波濤如怒，加上馬超同學的勇猛，想打敗他著實不容易。

很多人提醒曹操，「關西兵強悍，擅長使用長矛，我們非得精選前鋒不可，否則難以抵擋。」

曹操卻一副自信滿滿、胸有成竹的模樣，「主動權在我這手中，他們雖然擅長長矛，我就讓他們耍不起來，等著看好戲吧！」

大家將信將疑，既然領導都說話了，就睜大眼睛看著吧！

馬超同志聯絡的同志陸續抵達潼關。曹操同志不僅不愁，還很高興，在潼關駐紮很長一段時間。

曹操現在有兩個選擇：一是強攻潼關，二是繞過潼關打馬超身後。

強攻潼關，就算能打下來，也是殺敵八百、自損一千的壞買賣，這種事曹操絕不會做，所以他選擇了第二條。

具體行軍路線是由潼關至蒲阪津，在蒲阪津西渡黃河後，再拿下河西作為據點，隨後南下攻擊關西聯軍的側翼（這裡把馬超、韓遂等人的部隊稱作關西聯軍），但能不能順利過河，曹操也沒把握。

他把徐晃找來諮詢意見。徐晃指出敵軍沒人防守蒲阪津，證明對方都是一些無能之輩，自願領兵渡過黃河打前鋒。

在一個月黑風高伸手不見五指的夜晚，曹操命徐晃、朱靈兩人領著四千人趁著夜幕渡過蒲阪津，搶佔河西據點，隨時可以包抄關西聯軍的側翼。

馬超同學想到曹操會出這一招，建議韓遂分兵把守渭水以北，讓曹軍無法過河，耗上個二十多天，等對方沒吃的就會自動退出。

韓遂聽完馬超的演講後，馬上對方案作了些修改，說想放曹軍過河，擊其半渡時，那不是更快嗎？

兵半渡而擊之，這肯定是個好計策，但關鍵是誰使用，碰上韓遂，此計無用。

徐晃渡過黃河開始修建工事，韓遂才派梁興帶著五千人來到黃河邊上，徐晃的四千人上去就把他們五千打跑。

從此，潼關以北的黃河兩岸就被曹操控制。

就這水準還想跟曹操幹架，自找難堪。

曹操聽說了馬超的提案後，感歎了一句，「馬兒不死，我肯定死無葬身之地！」

閏八月，曹軍主力開始渡河。

曹操沒想到的是，自己竟差點死在黃河邊上。

渡河時，曹操發揮主將氣度，讓主力部隊先過，自己則帶著一百多名精兵斷後。

馬超同學消息靈通，得知曹操開始北渡黃河，立馬帶著一萬多人前去送曹操一程，當時大部隊已經安全到達北岸，曹操卻還留在南岸，

馬超氣勢洶洶地殺過來，大部隊回救已經來不及，只能隔岸觀火。

曹操表現得倒很鎮靜，「猶據胡床不動」，眼看就要死於非命了，說時遲那時快，許褚、張郃趕緊拉起曹操，立馬往船上奔。

這時，校尉丁裴也臨危不亂、急中生智，把牛啊馬啊全放出來。馬超軍紛紛去搶牛馬，似乎全把曹操忘掉，看來，在關西人眼中，曹操沒有牛馬值錢啊。

丁裴為曹操爭取到寶貴的時間，使他上了船。但是，曹軍為了活命，爭著搶著往船上爬，船就那麼大，已經嚴重超載，再上來幾個人就要沉了！

許褚管不了那麼多，為了曹老大，只能犧牲大家了，看到有往上爬的就砍，危險卻

依然沒有解除。

馬超的手下紛紛往船上射箭，一時飛箭如雨。逼不得已，許褚只好一手砍人，一手舉著馬鞍為曹操擋箭，幸虧這幫仁兄的箭術實在不怎麼樣，一箭也沒射中曹操，倒把船工射死。危難時刻中許褚只得身兼數職，只見他左手舉馬鞍擋箭，右手划船，緩緩渡過黃河，總算救下曹操一條命。

到了黃河北岸，大家看到曹操安然無恙，又悲又喜，更有人當場哭了出來。曹操卻哈哈大笑，「今天差點死在這小子手裡！」徹底見識到馬超的危險指數。

要不是許褚，曹操同志很有可能早就去見閻王了。這事告訴我們，雇保鏢就得雇像許褚這種的，忠心護主，有水準有本事，不怕死又敢拼命。

86 離間平關西

兩人本來已有嫌怨，見韓遂不把和曹操談話的具體內容說出來，馬超自然開始懷疑韓遂與曹操之間有不可告人的秘密交易。

有驚無險的曹操同志從蒲阪津西渡黃河，終於在河西與徐晃、朱靈等人會合，接著命人用車及樹木，沿著黃河邊修起一條甬道，向南行進，佔據渭水北岸。

關西聯軍的計劃全被曹操攪亂，扼守潼關是不可能了，只能退守渭口（今陝西華陰境），變成被動挨打的局面。

曹操開始行動，一面設下疑兵，一面偷偷用船載兵入渭水搭浮橋，夜裡開始渡河，到南岸紮營。

可是，曹軍一到岸邊，馬超就率騎兵衝擊，根本就沒時間建營，岸邊又都是沙子，也無法立營。

這時候謀士婁圭獻上一計，說現在天氣寒冷，可以以土沙建城，然後潑上水，一夜之間就能完工。

看來婁圭同學物理不僅學得好，還能理論聯繫實際，活學活用。

曹操接受了婁圭的建議，夜裡派兵過河用土沙建城，土沙雖然鬆散，但才潑上水，便凍得結結實實。

關西聯軍第二天起來一看，登時發愣，懷疑自己眼花，一夜之間，渭水南岸竟出現一座沙城！

在這座沙城的掩護下，曹軍全部渡過渭水。

馬超同學試圖夜裡偷襲曹營，卻被曹操打了個伏擊，終於意識到以自己的水準打不過曹操，選擇割地求和。

他派出代表和曹操談判，表示願意把黃河以西割給曹操。

可曹操壓根不想跟他談，再過幾天，這裡哪塊地不是我的？

既然沒法談，打不過也得硬打。可是曹操就是不出戰，任你在他軍營前喊破嗓子，他就是不出來。

談又不談，打又不打，馬超都快瘋了，想不出其他辦法，只好再派代表去求和，還多加了一項條件，表明願意把兒子送去做人質。

這回，曹操同志沒有把代表攆回去，接受賈詡的建議，先假裝答應他們。

使者屁顛屁顛地回去告訴馬超、韓遂，關西聯軍才總算鬆了一口氣，卻完全不知道，噩夢才剛開始。

馬超、韓遂希望先與曹操見個面，將來大家很可能會合作，混個臉熟，以後才好說話。曹操毫不猶豫地答應，見個面是很重要，他要利用這個機會徹底離間挑撥他們倆。經歷這麼多年的風風雨雨，曹孟德早成了挖坑使絆的高手。

那天，雙方擺開陣勢，曹操、韓遂各自出陣，在兩軍之間舉行會談。

來到陣前，兩人親切握手，在親密友好的氛圍中舉行會談，兩人首先回想當初在洛陽時的美好時光，說到高興動情處還拉拉手，一聊就是兩個多小時。

每當韓遂想提到交戰之事時，都被曹操找話題岔開，弄得韓遂一頭霧水。

數萬士兵便在一旁陪站了兩個多小時，談什麼沒聽到，只看到兩人「相談甚歡」的畫面。回去後，馬超同學就去問韓遂，「你跟曹操都談了些什麼？」

韓遂回答道：「根本沒談什麼。」

「你們談了兩個多小時，大家親眼所見，現在卻告訴我沒說什麼？難道你們倆是在那兒扯淡？鬼才相信！」

韓遂同志啞巴吃黃連，有苦說不出。

兩人本來已有嫌怨，見韓遂不把和曹操談話的具體內容說出來，馬超自然開始懷疑韓遂與曹操之間有不可告人的秘密交易。

離間計初見成效。

過了幾天，曹操邀請韓遂再次會談，馬超同學強烈要求一同參加。這次曹操在他與韓遂、馬超之間安置了木行馬，還讓許褚陪同，這些都是做給馬超看，故意表現出「我就是信不過你」的氛圍。

馬超也有自己的算盤。他自負力氣大，想來個突襲擒住曹操，但知道曹操的保鏢許褚很猛，有些懷疑地問著曹操，「你的虎侯在哪？」

由於許褚力大如虎，並且比較癡愚，大家送給他了一個響亮的外號「虎癡」。

曹操以眼神示意自己身邊的人便是。

馬超一看，許褚正直勾勾地瞪著自己，只得作罷。

曹操心平氣和地教育韓遂旁邊的閻行：「不要忘記做個孝子啊！」這話實際上是對馬超說的，當時馬超、閻行各自的爹都在鄴城當人質。這句話的意思就是，你爹還在我手中呢，你自己掂量著辦吧。

之後，關西聯軍其他將領紛紛向曹操行禮，士兵也擠到前頭，想一睹曹操風采，畢竟這種大人物可不是想見就能見到的，回去還能和左鄰右舍吹噓一番。

曹操笑了，「你們想看曹操？曹操也是人，也是兩隻眼睛一張嘴，只不過比你們多了一點智慧罷了！」

同時，他身後的五千鐵騎鎧甲耀眼，氣勢逼人，令關西聯軍望之膽寒。

這支鐵騎有個十分震撼的名字「虎豹騎」，是曹操特地從全國精銳部隊中挑選猛人組成，帶頭的只有曹家內部人員才能擔任，戰鬥力當世第一！

又過了幾天，曹操派人送給韓遂一封信，故意在內容上塗塗改改，讓人誤以爲另有內情。馬超等人看完後，對韓遂同志的懷疑之情更是無限增生。

在曹操同志不遺餘力的「援助」下，馬超、韓遂終於翻臉，眼看都要打起來了，最後又被各自的部下拉住。

是時候出手了！

曹操得報，便向關西聯軍公佈了開戰日期。

交戰那天，曹操先用輕兵出戰，使他們產生曹軍不過爾爾的錯覺，等他們放鬆警覺後，再派出虎豹騎夾擊，打他個措手不及。

關西聯軍大敗，成宜和李堪兩位仁兄直接到閻王那報到，主將韓遂及馬超等人則一口氣跑到涼州，楊秋逃至安定。

拿下關中後，曹操召開了戰後總結大會。大家首先向曹操表示祝賀，隨後請教了幾個沒弄明白的問題，曹操也熱情地一一解答。

「一開始馬超據守潼關，渭北一帶兵力空虛，我軍爲什麼不從河東攻入，反而停在

潼關呢？」

曹操回道：「如果我們一開始就出兵河東，馬超他們一定會聞風而動，派兵把守黃河各個渡口，那樣就無法渡過黃河，所以才把大軍安頓在潼關，將對方注意力集中在潼關，讓徐晃、朱靈等部輕鬆抵達河西，佔據有利地形。這樣一來，我軍主力便能安全進入渭北，然後我軍沿河設置甬道，使敵軍無法發動攻擊，接著我軍過渭水立軍營，敵軍來攻我們不鳥他們。後來馬超割地求和，我答應了，使他們放鬆警戒，我軍也可以好好休息養精蓄銳。最後敵人疲憊之時，我軍突然發動進攻，便能收奇襲之效，用兵之道千變萬化，千萬不能墨守成規。」

「那剛開始時，敵人每來一部，您都表現得很高興，這是爲什麼呢？」

曹操笑道：「關中地大，如果敵軍各自依險據守，就得一個個去打，不打個三、五年絕對平不了，他們都聚集在一起反而好辦。他們人數雖多，卻沒有統一的領導核心，一下子就能滅了他們，所以才高興！」

衆人聽完後，不禁深深佩服曹操，眞不愧是優秀的軍事最高統帥。

十月，曹操率軍出長安征討楊秋，楊秋非常識時務，馬上投降。

曹操沒有繼續向西追擊馬超、韓遂等人，而是班師回朝，由於他掌握朝廷最高領導權，不適宜長期在外，免得被人端了老窩。

一回鄴城，曹操就把馬騰全家剁了，夷其三族，將韓遂的兒子也送進閻王殿。

曹操雖然回家，卻留下了夏侯淵、張郃等人。夏侯淵、張郃兩位同志再接再厲，與楊阜等人合作，把馬超打到漢中，投奔張魯，把韓遂打到西平（今青海西寧）。

涼州成了曹操的地盤，至此，大西北重新得到穩定。解除了後顧之憂，曹操終於可以專心對付孫劉陣線。

第22章

曹營第一將

合肥一戰中，能以七千守軍力敵十萬之眾，不僅前無古人，恐怕也後無來者。從此，張文遠光榮當選為江東群眾嚇唬小孩的形象代言人。

87 生子當如孫仲謀

某天，孫權同學乘著小船從濡須口進入曹軍水寨。這分明是赤裸裸的挑戰，一些沉不住氣的人都想挽起袖子，拿傢伙上去揍他一頓。

解決掉大後方的馬超、韓遂，曹操回到鄴城，開始著手準備對孫權同學發動新一輪的攻擊。

孫權早料到曹操的目標是自己，也對形勢極為清楚，知道想躲也躲不掉。

建安十六年（西元二一一年），孫權把辦公室從京口（今江蘇鎮江）搬到了秣陵，改名為建業。

這是一場具有偉大歷史意義的搬遷行動，因為秣陵就是今天的南京，石頭虎踞、鐘山龍蟠，乃帝王之宅，南京的六朝古都之路，便從此刻開始。

同時，呂蒙又提出一個重要的建議：在濡須口建船塢。

這是一個極具戰略眼光的建議，卻沒引起眾多迴響。大家紛紛表示沒必要耗費人力物力建造船塢，只要跳上岸砍人，砍完後拍拍屁股走人就行。在呂蒙眼中，這群人完全簡直幼稚到家，沒好氣地說道：「打仗不可能百戰百勝，萬一突然碰到敵人派步兵和騎兵共同衝擊，人還沒來得及下水，小命就沒了，還上什麼船？」

「呂蒙說得很對，敵兵一衝，根本就沒有時間往船上爬，建船塢很有必要。」孫領導立即拍板，下令建塢。

事實證明，正因有了這濡須塢，曹操每次都只能望江興歎，無力渡江。

建安十七年十月，曹操率領號稱四十萬的大軍再次南下，張遼、臧霸當先鋒，這是赤壁之戰後的第一次南征。

建安十八年正月，曹操進軍濡須口。

江南水鄉似乎不歡迎曹丞相蒞臨，雨一直下，還造成水災。

當時，很多人還沒從赤壁戰敗的陰影中走出，認爲下雨並非吉兆，就連走在最前邊的先鋒張遼也想撤軍，好在臧霸同志及時阻止了他，「曹公是個明白人，他不會丟下我們不管的。」

臧霸說得對，好不容易來一趟，怎麼能因一場雨便回家？這不是曹操同志的風格。

隔天，曹操便下令進攻，這一仗打得還不錯，一舉攻破孫權的江西大營，生擒都督公孫陽。

孫權也不是省油的燈，親自領著七萬人往曹操奔來。前鋒將甘寧也是個猛人，一上來就給了曹軍一個下馬威，率領一百多人夜襲曹營。

甘寧衝進曹營時，曹軍猶在睡夢中，等他們清醒過來時，甘寧同志早已殺了數十人離開。

孫權大力讚美甘寧同志的成績，「曹孟德有張文遠，我有甘興霸，足以跟他匹敵！」

之後，雙方僵持一個多月，曹軍的水上功夫還是一樣差勁，與土生土長的東吳人沒得比。

曹操命令部分士兵夜裡乘船到一座沙洲上，結果才一登陸就被孫權包圍，三千多號人被活捉，數千人淹死，損失慘重。

孫權同學打算繼續欺負曹軍，多次跑到曹軍大營前怒罵，偏偏曹操就是不出戰，任人喊破喉嚨，依舊不動如山。

你不出來是吧，好，我進去！

某天，孫權同學乘著小船從濡須口進入曹軍水寨。

這分明是赤裸裸的挑戰，一些沉不住氣的人都想挽起袖子，拿傢伙上去揍他一頓。

關鍵時刻曹操制止大家，「孫領導是來參觀的，不許放箭！」

就這樣，孫權同學在曹軍水寨免費參觀一圈後，便敲鑼打鼓地返回。

看完孫權同學的精采表演後，曹操不得不感歎一句，「生子當如孫仲謀！劉景升兒子若豚犬耳！」

翻譯成現代漢語就是：生兒子就生孫權這樣的，哪像劉表的兒子，根本是頭笨豬！

其實，曹操的兒子政治才能雖然比不上孫權，但比起劉表、孫權、劉備等人的兒子強多了。

孫權雖然占了不少便宜，但心裡很清楚，一直耗下去也沒什麼意思，不如各自回家休息，便派人送給曹操一封信，信上就只八個字：春水方生，公宜速去！

另外還附著一張小紙條：「足下不死，孤不得安。」

曹操看後，非但不生氣反而很高興，說道：「孫權不欺孤。」隨即下令撤軍。

兩人都知道，這場戰爭還沒結束。

88 曹營第一將

見張隊長不要命地砍人，還有配音設備，孫權軍都被鎮住，眨眼間工夫，張隊長已殺到孫權面前。幸好部下反應快，把孫權拉到一塊高地上……

早些時候，曹操擔心孫權會侵略長江邊上那幾塊地，下令讓當地群衆往北搬遷。揚州別駕蔣濟同志上書說不需要，也遷不得，因爲群衆安土重遷，最不願意搬家。曹操同志義無反顧，堅持內遷，可惜這想法雖好，實際操作卻很難。

當地群衆一聽到大領導準備強迫衆人搬家，十分震驚，奔相走告，堅決不同意搬家。但曹操下的是死命令，十萬人民群衆只好一不做、二不休，將家當全收好，過長江奔孫權去，弄得廬江、九江、蘄春、廣陵一帶完全沒人，合肥以南只剩下一座皖城。

什麼叫事與願違？這就叫事與願違！曹操本來希望他們內遷，好躲避孫權侵略，結果人全跑孫權那邊去，讓對方賺了個便宜。

要知道，那年頭可不像現在，現在最不缺的就是人，據歷史統計，當時全國總人口不足一千萬，十萬百姓可不是個小數目。

孫權高興之餘，想再接再厲，把皖城直接收入囊中，便向皖城發動攻擊。在呂蒙帶領下，東吳軍一鼓作氣拿下皖城，活捉太守朱光，俘虜男女老少數萬人。

皖城之勝讓孫權的判斷出現錯誤，誤以為曹操手中的揚州也可以一併搶過來，便開始把工作重心轉向北方的揚州。

事實證明，這是錯誤的方向。

曹操徹底怒了！「給」了你十萬人，你還不知道滿足，竟然還跑進城裡撒野，不教訓教訓你實在是對不起你！

曹操準備親征孫權，但其他人卻意興闌珊，不大想奉陪。

先前已經到南方出差兩次，第一次慘敗而回，第二次被孫權羞辱一番，唯一的一點成績就是抓了個毫無用處的公孫陽，所謂「南征」，根本是一場惡夢。

但領導說了，不去也得去。「有諫者死」，聽到這句，大多數人不說話，選擇做好不吃眼前虧的好漢，但不怕死的人還是有，此時站出來的人，是老曹的秘書賈逵。

賈逵，字粱道，河東襄陵人（今山西臨汾境），行政能力極佳。

曹操曾說過：「使天下二千石悉如賈逵，吾何憂？」翻譯過來就是如果天下的太守都跟賈逵同志一樣，我還有什麼好擔心的呢？

賈逵拉了幾個人一起上書，力諫曹操不能南征。

曹操二話不說，讓賈逵他們享受牢房待遇。事實證明，老曹同志並不是一個遵守承諾的人，後來並沒殺賈逵，而是讓他官復原職。

但是，曹操並沒放棄南征，七月浩浩蕩蕩南下，十月回到了鄴城。這三個月發生什麼不得而知，史書上沒寫，估計雙方沒有發生較大衝突。

看似曹操自己折騰自己，但此次出差十分重要，因爲他看到了一個地方——合肥。他觀察合肥的地形，推測出孫權將來必攻合肥，撤軍時，在合肥城留下張遼、樂進、李典三位將領，以及七千名守軍。

這是一次極爲重要的部署。

後來，曹操仍不放心，又派薛悌送去一封信，上書「賊至乃發」四個字，明確指示合肥如有異變，可拆信應對。

就這樣，四位將領、七千士兵，加上一封信，便構成了合肥防線。

果然不出曹操所料，孫權眞的來了。他帶了多少人呢？

十萬！

之前孫權抵禦曹操時，也才帶七萬，這次竟然領了十萬人，看來對合肥勢在必得。

十萬人打七千人，這仗還用打嗎？用區區七千人打退孫權十萬人，怎麼看都不可能。可張遼不愧是曹營第一將，硬是讓不可能變成了可能。

孫領導下令把合肥城圍個水洩不通，一隻鳥都飛不出來，黑雲壓城城欲摧，站在城頭往下一看，全是黑壓壓的一片！

張遼、樂進、李典、薛悌召開了緊急軍事會議，主題只有一個：如何退敵？是時候把信拆開了。

此刻，會場一片寂靜，時間彷彿定格般，大家緩緩地看著這救命的信，只見信中寫著「如果孫權來了，張將軍、李將軍出城迎戰，樂將軍守城，護軍（指薛悌）不得迎戰」寥寥數句，全無應戰之軍陣等較為明確的指示。

看完信，大家仍舊一臉迷茫，外面可是十萬人啊！城裡只有七千守軍，就算是三歲小孩也會算這筆虧大了的帳。幸好，名將就是名將，張遼同志的水準高，完全理解領導意念，站出來說道：「曹公出差在外，等他來救援，我們早去見閻王了！所以是叫我們趁孫權還沒部署好時，打他個措手不及，挫敗他的銳氣，增強我們的信心，成敗就在這一戰，大家還有什麼好遲疑的？」

李典、樂進對張遼的話表示贊同，並且達成一致，遵照領導的指示辦！

都說文人相輕，其實武將又何嘗不是？

張遼、樂進、李典等人平時關係不大融洽，誰也瞧不起誰，但現在城外有十萬敵軍，必須團結一心，才有希望擊退敵兵，能把情緒抛到腦後，以大局爲重，這就是他們能成爲良將的原因之一。

當天夜裡，張遼豁出去了，親自率領一支由八百人組成的敢死隊，準備發動突襲。那天晚飯極爲豐盛，特意爲敢死隊宰牛來吃，因爲這很有可能是他們的最後一餐。第二天清晨，在張隊長率領下，八百名敢死隊直接衝進孫權大軍。張隊長披甲執戟，衝在最前邊，上去一砍就是數十人，邊砍邊發出「我就是張遼，不怕死的儘管上」之類的怒吼。見張隊長不要命地砍人，還有配音設備，孫權軍士都被鎮住，眨眼間工夫，張隊長已殺到孫權面前。

幸好部下反應快，把孫權拉到一塊高地上，又拿長戟護著他，才逃過一死。張隊長仍是朝孫權大喊不休，「有種就下來和我決戰！」

見過猛的，沒見過這麼猛的，孫權同學嚇得幾乎不能動彈。還好，他很快就鎮定下來，發現張遼部衆很少，便命大軍集中處理，把張遼和他的敢死隊層層包住。

張隊長左突右衝，殺出一條缺口，數十名敢死隊員跟著突圍而出。

這時，還在包圍圈中的其他隊員大喊道：「將軍要抛棄我們嗎？」

聞言，張遼二話不說，又衝進包圍圈，帶領剩下的人殺出重圍。

雙方從早晨打到中午，孫權沒有占到半點便宜，十萬人居然拼不過八百人，實在說不過去。見午飯時間到了，雙方暫時停戰，收拾東西去吃飯。

張遼回到城中，大家歡欣鼓舞，守城的信心越來越強。

孫權見包圍了合肥城十多天，見完全沒半點成績，不由得心生退意，決定撤軍，沒想到這一撤，竟差點被張遼活捉！

孫權大軍撤退時，一直有雙眼睛在看著他們。

要是換做別人，看到敵軍撤圍後，必定把懸著的那顆心放下，感謝菩薩保佑自己全身而退，可合肥的守將是張遼，雖然人少，也得在敵人走時咬上一口，讓對方留個紀念。

張遼站在城牆，目送孫權撤離，靜靜等待時機。

另一邊，孫權同學雖然很失望，但作爲領導，他還是讓大部隊先撤，自己殿後，沒想到這決定竟差點要了自己的命。

張遼同志肉笑皮不笑，「孫同學眞是配合，不去送送你就太對不起你了。」

見孫權的大部隊已走遠，張遼和樂進領兵衝出城門，向孫權追擊，無比順利地在逍遙津北邊追上孫權一行人。

孫權怎樣也沒料到張遼竟然敢追擊，趕忙派人把走在前頭的主力部隊叫回來。但大批人馬早已走遠，眞等他們回來，估計孫權同學不是被活捉就是被送到閻王殿報到了。

幸虧張遼他們不知道孫權長得什麼樣，只能亂砍一氣，再加上甘寧和凌統拼死保護，孫權二話不說地騎上馬，沒命地狂奔，才死裡逃生。

這時，張遼總算注意到有個騎馬狂奔的紫髯男子，可惜沒有去追，先是回頭問俘虜，「長有紫色鬍鬚的那個將軍是誰？」

「是孫權！」

張遼跟樂進聽俘虜這麼一說，立即上馬就追，可孫權早已經跑遠，鞭長莫及，張遼不斷歎息，感到十分遺憾。

文遠兄其實沒必要如此沮喪，他已經做得相當出色，合肥一戰中，能以七千守軍力敵十萬之衆，不僅前無古人，恐怕也後無來者。

從此，張文遠光榮當選為江東群衆嚇唬小孩的形象代言人。

顆粒無收還差點喪命的孫權終於意識到，攻打合肥是個錯誤的決定，自己也不可能把曹操手中的揚州搶過來，感到有些懊惱。

這時，呂蒙指出，即使打下揚州，派七、八萬人去守，也不一定能守得住，不如拿下荊州才實際。

孫權便把目標定在荊州，至於曹操那邊，也早早把重點對準劉備。

益州

無論是張松還是法正，劉備都以貴賓的待遇接待，藉機詳細向兩人打聽益州的氣候地理，風土人情，還有軍隊城池倉庫之類的資料……

孫權、劉備合作打敗曹操後，兩人都明白要想生存下去，離不開彼此。

之前說過，赤壁之戰後，劉備到京口訪問東吳，孫權也把親妹妹嫁給劉備，兩人成了親戚，後來孫權又把南郡借給劉備，一來一往之間，孫劉同盟進入蜜月期，氣氛融洽美好。

不過，再恩愛的夫妻都免不了小吵小鬧，更何況是合作夥伴？很快地，兩方開始產生分歧，關鍵點是益州。

孫權想和劉備合作拿下益州，便派代表去勸劉備，「張魯是曹操的人，他們一直在打益州的主意，劉璋是個老實頭，根本守不住，一旦讓曹操得到了益州，荊州就危險了。

不如我們早一步拿下劉璋，幹掉張魯，一統吳楚，即使有十個曹操也沒什麼好怕了。」

劉備卻表示反對，「益州州富民強，地勢險要，劉璋雖然很呆，但也守得住，張魯這個人很虛僞，未必眞給曹操賣命。現在大老遠去打益州，想攻必克、戰必勝，就連吳起、孫武也辦不到。曹操雖有無君之心，但有奉主之名。如今三分天下，曹操佔有其二，他不可能坐著等死，很快就會再次南下。我們現在去攻打自己的同盟，簡直是親者痛仇者快。」

孫權想打益州，劉備說不能打，還擺出了一大串理由，其實這「不能打」的眞意是「不能和孫權一起打」，因爲他要自己去打。

對劉備來說，益州必須拿下，諸葛亮已說得很清楚，荊州、益州是劉備霸業的基礎，怎麼可能不打？他想直接獨呑益州，沒打算和孫權分享。

話又說回來，益州目前可是名花有主，雖然這個主是比較窩囊，但要打益州總得找個理由吧？總不能說「因爲你是個廢物，還是由我來照顧益州比較好」吧？

爲了要找個理由打益州，劉備整日苦悶。

因爲老實人劉璋眞的很老實，一直在益州待著，既不惹事也不鬧事，更不會來找劉備的麻煩，沒有交集，自然也沒有理由被打。

其實，劉備不必傷腦筋，很快便會有人給他送份大禮來。

當年曹操南下荊州，追得劉備到處跑，身在益州的劉璋覺得壓力很大，也意識到曹操下一個目標很可能就是益州，便主動向曹丞相示好，想和曹操搞好關係。

劉璋派陰溥向曹操致上崇高敬意，並表示自己願意與曹操合作，爲了表達誠意，又派張肅送去三百叟兵（這裡的叟不是指的老頭，而是當地部分少數民族泛稱）以及其他一些禮物。

這三百人對曹操來說一點都不稀罕，但給多少是能力問題，給不給則是態度問題，劉璋同志是很識時務的。

他巴結曹操風雨無阻，這次又把張肅的弟弟張松派去。

據說這張松同志長得有點對不起觀衆，而且道德情操不高，才比紙薄，卻心比天高，覺得自己在劉璋手下打工太屈才，打算把劉老闆炒掉，另謀出路，想去投奔曹操。

張松同志本想利用出使曹操的機會露臉，把益州當做見面禮獻給曹操，可他怎麼也沒想到，曹操竟不待見他。

當時正值赤壁之戰前夕，曹操威風八面、目中無人，潑了張先生一大盆冷水。

張松氣炸了！曹操，你有什麼了不起的，既然你對我無情，休怪我無義！怨恨的種子開始在他身體裡發芽。

張松返回益州時，見曹操已經敗於赤壁，便跟劉璋說曹操如何如何壞，如何如何不是人之類的，勸劉璋與他斷絕交往，又說劉備如何如何好，勸劉璋多與他來往，加強交流、增進友誼等等。反正就是把曹操摔到地下，又把劉備捧到天上。

劉璋的腦子不好使，一被張松同志忽悠，從此認定曹操是個大壞人，劉備是好人，要和好人交朋友。

更狠的是，張先生還說了一堆益州將領的壞話，離間劉璋與他們的關係，使得劉璋同志漸漸遠離將領的心。

張松趁熱打鐵，想推薦法正前去聯繫劉備。法正不想去，卻被逼得「不得已而往」，從此把心交給劉備，回來後跟張松說劉備眞的非常偉大，兩人自此結成親密戰友，積極爲劉備密謀奪取益州的事。

建安十六年，曹操派鍾繇進軍漢中。聽到這個消息，益州登時炸了鍋，漢中可是入蜀要衝，張魯一完蛋，益州就跟著完蛋，一時間人心惶惶。

張松瞅準機會大興議論，說只有劉備打得過曹操，強烈建議劉璋把劉備請來幫忙。劉璋深表贊同。

事實證明，這是一個徹頭徹尾的餿主意。

劉璋的秘書黃權極力勸止，助理王累則直接把自己倒吊在政府大門口以示抗議，希望劉璋改變主意，但此時的劉璋已經被張松說暈了，誰的話都聽不進去。

張魯不可怕，可怕的是劉備，引狼入室的後果大家很清楚。但劉璋卻不這麼認爲，他覺得大家都是劉家人，危難關頭拉兄弟一把沒什麼不對。

他下令派法正領著四千人去迎接劉備，還帶了很多財物，「前後賂遺以巨億計」，令人歎爲觀止。

法正也不是省油的燈，見到劉備，互致問候之後，就勸劉備趁機奪取益州。

據史料上說，無論是張松還是法正，劉備都以貴賓的待遇接待，要什麼送什麼，不要也硬塞給他們，藉機詳細向兩人打聽益州的氣候地理、風土人情，還有軍隊城池倉庫之類的資料。張松和法正都是實誠人，全告訴劉備，尤其是張松，還免費爲劉備畫了一張益州地圖。

弄到最後，劉備比劉璋還清楚益州虛實，攤上這麼兩個員工，劉璋同志眞夠倒楣的。得到消息後，劉備便留諸葛亮、關羽等人鎮守荊州，自己帶著數萬步兵，浩浩蕩蕩地「救助」益州，陪同人員有龐統、魏延等人。

90 龐統

劉備心中納悶，魯肅、諸葛亮這兩大牛人推薦的人一定也很牛，便特地在百忙之中接見龐同學，才終於重新認識龐同學的才能，從此「大器之」。

東漢末年，荊州有「三絕」，分別是臥龍諸葛孔明、鳳雛龐士元，以及水鏡先生司馬德操。

臥龍、鳳雛兩者的天份可謂家喻戶曉，水鏡先生司馬德操則是位人才鑑定專家，看破紅塵，與世無爭，不求亂世裡出頭，接下來要隆重介紹的是鳳雛龐統先生。

龐統，襄陽人，字士元，西元一七九年生，至於長相如何，史料無載。

這位龐同學小時候很老實，沒有人看出他的發展潛力，直到二十歲那年，龐同學造訪司馬徽，也就是水鏡先生。兩人光是聊天，就從白天一直聊到夜裡，之後，龐統便一夕走紅，全國人民都知道世上有龐統這號人物存在。

司馬徽非常欣賞他，放出話說龐同學能擔當南方士人的領袖。

後來，龐同學到周瑜那兒找了份工作，可惜社會學沒學好，與領導的關係不和諧，自己只能另謀出路。

魯肅慧眼識英才，把龐統轉介給劉備，不過劉備也沒拿他當回事，只派龐統去做耒陽令。龐同學憋屈得很，覺得自己當縣令太屈才，便開始鬧情緒，正事都不幹一件，結果被開除了。

魯肅聽說後，刻意寫了封信給劉備，說明龐統「非百里才」，應該讓他擔任治中、別駕之類的重要職務。

不僅如此，就連諸葛亮也來湊熱鬧，強烈建議劉備重用龐同學。

劉備心中納悶，魯肅、諸葛亮這兩大牛人推薦的人一定也很牛，便特地在百忙之中接見龐同學，才終於重新認識龐同學的才能，從此「大器之」，任命龐統為治中從事及軍師中郎將，待遇僅次於諸葛亮。

此後，劉備集團的陣容一龍一鳳，豪華無比，一統天下指日可待。

然而，事情的發展並沒有想像中那般簡單。建安十六年，臥龍留守荊州，鳳雛陪同領導入蜀，誰也想不到，他竟沒能見到劉領導奪下益州的那一天。

91 呑併益州

建安十九年夏，劉備終於攻破雒城，劉循逃脫，張任被俘，寧死不降，被殺。雒城一破，前方就是成都！

劉備領著數萬步兵，光明正大、大搖大擺地走進益州。

劉璋在涪城熱烈歡迎劉備一行人，隨即在熱情洋溢的氛圍中進行會晤，也就共同關心的問題交換意見。

劉備重申益州是劉璋財產的一部分，表示自己會堅定不移地確守此一原則。

劉璋則高度讚揚劉備所做出的貢獻，希望雙方能更進一步合作，為了表現誠意，撥給劉備幾萬人馬及充足的武器裝備，請他替自己去攻打張魯。

開了一百多天的接風宴後，劉璋拍拍屁股返回成都，從此「高枕無憂」。

劉備則領命北上，不過，並沒當眞去打張魯，反而停留在葭萌，幹起慈善家的活，

樹立自己光輝偉大的形象，目的很簡單，收買人心。

這麼一搞，當地群衆紛紛感覺劉備爲人厚道，跟他混才有前途。

劉備來益州後，張松先生極爲激動興奮，建議他在會場直接把劉璋做掉，連厚黑學高手龐統也在一邊添油加醋。

說起來，張松這人也真夠黑的，劉璋好歹也是自己的領導，沒必要這麼狠吧？

幸而劉備還有一絲理智，「這是大事，不能倉促。」

他雖然想取益州，但沒有理由好下手，畢竟劉璋把自己當做客人，好吃好喝地款待，又送兵又送禮的，若是直接翻臉不認人，實在說不過去，不過，這麼乾等下去也不是辦法……

這時，就該輪到謀士出場了。

龐統不愧是鳳雛，不愧是一名高水準的謀士，一開口就是三條計策。

「上計，選精兵日夜兼程奇襲成都，打劉璋一個措手不及；中策則是假意行事。楊懷、高沛這倆小子多次勸劉璋把咱們打發回荊州，不如將軍就跟他們說荊州有急事，得趕回去處理，故意擺出要走的樣子，他倆一定會來送咱們，到時就把他倆扣住，然後兵指成都。當然，如果上述都不行，還有下計，就是直接退回白帝城，看看情況再說。」

既然參謀都已經把計策說出口，接下來就該領導拍板。

生性謹愼的劉備自然毫不猶豫地選擇把握最大的中計，更幸運的是，這時攻打益州的藉口也有了，還是曹操給的。

建安十七年，曹操南攻孫權，孫權壓力很大，趕忙向劉備求救，希望盟友能拉自己一把。

劉備便故意派使者通知劉璋，說明曹操正在打孫權，自己和孫權是唇齒關係，孫權完蛋，自己也會完蛋。同時，樂進還在打關羽，自己不去支援，關羽肯定擋不住，到時曹軍就能進擊益州，形成重度威脅。最後，他還要求劉璋撥給自己一萬士兵及軍備，好讓自己去救場。

劉璋也不傻，只給了他四千，軍備也只給了一半。

不料，此舉竟正中劉備同志下懷，他向部下發表一場慷慨激昂的演講，大意很簡單，意思是：「大家不遠千里地來幫劉璋，又累又苦，沒想到他這麼小氣，要點東西都不給，現在我們直接把劉璋收拾了，希望大家人人死戰！」

衆人心中的怒火不僅被劉備點燃，而且還澆了一把油，徹底憤怒，紛紛表示願意跟著劉備去找劉璋算帳。

另一方面，毫不知情的張松還以爲劉備眞的要閃人，連忙寫信給劉備、法正等人，說明「大事」馬上就要成功了，怎麼能說走就走？

也不知幸或不幸，他這封信被哥哥張肅截獲，爲了劃清自己與弟弟的界線，也爲了

證明自身清白，張肅同志大公無私，毫不猶豫地告發張松。

劉璋立馬炸了鍋，沒想到這劉備竟然是一隻披著羊皮的狼！立即下令斬了張松，同時通知益州各部將領，千萬不能再和劉備打交道。

此刻，廣漢人張度對劉璋說：「劉備的部隊不滿一萬，只能靠野穀充饑，也沒有配備重武器，最好的辦法就是把巴西、梓潼地區的群衆轉到涪水以西，糧草全燒掉，高築壘深挖溝。時間長了，他沒東西吃，撐不到一百天就會自動走人。到時他一走我們就追，必定能活捉他。」

這條計策實在太絕，不費一兵一卒就能把劉備同志困死，就連後來劉備聽聞，也不得不驚出一身細汗。

可惜，劉璋並未接受這個正確的提議，只說了一句很有水準的話，「吾聞拒敵以安民，未聞動民以避敵也。」

爲了安定人民，劉璋失去了最後也是最好的自救機會。

劉備得知劉璋對自己採取行動後很生氣，把楊懷找來臭罵一頓，罵完後便斬了，徹底撕破臉，決心和劉璋眞刀眞槍地大幹一場。

劉備派黃忠、卓膺率軍南下，一路上幾乎沒碰到什麼抵抗。

劉璋派劉璝、張任、鄧賢等人在涪城阻擊劉備，卻沒能擋住，只得退保綿竹，接著又命李嚴前去督戰，沒想到這李嚴同志竟直接率領大家投降。

劉備很快平定了周圍諸縣，命諸葛亮、張飛、趙雲入蜀支援，留關羽守荊州。在涪城，劉備開了一場派對，對龐統說：「今兒眞高興！」

龐統說：「以討伐他國爲樂，不是仁者之兵。」

這時，劉備早已喝醉，很生氣龐同志竟然頂撞自己，怒道：「武王伐紂的時候前歌後舞，難道也是不仁嗎？你趕緊滾出去！」

龐統很識相，直接閃人。

不一會兒後，劉備後悔了，又把龐統請回來。龐統也沒向領導認錯，若無其事地吃吃喝喝。

劉備問他剛才是誰的錯，龐統說了一句高水準的話，「你我都有錯。」

派對過後，劉備便接著進攻雒城。

沒想到，防守雒城的劉循和張任等人十分硬頸，打了近一年都沒打下來，最後連鳳雛龐統都上場了，就是拿不下。

更嚴重的是，圍攻雒城時，龐統中箭身亡，年三十六，無緣親眼見到最後的勝利。

死者已矣，活人還得接著打，建安十九年夏，劉備終於攻破雒城，劉循逃脫，張任被俘，寧死不降，被殺。

雒城一破，前方就是成都，此時諸葛亮等人已經趕到成都城下，馬超同學也脫離張

魯，選擇加盟劉備，一同包圍成都北門。

才圍上數十天，成都便成了劉備的囊中之物，因為劉璋決定投降了。當時成都城內尚有精兵三萬，糧食足夠支撐一年，軍民也表示誓與成都共存亡，但劉璋還是降了。

他感性地說：「我們父子在益州工作二十餘年，卻沒讓老百姓過上幸福美滿的生活，這都是我劉璋的錯，於心不安，只能投降。」

劉備沒有落井下石，把劉璋安置在南郡公安，他的家產以及振威將軍的印綬也全部還給他。

92 裂痕

這時，劉備已經趕回荊州，命關羽把失去的奪回來。聽到風聲，孫權急忙調派魯肅阻擊，同時又叫呂蒙前去支援。

劉備奪下益州後，總算實現了諸葛亮「跨有荊益」的初步戰略，接下來要做的，便是「西和諸戎、南撫夷越，外結好孫權，內修政理」，最後時機成熟，由荊、益兩路出兵，進擊中原，稱霸天下。

然而，無數歷史告訴世人，人生不如意之事十之八九，尤其是王者霸業。在益州，劉備同志屁股都還沒坐熱就出事了，出事地點是荊州！

原來，孫權一聽說劉備拿下益州，氣得火冒三丈，「好啊，當初劉備自己口口聲聲說益州不能打，原來這小子是想吃獨食！」

罵歸罵，益州已是劉備的囊中之物，這是不能改變的事實，益州對他來說已是可望

不可及的地盤。

不過，孫權同學絕不會就此罷休，派諸葛瑾出使益州，說明既然都已經得到益州，那就把荊州還來！

劉備不傻，當然不會還給孫權，於是又瞎扯道：「等我拿下涼州，就會把荊州還給你們。」

鬼才知道你什麼時候能打下涼州？要是一輩子都打不下來，就一輩子都不還荊州？

孫權不想跟他多廢話，直接任命長沙、零陵、桂陽三郡長官走馬上任，不想卻被關羽打回江東。

孫權聞訊大怒，不還沒關係，咱們戰場見！

孫權派呂蒙率鮮于丹、徐忠、孫規等人及二萬部隊進攻長沙、零陵、桂陽三郡，又派魯肅到巴丘纏住關羽，自己更直接趕往陸口，好就近指揮。

呂蒙同志來到城下，不著急打，先寫信，勸守將立馬投降，免受皮肉之苦。

長沙、桂陽兩郡長官實在沒種，直接把城門打開，熱烈歡迎呂蒙進城指導，另一邊的零陵太守郝普就比較有骨氣些，堅決不降。

這時，劉備已經趕回荊州，命關羽把失去的地盤搶回來。

聽到風聲，孫權急忙調派魯肅阻擊，同時又叫呂蒙前去支援。

零陵城就在眼前，呂蒙不甘心半途而廢，決定拿下零陵後再去支援魯肅。來零陵的路上，呂蒙找到了一個人，南陽鄧玄之。這位仁兄的身份很特殊，他是郝普的老朋友，就從他身上下手。

接到孫權的命令後，呂蒙秘而不宣，召開戰前軍事會議，並邀請鄧玄之列席。會上，呂蒙信誓旦旦地告訴大家明天一大早攻城，分派各將領任務，又回過頭來對鄧玄之說：「現在劉備被夏侯淵困在漢中，孫將軍把關羽擋在南郡，孫規也已攻破樊城，根本沒人會去支援郝普。郝普堅守不降，自己戰死倒無所謂，但百歲老母怎麼辦？你忍心讓她老人家白髮人送黑髮人嗎？所以，我想請你去勸勸郝普，好讓他認清形勢，早日棄暗投明！」

鄧兄弟還眞好忽悠，在呂蒙的安排下，屁顛屁顛地跑去見郝普，說得天花亂墜，郝普心生害怕了，只好投降。

呂蒙兵不血刃，三郡皆入囊中，安排完畢，立即揮軍向益陽進發。

接過周瑜的班之後，魯肅一直致力於維護孫劉的友好關係，指出東吳最大的敵人是曹操，要想打敗曹操唯一的辦法是聯盟劉備，幾年來不動干戈，爲鞏固孫劉聯盟做出重要貢獻。

如今雖然撕破臉，魯肅同志還是本著能不動手就不動手的原則，希望能用嘴皮子搞

定一切，邀請關羽在陣前直接對話。

大家都知道關羽的功夫，力勸魯肅不要莽撞。魯肅不聽，孤身赴會，繼續講出一大篇道理，「關羽兄，當初我們是看劉備可憐才把荊州借給他，可現在他得到益州，竟然要無賴不還，就連我們只要三郡也不給，這不是胡鬧嗎？」接著又是道啊義啊的一堆大道理。

關羽是個大老粗，一會兒就被說暈，啞口無言，直想拿刀來「解決」。眼見雙方擺開陣勢就要大戰一場，曹操卻在最不該出現的時候出現了。如果他坐著看好戲也就沒事，偏偏無意中在這局裡插進一腳。

第23章 世外桃源

曹操情報工作沒做好，一聽人說張魯很好打，陽平關本身沒啥地形，易攻難守，便真的相信了，與高采烈地前去一看，登時傻眼，什麼易攻難守？簡直扯淡，易守難攻才是真的！

93 世外桃源

五斗米道之所以廣受人民群眾的熱捧，是因為張教主還兼職慈善家。他讓祭酒們建義舍，舍內放有米、肉等食物，趕路的人如果餓了，可以免費到義舍領取。

東漢末年，軍閥混戰，亂成了一鍋粥，可當時卻有兩處與世無爭的世外桃源，一是田疇的徐無山，另一處便是張魯管轄的漢中。

建安二十年，大小軍閥滅的滅，死的死，天下幾乎全被曹、孫、劉三方勢力占去，只剩下益州。

益州有兩股勢力，一是窩囊廢劉璋同志，一個則是漢中的宗教人士張魯。

漢中是益州的北大門，想當年劉邦就是從這裡開始與楚霸王爭天下的。要是現代，肯定會當成一級古蹟來保護，可惜當時人們並沒有這個概念，到了東漢年間，漢中竟搖身一變，轉型為一處宗教聖地。

事情還得從一個叫張陵的人說起。

這位張陵同志長期在鵠鳴山學道，學道有成，還出了一本書大力宣傳自己的理論與思想，吸引無數讀者及粉絲。

張陵同志見形勢看漲，又再接再厲建立五斗米道，還得到一個響亮的稱號：米賊。

張陵死後，五斗米道在兒子張衡（非古代科學家張衡）手中發揚光大，一舉打進當時三大名教，和張角的太平道齊名。

大體說來，五斗米道跟太平道差不多，不同的是得在靜室內思過，此外還有鬼吏為你祈禱，由他寫出你的姓名，一式三份，一份放於山頂，一份埋在地下，一份沉到水中，叫「三官手書」。由於去看病的人必須先交上五斗米當掛號費，才有「五斗米道」這名字出現。

張衡死後，張魯同志肩負起壯大五斗米道的重任。

張魯同學的母親是個大美人，與益州牧劉焉同志關係密切。

劉焉讓張魯做了督義司馬，派他與別部司馬張脩攻打漢中太守蘇固。張魯同學是個狠角色，和張脩打完蘇固後，便直接過河拆橋，把親密戰友張脩一塊砍了。

劉焉死後，兒子劉璋繼任益州牧，以張魯不服自己為藉口，殺了張魯的母親及其家人。張魯恨不得立馬把劉璋給剁了，終究還是忍住，本著「君子報仇，十年不晚」的決心，立刻割據漢中，當起山大王來，一當就是三十年。

在漢中，張魯同學大力發展五斗米道，給自己起了一個響亮的外號「師君」，不僅給自己起名字，還免費替教徒起個職稱，剛入教者叫鬼卒，資深教徒叫祭酒，地位高點的叫治頭大祭酒。

五斗米道之所以廣受人民群衆的熱捧，是因爲張教主還兼職慈善家。他讓祭酒們建義舍，舍內放有米、肉等食物，趕路的人如果餓了，可以免費到義舍領取。

那萬一有人多拿了怎麼辦？不用擔心，張教主想得很周到，直接放出風聲，說要是多拿，便會遭受神靈懲衆，染上重病。

這在現代人看來或許很可笑，但在那個時代，人人深信不疑，頗見成效。

張教主還規定，犯法者，可以原諒你三次，超過三次的，依法處決；也不設立政府機關，他的五斗米道就是政府，有什麼事找祭酒。

張教主管理漢中的三十年間，「民夷便樂之」。

別人都在參加混戰，搶佔別人地盤，張魯知道自己不是那塊料，便關起門來搞建設，一心一意爲百姓謀發展，把漢中打造成一個世外桃源，一片人間樂土。

大漢政府都顧不得自己了，更沒空管張魯，扔給他一個鎮民中郎將的頭銜，任命他爲漢寧太守，叫他在漢中待著，愛怎麼折騰就怎麼折騰，只要不出來鬧事就行。

沒想到，當政府首腦換成曹操後，事情開始起了變化，張魯的好日子也到了盡頭。

得漢中

曹操輕輕鬆鬆拿下漢中，也對張魯同志的表現做出了高度評價，並派代表親切慰問張魯。張魯是個給台階就會順著下的人，領著全家人拜訪曹操，受到熱烈歡迎。

建安二十年，曹操以六十一歲高齡，率十萬大軍親征張魯。

三月，曹操大軍到達陳倉——四年後，這裡將成為劉備、諸葛亮永遠無法越過的一道防線。才出陳倉、武都（今甘肅成縣境），麻煩就來了。

這裡是少數民族自治區，屬於氐人的世界。

氐人也不是省油的燈，仗著天高皇帝遠，從來不服政府，時不時還會聚眾鬧事，折騰大漢幾下，攔路打劫更是家常便飯。他們膽子很大，連職業軍人都敢搶。

看到曹操大軍過境，氐人決定大幹一票。

面對這群站在路中間不知好歹的低級搶匪，曹操沒跟他們廢話，派張郃、朱靈兩位同志狠狠教訓他們一頓。

很明顯，氐人記性不是很好，四月，又抄起傢伙打來了。

曹操一點都不跟他們客氣，全收拾了。不過，收拾完氐人，又有另一個難題浮現，這路不是普通難走！

據他自己說，自陳倉出散關，路難走到連牛都累得爬不起來，車子也掉進山谷，發出「晨上散關山，此道何其難」的喟嘆。

七月，曹操大軍終於走到陽平關，只要攻下陽平關，漢中唾手可得。

張魯那邊炸了鍋，該來的終究還是來了。

之前的張魯沒有參加過軍閥混戰，別人忙著砍殺，他則忙著搞建設文化，三十年來，才把漢中建成一座世外桃源。

他明白，早晚有一天自己會被捲進去，所以這時面對曹操，也不想過度抵抗，清楚自己壓根不是曹操的對手，打算直接投降。

這時，弟弟張衛表示不能投降，他率領數萬人堅守陽平關，只要陽平關還在手中，漢中就不會丟。張衛一到陽平關，加固城牆的同時還加築工事，「橫山築城十餘里」，有本事就來攻！

曹操情報工作沒做好，一聽人說張魯很好打，陽平關本身沒啥地形，易攻難守，便

眞的相信了，興高采烈地前去一看，登時傻眼，什麼易攻難守？簡直扯淡，易守難攻才是眞的！

可既然來了，空手回去也不像話，再難打也得打，曹操號令一下，衆人便拼命地往上衝，結果卻只得到一個「死」字，在陽平關前留下無數屍體。賠本的買賣不能做啊！曹操很沮喪，立馬下令撤軍，派夏侯惇、許褚把還在前線衝鋒的將士叫回來。

接下來，意想不到的奇事發生了。大伙接到撤軍的通知，便紛紛往山下撤。可不知爲何，最前方的軍士同志走著走著，竟迷路了，更糟糕的是，他們還走進敵方軍營。

對方也懵了，以爲曹軍想搞夜襲，想都沒想地全跑光。曹軍誤打誤撞地拿下一個據點，侍中辛毗、劉曄趕忙報告夏侯惇及許褚二人。一開始兩人根本不信，確信無誤後，才向曹操報告。

曹操立即調整部署，回頭繼續攻擊！張衛先生雖然主張力戰，卻是個不會打仗的水貨，看到曹軍又攻回來，當即決定跑跑跑，跑到天涯海角！

陽平關一丢，漢中便徹底暴露在曹操眼前。

漢中那邊又炸開鍋了，張魯打算投降，但閻圃認爲現在投降的話很沒面子，起碼也得稍微抵抗一下，然後再投降，這樣功勞才大。

張魯接受閻圃先生的建議，悄悄跑到巴中。

同志們都勸他把倉庫裡值錢的東西全燒了，堅決不能留給曹操。

張魯畢竟是領導，水準高了一些，說這些東西都是國家的，應該還給國家，最後決定把所有寶物封好才跑路。

曹操輕輕鬆鬆拿下漢中，也對張魯同志的表現大加讚賞，並派代表親切慰問張魯。

張魯是個給台階就會順著下的人，領著全家人拜訪曹操，受到熱烈歡迎，還被封爲鎮南將軍及閬中侯，五個兒子皆被封爲列侯。

得到漢中後，曹操的秘書劉曄、司馬懿建議曹操順勢取蜀。

劉曄同志首先讚美曹操的偉大功績，說他威震天下，隨後指出曹操拿下漢中後，蜀人聞風喪膽，揮軍南下必能一舉拿下益州。同時指出劉備是個人物，手下有關羽、張飛兩個猛人，將來必成禍患。

司馬懿同志說劉備使詐騙取了益州，益州人民還不服，他又跑去跟孫權掐架，只要我們進軍一定勝利，萬萬不能錯過這個天賜良機。

聽完兩人的演講，曹操沒有心動，說了一句高水準的話，「人苦無足，既得隴右，

復欲得蜀！」

這句話的原始版權屬於光武帝劉秀。當年隗囂割據隴地，公孫述割據蜀地，兩人與政府搞對抗，劉秀同志寫信給岑彭說：「人苦不知足，既平隴，復望蜀。」意思是激勵岑彭滅掉隗囂後，再入蜀攻打公孫述。

曹操的意思則是人應該滿足，不能得寸進尺，否決了劉曄與司馬懿提案，同時意味著失去了一統天下的最後機會。

一周後，從蜀地跑過來的人向曹丞相進言，說自他拿下漢中後，益州人心惶惶，騷動不安，即使砍了很多人，也不能讓群衆安定。

曹操又有點動心，問劉曄，「現在還能打嗎？」

劉曄明白曹領導的心壓根不在這兒，便搖了搖頭，「已經不能打了。」

其實，不是益州不能打，只是對曹操來說，有樣東西遠比益州重要，到了十二月，他便撤兵回家。

95 有勇有謀的張飛

張飛的武功雖不如關雲長高，但幹起架來有勇有謀，知道仗得用腦子打。不僅如此，張飛同志也算是個文藝男青年，書法寫得還相當不錯。

當曹操大軍征漢中時，劉備正在荊州跟孫權耗著，一聽曹操對漢中下手，便當機立斷與孫權簽訂停戰協議，回師北上抵禦曹操。

張魯，你千萬要頂住啊！劉備很著急，萬一張魯完蛋，益州跟著完蛋，想方設法要爭取張魯站到自己這一邊，派秘書黃權去迎接張魯。

沒想到張魯卻說：「寧願做曹操的奴才，也不去當劉備的上賓。」真不知道玄德兄怎麼得罪他了。

曹操走後，只留夏侯淵及張郃二人率人打點漢中。

張郃先是率五千人攻下巴西，進入益州境內，一直打到宕渠、蒙頭、蕩石等地，主

要目的不在於占地奪城，而是移民，要把三地群眾移到漢中。

想法不錯，可惜劉備不允他這麼做。

當時，劉備還在尙州（今重慶），直接命令巴西太守張飛出兵攻打張郃。

一提起張飛，大家腦海中的形象便是「鬍子一大把，眼珠子瞪得老大，兩句不和就會將拳頭砸到別人鼻樑上」，還給他起了個響亮的稱呼，猛張飛。後來該名號被發揚光大，專門用來形容那些有勇無謀的粗人。

可眞冤啊！

張飛和關羽都是劉備集團的資深成員，當劉老闆創業時就一直跟著。

關羽年齡大幾歲，張飛認他做了二哥。張飛的武功雖不如關雲長高，但幹起架來有勇有謀，知道仗得用腦子打。不僅如此，張飛同志也算是個文藝男青年，書法寫得還相當不錯，是個文武全才，比只會要大刀的關羽強多了。

張飛接到劉備的命令，帶著兄弟們奔著張郃去。

張郃人少，好漢不吃眼前虧，躲在據點裡完全不出戰，雙方乾耗上五十多天。

張飛可不想拖這麼久，必須把張郃趕出益州才算完成劉備交給自己的任務。不清楚他最後是用了什麼方法，才把張郃引到山間峽谷，總之，他親自率領一萬多精兵前後夾擊，殺得張郃慘敗，只領著十幾個人從小路逃回南鄭。

此後兩年，漢中基本平安無事，沒什麼大新聞，一直到建安二十三年，暴風雨又臨。

幸運的黃忠

碰到劉備是黃忠這輩子最大的幸運。如果不是劉備，恐怕不會有幾個人知道歷史上曾經有個叫做黃忠的人出現。

法正同志在劉璋手中雖算不上爛牌，也是毫無用處，可到了劉備手中，立馬變王牌。

劉備搶佔益州後，任命法正爲蜀郡太守及揚武將軍，「外統都畿，內爲謀主」，所謂外統都畿，說得更白話點就是成都都歸他管；所謂內爲謀主，就是擔任劉備的首席軍事參謀。

放棄劉璋，選擇劉備，是法正此生最正確的決定，雖然此人道德不高，但人都是求進步的，跳槽無可厚非，再說這也算是種資源整合，有利社會進步。

建安二十二年，法正建議劉備進攻漢中，周群、張裕立即表示反對，說先前夜觀天象，不利北行。

玄德兄沒有聽他們的，毅然北上爭漢中，命法正隨軍，諸葛亮則留守成都主持後勤保障工作。

劉備外出打仗的時候一般都不帶上孔明同志，打益州時沒帶，前幾年打孫權時沒帶，現在打漢中也沒帶，後來打孫權也沒帶。說穿了，他很清楚諸葛亮能幹啥，不能幹啥。

此次北上爭漢中，劉備志在必得，大軍分兩路進兵。東路軍劉備親自帶隊，將領有趙雲、黃忠、魏延等，直奔漢中；西路軍則由張飛、馬超、吳蘭率領，目標是下辯（今甘肅成縣境）。

大家都很看好劉備的這次北行，可惜無數歷史證明，每當覺得事情會很順利時，就會越不順利，果然，不幸被周群、張裕言中，第一仗就敗了。

聽說劉備進軍後，曹操立即派曹洪趕往下辯迎戰劉備的西路軍，還給了他兩個參謀，曹休和辛毗。

張飛跑到固山放話，說要切斷曹洪的後路。

曹休一眼就看出張飛的目的，幹這種事應該偷偷做才是，越是到處宣傳，越說明他在玩貓膩，但仍然有些半信半疑，不知該怎麼辦好。

曹參謀建議立即向吳蘭發起進攻，吳蘭一敗，張飛便必定主動撤退。

曹休臨走前，曹操對他說：「表面上你是參謀，其實你是眞正的主帥！」曹洪聽說後，便對曹休恭恭敬敬，把他當領導看。

面對曹軍的突然攻擊，吳蘭措手不及，慘敗，狼狽地逃出戰場，卻沒逃過死亡，被氐人幹掉。

張飛、馬超敗走漢中，試圖與東路軍會合，劉備兩路進兵的計劃宣告破滅。

西路軍比較順利，到陽平關時與夏侯淵、張郃、徐晃耗上。

劉備同志躊躇滿志，想一口吃個大胖子，認爲曹操本人沒在這，夏侯淵、張郃、徐晃什麼的都不值一提，漢中很快就會改姓劉。

他想了很絕的一招，派人去切斷馬鳴閣棧道，只要馬鳴閣棧道一斷，曹軍就回不了家，只能被堵在山間小道上挨揍。

曹軍不可能允許他這麼蠻幹，馬鳴閣棧道是曹軍的生命線，爲了生命，他們必須拼命保住生命線。於是，徐晃率隊跑去救援，劉備軍死了不少人。

劉備同志很執著，不信自己幹不過曹軍，領著一萬多精兵朝張郃奔去，但張郃不是省油的燈，親自上陣領著大家往前衝，劉備無功而返。

這還眞邪門，難道自己來打漢中錯了？不，不取漢中絕不罷休，難道是帶的人太少？增兵！

劉備立即通知成都的諸葛亮緊急向漢中調兵。

諸葛亮很猶豫，到底增不增兵？前去諮詢楊洪，楊洪首先爲他講了沒有漢中就沒有益州的大道理，又指出現在男的都應該去當兵，女的都應該去運輸物資，還有什麼好遲疑的？

後勤主管諸葛亮同志一聽，立即向益州增兵。

曹操這邊則毫無動靜，雙方就這麼在陽平耗著，一耗就是兩年多。

劉備一直準備下一次的衝鋒，建安二十四年（西元二一九年）春，終於自陽平南渡漢水，進兵定軍山。

夏侯淵領著張郃趕往定軍山佈防，定軍山是漢中的西大門，必須把劉備擋在定軍山外，否則情勢不妙。

劉備命黃忠老同志在一個伸手不見五指的夜晚發動進攻。

接到領導指示後，黃忠部隊紅旗招展，鑼鼓喧天、鞭炮齊鳴、殺聲震天，一把火燒掉曹軍軍營外的鹿角，全像瘋牛一樣衝向夏侯淵。

夏侯淵沒有慌，該來的總歸要來，派張郃防守南邊，自己親自防守東邊。

如果大家能把工作做好，夏侯淵同志就不會死，沒想到，關鍵時刻張郃竟擋不住劉備軍的攻擊。

夏侯淵沒辦法，只能把自己的一半兵力分到南邊去幫張郃。

南邊的防守是加強了，可東邊麻煩就大了。

黃忠老同志一次次衝鋒，借助山勢往下衝，威力十足，這位同志人老心不老，一大把白鬍子的他衝在最前面，英勇無敵。

萬人叢中他找到了自己的目標夏侯淵，便意氣風發地衝過去，一刀斬下夏侯淵的腦袋。定軍山之戰結束，黃忠一役成名。

更爲重要的是，定軍山一戰雖然只是一場小規模的會戰，卻是曹、劉漢中爭奪戰的重要轉折。

碰到劉備是黃忠這輩子最大的幸運。如果不是劉備，恐怕不會有幾個人知道歷史上曾經有個叫做黃忠的人出現。他感謝劉備不嫌自己年紀大，仍把他帶到漢中前線，在定軍山大顯身手。

定軍山一戰結束後的第二年，黃忠老同志就病逝了。

人這一輩子，碰上一個眞正欣賞自己的人不容易，萬一你碰上了，慶幸的同時一定要好好表現自己，他可能會改變你的一生。

失漢中

漢中一丟，不僅僅意味著曹操無法南進益州，劉備更會以漢中為跳板，對北方地盤鯨吞蠶食，曹操必須尋找一個新的防禦點把劉備堵在自己家門之外。

定軍山大敗後，張郃把殘餘部隊帶回陽平。

曹軍不愧是一支高素質的軍隊，主帥戰死，並沒有一哄而散，立刻推選出了新的主帥張郃，並相信他一定能帶領大家重新取得勝利！

夏侯淵戰死、張郃暫代主帥的消息傳到長安，曹操很悲傷，跟隨自己多年的好兄弟就這樣走了。他也很懷疑劉備的智商，認爲以劉備的智商絕不可能幹掉夏侯淵，肯定有什麼高人指點。

悲痛完後，曹操寫下一份委任狀，正式任命張郃爲主帥，同時動身往漢中趕。

此時劉備腰板硬了，自信心也增強了，當年的恐曹症早已煙消雲散，對部下說：「即使曹操來了也沒用，漢中一定是我劉備的！」顯然有相當的自信。

黃忠老同志的手感正熱，請命攻擊曹操的運糧隊，去了很久都還沒有回來，趙雲很著急，領著數十個騎兵去接應老同志。

要命的事情發生了！

趙雲沒有找到黃忠，反倒碰上曹軍的大部人馬！要知道，他只有數十個人，根本不夠人家砍，如果換做別人，結局只有兩個，投降或者戰死。

名將畢竟是名將，緊急關頭把持得住，知道自己該怎麼做。

曹軍前鋒一看趙雲只有數十個人，這麼大的便宜不占白不占，衝上去猛打。

趙雲且戰且退，打倒一片後，又有另一片人圍了過來。

趙雲殺出重圍跑回軍營，見手下張著受傷跑不動，陷在重圍，又騎著馬衝進去把人救了出來——對部下不離不棄，是一個優秀將領的基本素質。

趙雲一進自己的軍營，沔陽縣長張翼同志想立馬關上大門拒曹軍於軍營之外，趙雲卻打開大門，偃旗息鼓，全無反抗的跡象。

曹軍跑過來，登時一愣。

你葫蘆裡賣的什麼藥？一定有陰謀，想騙我們，做夢去吧！

不知底細的曹軍撤了，趙雲瞅準時機，擂起戰鼓向曹軍射箭，曹軍大亂，自相踐踏，很多人掉進漢水裡淹死。

第二天，大領導親自視察前線，並大力表揚趙雲同志的英勇表現，道出高度評價，「子龍一身都是膽也！」

曹操跟劉備僵持一個月，沒有占到任何便宜，矛盾的心情油然而生，放棄漢中太可惜，可又很難打敗劉備，最終做出了選擇，撤！

那天，曹操的口令只有兩個字：雞肋。

大家丈二和尚摸不著頭腦，不明白啥意思。秘書楊修同志則立馬跑回去，收拾鋪蓋做好隨時走人的準備。

有人很驚訝地問道：「你怎麼知道我們要撤兵？」

楊修得意道：「所謂雞肋，食之無味、棄之可惜，把雞肋比作漢中，大王（指曹操）肯定是想撤兵。」

建安二十四年五月，曹操果然撤出漢中回長安，漢中從此姓劉。

漢中一丟，不僅僅意味著曹操無法南進益州，劉備更會以漢中為跳板，對北方地盤鯨吞蠶食。曹操必須尋找一個新的防禦點，把劉備堵在自己家門之外。

曹操選擇把防線設在陳倉，也就是今天的陝西寶雞。

漢中與關中之間有秦嶺相隔，從漢中進關中或是由關中進漢中，能走的路實在不多，要不然後來諸葛亮早就攻進長安了。

當時還能走的路只剩兩條，一條是子午谷，根本不是人走的路，全長六百多里，道路異常崎嶇，十個人中能有五個人平安走過就已經阿彌陀佛。

只剩下最後的一條路，散關。

這是連接漢中、關中的咽喉，陳倉便是散關的出口，當年韓信「明修棧道，暗渡陳倉」，靠的就是這條路。

曹操料定劉備出秦川、攻關中時，必走陳倉，便把防線設在此處，為此不惜大肆後撤，設立起陳倉防線。

陳倉防線如同一道鋼鐵長城，劉備、諸葛亮一輩子都沒能攻破，終三國之季，蜀漢始終無法越過這道線。

第24章 野心

隨著權力越來越大，野心也越來越大，加上意識到大漢已經扶不起來，人力也無法阻擋，現在曹操腦海中想的只有一件事，取漢而代之！

98 荀彧的結局

曹操很生氣，沒想到自己的好戰友竟然會反對自己，看在兩人多年的交情上，自己才決定讓他當行政首功，沒想到對方竟然如此不識抬舉！

建安十七年正月，曹操從關中回到鄴城。劉協同學爲了巴結曹操，賜予三項特權，指曹操可以「贊拜不名，入朝不趨，劍履上殿」。

中國可是禮儀之邦，各種禮節多得很，拜見皇帝的禮節更是有好幾套，有了這三項特權，不僅能省去很多麻煩，更足以證明自己的重要影響力。

綜觀中國歷史，能享受到這三種特權待遇的人還眞不多。

所謂贊拜不名，就是當拜見皇帝時，原本得說「臣某某見駕」，贊禮官就喊「某某見駕」，有了贊拜不名這項特權，入宮時只需說「臣見駕」就行，一旁的贊禮官則只能依官職呈報上去。

要知道，那年頭對長輩或平輩不能直呼其名，要改稱呼他的字，比如孟德、玄德、仲謀等，只有皇帝和自己才能叫名字。現在連皇帝也不叫了，等於是種變相的尊敬行爲，可見地位的重要。

入朝不趨，就是在見皇帝時不用小跑步，只要慢慢走就行。天子天子，能見皇帝一面，是臣下三生有幸，得表現出很急切的心情，小跑步進去，才能表現出對皇帝陛下的尊重。

劍履上殿這項就更不得了，意指可以穿著鞋、提著劍去會見皇帝。古人都是跪坐在地上，要進門就得脫鞋，更不用說進皇宮。要進皇宮還得搜身，不能帶任何兵器，不然出了事誰負責？現在曹操可以拿著劍大搖大擺地入宮，簡直比皇帝還威風。

但這些對曹操來說似乎都用不著，基本上他也沒怎麼找劉協交流感情，要指望曹操突然發善心向劉協同學早晚請示，似乎是不可能的事。

社會是個大熔爐，當中的變化沒有極限，可以改造任何人，君子、小人、好人、壞人……當然，也可以改造曹操。

此時的曹操已不是當年的曹操，當年他心裡想的是大漢，志向是興復漢室，一直以來，都在爲這個理想奮鬥。

隨著權力越來越大，野心也越來越大，加上意識到大漢已經扶不起來，人力也無法阻擋，現在曹操腦海中想的只有一件事，取漢而代之！

曹操早就想把劉協廢了，可廢了劉協就等於站到輿論和公理的對立面。輿論這東西可不得了，力量無人能敵，除了精神不正常及低智商人群外，無人敢與之作對，任曹操同志再牛也不敢，要不然可就天下共誅之了。

不能廢，那就先留著吧，反正只要你不搗亂，自然好吃好喝管著你。

大家都清楚他曹操比皇帝還皇帝，只是缺一個頭銜而已，也都明白篡漢只是時間問題。很多人也開始重新思考自己前途，爲了美好前程，必須在大漢與曹操之間選一個。這曹操行情看漲，選他準沒錯，將來他要是建起一個新政府，自己就變成開國功臣，那還不賺大了？

朝中大部份人士也這麼想，爲曹操辦好事、辦實事，準備聯名上書向皇帝陛下請願，希望陛下晉封曹操爲國公，加九錫。

不過，這種事需要找一個帶頭人，還必須是個享有崇高聲望的同志。

舉目四顧，最合適的人選莫過於尙書令荀彧，他德才兼備，出面最合適不過。

董昭同志屁顚屁顚地奔著荀彧家去，先是歌頌曹操的英明偉大，可與古代周公、呂望等名人相比，又說曹操風風雨雨三十年，爲人民除害，保存漢室，這樣一個人，做出了這麼大的成績，這麼多的貢獻，竟然才封一個縣侯，實在太委屈了！

聽完董昭同志的哭訴，聰明的荀彧立馬明白一切，封國公就表示曹操要脫離大漢，

建立起屬於自己的公國，也就是漢朝裡的國中之國。

荀彧始終堅持興復漢室，不管世事如何，不管他人怎樣，他都會堅定不移，一如既往。因為他的身體裡流的是大漢的血液，最不願意看到，也最不能接受的就是曹操由扶漢變為篡漢，便試圖把曹操拉回正軌。

他明白董昭等人請願晉封曹操國公完全是曹操自己的意思，但不想也不能捅破這層窗戶紙，只能當曹操「不知道」這件事。

荀彧淡淡回答董昭，「曹公是為祖國為人民而起兵除暴亂，他的道德十分高尚，你們怎麼能做這種事呢？這會陷曹公於不義！」言下之意，也就是不同意曹操晉封國公。

因為荀彧的反對，這件提案就被擱置了。

曹操很生氣，沒想到自己的好戰友竟然會反對自己，看在兩人多年的交情上，自己才決定讓他當行政首長，沒想到對方竟然如此不識抬舉！

荀彧將大把青春獻給曹操，當曹操什麼都不是時便選擇投奔，那一年荀彧二十九歲，曹操三十七歲，兩人志同道合，有著共同的理想——興復漢室。

荀彧相信曹操一定能興復大漢，幫助曹操就是幫助大漢，於是盡心盡力輔佐他，二十多年來，兩人同甘共苦、共歷風雨。

曹操困難時，荀彧站在他身邊和他一起面對；曹操得意了，荀彧仍站在身邊提醒他戒驕戒躁。可以說，荀彧是曹操霸業實現的第一功臣。

荀彧沒有想到的是，曹操的野心膨脹太快，大漢在他眼中已經一文不值，從此，兩人的心分道揚鑣。

這一年曹操五十八歲，荀彧五十歲。

荀彧的這顆心永遠屬於大漢，因此勇敢地站出來反對曹操晉封公爵，加九錫。他明知道反對的後果，但依然義無反顧，這就是中國古代士大夫身上的高貴品德，爲了國家捨生取義！

魏公

大漢有的，魏國基本都有，曹操還把大漢中央政府部門公職人員能挖的全挖過來，命荀攸為尚書令，涼茂為僕射，毛玠、崔琰、常林、徐奕、何夔等人各為尚書。

曹操權慾薰心、走火入魔，爲了實現自己的野心，開始變得心狠手辣，不擇手段，哪怕是曾經的好戰友、好同志也不放過。

建安十七年，曹操決定南征孫權，便上表把尚書令荀彧調到譙縣慰勞將士，又加封他爲侍中、參丞相軍事等無關緊要的職務，等於變相地扣留他，不再給予重要職務。

曹操領著大軍，自朝濡須進發，荀彧則因病留在壽春，最後憂鬱而死，年五十，對他來說，死亡或許是一種最好的解脫。

不管是《三國志》或《後漢書》，在荀彧死後，都寫了同樣一句話。

明年，曹操遂為魏公！

很多人因此認爲荀彧對曹操晉爵魏公的影響極大，直到荀彧病死，曹操才毫無顧忌地如願當上魏公，獲封九錫之榮。

眞是這樣嗎？

筆者倒認爲，曹操若要當皇帝簡直易如反掌，就算十個荀彧也擋不住。即使荀彧不死，曹操也會晉爵魏公，在筆者眼中，這句話的目的是暗示荀彧從頭到尾都忠於大漢，至死不渝。

送走荀彧的第二年，也就是建安十八年五月丙申，劉協命御史大夫郗慮持節，正式封曹操爲魏公。

這封任命書很長，劉協人偶首先回顧曹操同志對自己的大恩大德，一輩子也忘不了之類的客套話，隨後筆鋒一轉，開始回顧曹操的創業鬥爭史。

文中詳細敘述曹操不平凡又光榮的大半輩子，一邊總結曹操的功勞無人可比，共有十一項大功，就算是伊尹、周公也比不上曹操。

最後才切入正題，封曹操爲魏國公，加九錫，還特別表示曹操功勞這麼大，自己身爲天子卻才給他這麼點封賞，實在很過意不去。

歷史告訴我們，一旦加九錫，這個人離篡位就不遠了。

按照慣例，一大批大臣勸曹操接受公爵，曹操得先表示自己無才無德，難以勝任。

接著，大臣哭成一片，表示曹操若不接受，他們也活不下去了。

最後，曹操同志為了拯救生命，只好很為難地接受天子任命。

戲演完了，接下來就得幹些正事。

曹操的魏國，包括河東、河內、魏郡、趙國、中山、常山、鉅鹿、安平、甘陵、平原十郡。七月，他便開始著手建設魏國的宗廟社稷。十一月，組建魏國政府領導班子，設置尚書、侍中、六卿。

大漢有的，魏國基本都有，曹操還把大漢中央政府部門公職人員能挖的全挖過來，命荀攸為尚書令，涼茂為僕射，毛玠、崔琰、常林、徐奕、何夔等人各為尚書，王粲、杜襲、衛凱、和洽則為侍中。

很明顯的，劉協同學被徹底架空。

第二年正月，耕籍田。三月，劉協使魏公位在諸侯王之上，授金璽、赤紱、遠遊冠。

做官做到這份上也算光宗耀祖，但人都想求進步，曹操同志不滿足於目前的成績，他想再接再厲，爭取更大的成就，

100

一封信引發的血案

曹操派新任尚書令華歆同志領兵闖進皇宮逮捕伏皇后。伏皇后躲藏在夾壁中，華歆毫不留情地命人砸開夾壁，硬是把她拉了出來。

新的一天又開始，最近日子還算平靜，但新任魏國公曹操同志的心情卻不大開心，因爲一封信。

建安五年，衣帶詔事發，當時還是司空的曹操殺了董承，連董承的女兒董貴人也未能倖免。那時董貴人正懷著孩子，縱使劉協多次爲其求情，曹操仍是一點面子也不給，造出一屍兩命的慘案。

當時的皇后伏壽女士親眼目睹事發經過，心裡十分害怕，擔心曹操終有一天也會把自己殺了，便給自己的父親伏完同志送去一封信，沒想到正是這封信，要了數百人的命。

伏皇后並沒有認清當時形勢，建安五年，她和老公劉協都已經淪爲曹操手中的道具，

竟然還敢在信中直言無忌，說劉協因爲董承被殺了對曹操很不滿，信中髒字連篇，全都在罵曹操。更要命的是，還想讓父親去聯繫其他同志，好除掉曹操。

這位伏女士雖然貴爲皇后，智商實在不敢令人恭維，不僅說皇帝劉協對曹操很不滿，還想要陰謀鬥曹操，就沒想過這樣做的後果嗎？當時連在心裡罵曹操都得死，更何況是明目張膽地罵？

伏完也眞是的，這種信看完後就應該立馬毀掉，千萬不能留在世界上，一旦被曹操發現，一家子都得完蛋，可他偏偏就是沒毀掉。

十五年後，建安十九年十一月，這封信被曹操發現了。

此時伏完已死去多年，也不知道信是怎麼到曹操手裡的。

曹操二話不說，廢黜伏皇后。

據說，那天曹操派新任尙書令華歆同志領兵闖進皇宮逮捕伏皇后。

伏皇后躲藏在夾壁中，華歆毫不留情地命人砸開夾壁，硬是把人給拉了出來。

當時，御史大夫郗慮陪著劉協坐在一旁，伏皇后披頭散髮光腳從他倆面前走過，跑過去拉著劉協的手，哭著說：「你不能救救我嗎？」

劉協很傷心地說：「我都不知道自己能活多久了。」

伏皇后聞言，又對郗慮說：「郗公，天下難道還有這種事？」

最後，伏皇后被關進大牢，死了。曹操對外宣稱是暴病而死，同時毒殺她生的兩個皇子。

身為天子，眼睜睜地看著自己的老婆孩子被人迫害，自己卻無能為力，做皇帝做到這份上，中國歷史上最可憐的皇帝，劉協同學當之無愧！

現在的曹操囂張到了極點，想殺誰就殺誰，肆無忌憚。他再也不是原先的那個曹孟德。原先不管他心裡怎麼想，起碼口頭上還說自己想扶漢，而今，竟連說都懶得說了，顯見已經走上篡漢的不歸路，而且越走越遠。

前面提到，曹操拿下漢中後卻得隴不望蜀，匆匆忙忙往家趕回去，一點都不像是曹操的風格。益州這塊肉就擺在眼前，他怎麼可能不吃？

放棄攻打益州，就等於放棄了最後一次一統天下的機會，此天賜良機，老實說以老曹同志的智商來看，絕對不會無緣無故地放棄。當時，法正是這樣和劉備說的，「不要以為因為曹操變笨了，他內部肯定是有什麼問題！」

法正先生不愧是劉備的參謀，一語道破天機。

沒錯，曹操的腦袋沒有被驢踢，也不是突然精神失常，他撤軍的理由無非就兩個字：權力。不管怎麼樣，他都不能長時間離開鄴城這個權力中心。權力比益州、比一統天下更重要！這股慾望如同毒品，吞噬的不僅是人的肉體，更是靈魂！

魏王

雖然魏諷事件沒有成功，但對曹操的心理影響無疑受到巨大衝擊，怎麼樣也想不到自己人竟會謀反。自己都還沒當上皇帝呢！

建安二十年，曹操自漢中返回鄴城，隔年五月，晉爵爲魏王。

這下明白了，他是回來封王的！

老把戲又上場了，天子封曹操爲魏王，曹操表示自己無德無才不配，然後大臣們尋死覓活，嚷著如果曹操不接受自己就去上吊之類的。本著生命至上的理念，爲了挽救眾生，曹操只好很爲難地做了魏王。

當時，有個叫楊訓的寫了篇文章，吹捧曹操的偉大。眾人看了都罵楊訓不要臉，紛紛譴責人事部門怎麼會舉薦了這麼一個人？

當時時任人力資源管理部門主任的是崔琰，楊訓便是他舉薦的。他拿過文章來，說道：「省表，事佳耳。時乎時乎，會當有變時。」

結果就壞在這句話上，這句話翻成白話就是，你寫得不錯，隨著時間變化，這件事會漸漸淡化的。

這不是很平常的一句話嗎？要知道，中華文字博大精深，一個字都可以有不同的理解，更何況是一句話呢？崔琰的本意是諷刺那些沒事找事、不明事理的人，可別人不這麼認爲，有人告訴曹操：崔琰分明是誹謗。

曹操聽了非常生氣，罵道：「諺語說『生女耳』，『耳』不是個好詞，『會當有變時』意指不遜！」下令剃掉崔琰的頭髮，派他去郊外做苦工，最後還逼他自殺。

文字獄！對付文人屢試不爽的必殺技，只要你想報仇雪恨、殺人滅口，都可引用。

崔琰死得很冤，比竇娥還冤，千古奇冤。

不管別人怎麼理解文句，最關鍵的是曹操的想法。如果他故意說是不敬，就算有一百個人說是尊重也沒用，這其實只是他想殺崔琰的藉口而已。不管如何，崔琰都必須死，就算沒有這句話，曹操也會找另一個藉口。

爲什麼呢？

因爲，崔琰跟荀彧一樣，是個正直又忠於大漢的人，這意味著他會是老曹家篡漢的絆腳石，所以必須先一步除掉他，同時還能達到殺雞儆猴的效果，一舉兩得！

人一發達，便愛回憶過去，曹操同志想起自己的第一份工作，洛陽北都尉。

那時，自己能混個鐵飯碗就很不容易了，封王？想都沒敢想！

曹操把當時推薦他做洛陽北都尉的司馬防找來喝酒。做了魏王的他得意洋洋，擺出一副小人得志的嘴臉問司馬防，「我現在還能做副局長嗎？」

能生出司馬懿這麼個兒子，司馬防的回話水準也是很高，說了一句，「那個時候你也就能做個副局長。」

建安二十二年四月，天子命曹操設天子旌旗，出入皆警蹕。就是說曹操出行的時候可以打著天子的旗號，清理街道，閒人禁行。

十月，天子命曹操冕十有二旒，乘金根車，駕六馬，設五時副車。

曹操的一切都按照天子的級別設置，只差一個天子的名號。他一步步向龍椅邁，十分接近那個無數人夢想的寶座，卻始終沒有邁出那一步。

此時，朝中大臣中但凡機靈點的，都已經成了曹家的人，以曹操爲後台，爲錦繡前程做好準備。很多人站出來勸曹操廢掉劉協取而代之。他們擁立曹操當然不是因爲曹操有多偉大多高尚，而是因爲一旦改朝換代，支持曹操的自己就成了開國功勳，身分水漲船高，可賺大了！

這樣的好事自然有無數人來湊熱鬧，動動嘴皮子就行，毫無成本，不做白不做。

看到這麼多人想要自己當皇帝，曹操心裡很高興，但他也很清醒，董卓、袁術的教訓就在眼前，劉協雖然只是擺設，卻是大漢的象徵。

大漢雖然不行了，但全國人民都還支持大漢，一旦廢了劉協，便會招致無數人的反對，說不定還會遭到恐怖刺殺，壓力極大。

不料這時，連遠在江南的孫權也來信建議曹操稱帝。

曹操看了，沒好氣地想著，敢情這小子是想把我放在火上烤？過不了多久，便對大家說了一句話，「如果天命眞在我們老曹家，那我當周文王就好了！」

大家都知道，周文王生前沒有滅商，是由他兒子周武王完成的，曹操說得很清楚：我不會當皇帝，但我兒子會當！也就是說，我是還在吃他們老劉家鍋裡的飯，但到了我兒子，便會把老劉家的鍋整鍋端了，另起爐灶！

筆者認爲，無論從哪方面來看，曹操都想稱帝，一步步逼近最高寶座的他也已經沒有退路，只能硬著頭皮往前走，但爲何始終沒能邁出最後一步？

有兩件事對他的打擊很大，才沒有稱帝。

第一件事是金禕、吉本、耿紀的謀反事件。

建安二十三年正月，金日磾的後人金禕對曹操的行爲忍無可忍，發誓要爲大漢除害，雷厲風行地聯繫少府耿紀、司直韋晃、太醫令吉本及其子金邈、金穆等人一起謀反。

當時曹操人在鄴城，只留下丞相長史王必守著許都。

耿紀一夥人計劃先幹掉王必，然後再挾天子劉協去攻打魏國，南援劉備。在一個夜晚，金禕率雜人及家僮千餘人向王必發動攻擊，一把火燒光王必的大營，王必本人則是肩頭中箭。王必一時也沒弄清楚攻打自己的是誰，慌亂之中，便跑到金禕家避難，因為他和金禕關係不錯。

聽到叫門聲，金禕還以為是金禕，直接問道：「王必死了嗎？你們成功了？」

王必一聽這話，立即跑到南城避風頭。

第二天，大家知道王必沒死後便散夥了。王必與典農中郎將嚴匡則一鼓作氣，幹掉了這個謀反團夥。

十幾天後，王必傷創而死。

曹操聽說自己的秘書王必死了很生氣，立即召許都的百官到鄴城，命令那天王必大營著火後有參加救火的站到左邊，沒有救火的人站在右邊。

大家都以為救火者肯定不會被問罪，紛紛站到左邊，但很快就後悔了，因為曹操說：「不救火者非助亂，救火乃實賊也。」下令斬殺救火者。

曹操沒想到自己一向欣賞的耿紀竟然會謀反，打擊很大，一時有些消沉。

第二件事是魏諷謀反事件。

建安二十四年，曹操的外患內憂一起來到，外面漢中、襄樊打得熱火朝天，內部魏諷謀反，是很折騰人的一年。

魏諷有件很了不起的本事：口才。據說全鄴城都被他的口才傾動，人才啊。口才好就能把別人說暈了，就能讓人按你的指示辦。

這幾年曹操越來越不把天子放在眼裡，狼子野心暴露無遺，魏諷同志實在看不下去，不能眼睜睜地看著曹操為所欲為，決定謀反！

魏諷偷偷聯絡同志，重要成員有長樂衛尉陳禕等，大家已經約好謀反具體日期，到時候一起出力拿下鄴城，端了曹操的窩，看他怎麼辦。

可惜他口才雖然不錯，眼力卻不怎樣，看錯了陳禕這個人。謀反可不是鬧著玩的，成功機率極低，一旦東窗事發，腦袋就得搬家。陳禕越想越怕，最終向留守的曹丕揭發魏諷，此事牽連到數十人被殺。

雖然魏諷事件沒有成功，但對曹操的心理影響無疑受到巨大衝擊，怎麼樣也想不到自己人竟會謀反。

自己都還沒當上皇帝呢！要是真當了皇帝，不知道事情會變成什麼地步。

筆者推測，大概就是因為這兩件事的影響，曹操始終沒有跨出最後的那一步。

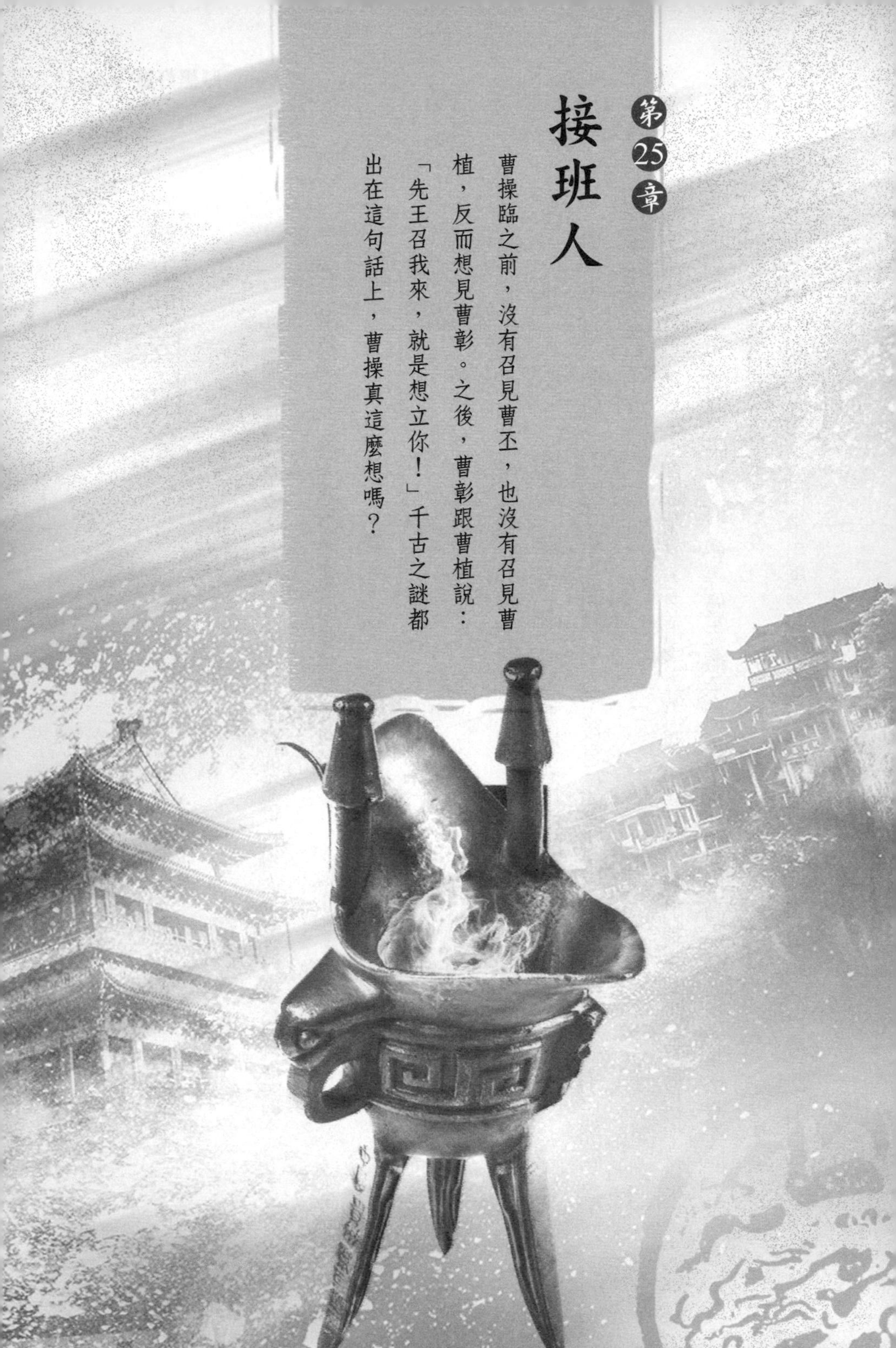

第25章 接班人

曹操臨之前，沒有召見曹丕，也沒有召見曹植，反而想見曹彰。之後，曹彰跟曹植說：「先王召我來，就是想立你！」千古之謎都出在這句話上，曹操真這麼想嗎？

102 誰接位？

兄弟倆暗地裡較上了勁，本著人多力量大的覺悟，兩人拉幫結派，能爭取的全爭取過來，就算沒有真本事，捧捧場子也行。

很久很久以前，堯禪位給舜，舜又禪位給禹，可到了禹這兒，把王位傳給自己的兒子啓。從此「公天下」變爲「家天下」，天子只挑自己的兒子當接班人。

要是只有一個兒子的話好辦，問題是天子後宮佳麗三千人，老婆多，兒子自然就多，到底傳給哪個兒子好？

幸好，中國人民的智慧無窮，老祖宗弄出個「嫡長子繼承制」。所謂嫡長子就是大老婆生的長子，擁有王位、財產等優先繼承權，不管他道德高不高尚，有沒有才能，是不是弱智，他就是繼承人。

也正因爲此一制度，後來司馬炎同志才不得不把皇位傳給自己的白癡兒子司馬衷，

繼而製造出一連串笑話和悲劇。

曹操同志有多少老婆，不知道，不過，史載他有二十五個兒子。人數雖多，讓誰接班本來不是什麼問題，由大兒子曹昂同學接棒得了，可他在淯水之難時犧牲了。

曹昂死了不要緊，曹操還有個神童兒子曹沖，想不到好好一個小孩，卻病死了。

曹沖一死，問題就來了。

能接班的兩個兒子都不在了，還有二十三個，其中能拿得出手的只有三個，曹丕、曹彰、曹植，都是卞夫人生的。

當中最有資格繼承王位的是曹丕同學，因爲他是嫡長子，問題是，曹操非常喜歡曹植，便弄出一次暗箱操作，硬是讓曹植同學加入繼承權爭奪戰。

至於曹彰，他打仗還行，對政治這玩意兒不感興趣，也玩不了，自動退出。

接班人，要嘛是曹丕，要嘛是曹植，端看兩位的表現。其實，這兄弟倆挺幸運的，要是曹昂和曹沖還在，根本不可能會有這場競賽出現。

一開始，曹植同學表現十分搶眼。

他也是一個神童，文采驚人，十歲就能下筆成章，受到曹操的特別疼愛。

建安十五年（西元二一〇年）冬天，銅雀台建成，曹操領著兒子們登台作賦。

這可是曹植同學的長項，其他兄弟還在苦思冥想構思，曹植就寫完了，評委曹操同志看後，非常十分欣賞，「我兒子眞是太有才了！」

曹操對曹植同學特別寵愛，有什麼好東西都先給他吃，有什麼好衣服也先給他穿，見曹植同學的才能驚人，有意培養他接自己的位子。

建安十三年，曹操拿下荊州，得到一個叫邯鄲淳的人才，對他非常尊重，曹丕、曹植兄弟都想讓邯鄲淳當自己助理，結果曹操把他分到了曹植府上。可見，曹操這時候更有意於曹植同學。

建安十九年，曹操南征孫權，選擇讓曹植留守鄴城，臨走時還激勵他，要他好好學習，顯然對他抱著相當大的期待。

另一位候選人曹丕同學也很了不起，五歲學射箭，六歲學騎馬，八歲能騎能射，還能寫文章，眞可謂文武雙全。

曹昂一死，曹丕便成了新的大哥，王位本來應該由他繼承，可老爹偏偏搞暗箱操作，把曹植弄進來，自己也不能反對，只能好好表現給父親看。

曹丕同學很有心機，說得白話點就是普通人絕對不知道他心裡想什麼，厚黑水準也高，善於挖坑使絆，頗有乃父之風，天生是個搞政治的人才。

曹植不同了，有大才的藝術家大多都有兩個特點，一是傲，二是特立獨行，給人的

感覺就是「不一般」這三個字。

兄弟倆暗地裡較上了勁，本著人多力量大的覺悟，兩人拉幫結派，能爭取的全爭取過來，就算沒有眞本事，捧捧場子也行。

曹丕把心力花在曹操周圍的人身上，比如賈詡、崔琰或荀攸等等；曹植脾氣大，讓人無法接近，像刑顒這樣的賢才也不待見。

很明顯地，曹丕已然贏了人氣這部份，像曹植這樣不善於團結周圍同志的人，很難取得成功。

曹植這邊的主將有丁儀、丁廙、楊修，曹丕一方主要是吳質。

太聰明不好

基本上，太子之爭還沒有結束，只要曹操還沒死，曹植都還有機會。可藝術家曹植同學遭受挫折後十分灰心，行止失儀……

楊修，字德祖，楊彪之子，家世頗大，後來當上曹操的秘書，在領導身邊工作，聰明有才，只要表現得好，提拔爲機要高層是早晚的事。

可惜這人聰明過頭了。

曹操經常有事問他，糟的是，聰明的楊修每次都知道曹操要問什麼，提前把答案寫好放在辦公桌上，吩咐手下按順序遞出，自己則跑出去玩了。

發現楊修同學的每次回答速度奇快，曹操愈感納悶，派人看看他究竟怎麼一回事，一問之下，驚訝楊修聰明的同時，也越來越忌憚此人。

沒想到，楊修同志後來竟捲入太子之爭當中，提前爲自己招來死神。

曹丕曾經誠摯邀請楊修加盟，可楊修卻選擇了曹植。

爲了考察兄弟倆的能力，曹操曾出了一道題，讓兄弟倆走出鄴城門，自己卻早一步下令城門官不准放任何人通行。

曹丕同學老老實實、毫不花俏地去了，也碰壁而回。

楊修見狀，便給曹植出了個主意，「如果他不讓你去，你就說你是奉王命出城，直接把看大門的人砍了！」

曹植依言行事，順順利利地走出鄴城大門。

這樣看來，在楊修幫助下，曹植應該會當選爲太子，但曹丕那裡，偏偏還有一個吳質，這哥們雖然沒有楊修聰明，政治智商卻比楊修高多了。

當時曹植當選太子的呼聲很高，人氣很盛。

曹丕急了，連忙偷偷把朝歌縣長吳質找來出主意，當時法律規定，沒有領導的命令，地方長官是不能進鄴城的。

吳縣長只好偷偷鑽進箱子混進鄴城，不巧卻被楊修看到，只要他把這事揭發出來，太子之位肯定是曹植的！

楊修樂開懷地去向曹操打小報告，可曹操有急事處理，沒有當場檢查。

曹丕同學聽了後很害怕。一旁的吳質卻很淡定，「怕什麼！明天在箱子裡放進絹布，拉進城，楊修這小子一定還會再去打小報告，就讓他來檢查好了！」

不出吳縣長所料，第二天楊修看到那口箱子又進城了，立即向曹操報告。

這次曹操馬上派人去檢查，打開一看卻發根本沒人，懷疑他故意造謠，從此對楊修起了疑心。楊修卻沒有察覺到危險正一步步靠近自己。

還有一次，曹操率兵出征，曹丕、曹植同學去送行。曹植發揮特長寫了篇文章歌頌老爸的，衆人出言稱讚，曹操聽了也很開心。

曹丕急了，自己的文筆是不錯，可離曹植還有一定差距，怎麼辦？

吳質說：「你只管哭就行了。」

曹丕馬上照辦，跪倒就哭，哭得死去活來，這行爲感動在場所有人，一下子就把曹植比下去了。

幾番評量後，曹操對於太子人選仍然十分猶豫，便秘密徵求衆臣意見，結果竟大出自己所料。

在曹丕不遺餘力拉攏下，毛玠說他推薦曹丕，刑顒也說他推薦曹丕，桓階、崔琰也公開說自己挺曹丕。

可曹操實在太疼曹植了，又偷偷地問賈詡意見，想找人支持自己。

賈詡只一個勁地站在原地不說話。

曹操納悶不已，「我問你話呢！你怎麼不回答啊？」

賈詡輕輕嘆了口氣，「我正在想袁紹、劉表父子的事呢。」

曹操頓時醒悟，袁紹、劉表這兩人都是因爲廢長立幼，才導致家破人亡的啊！

建安二十二年（西元二一七年）十月，曹操立曹丕爲王太子。

基本上，太子之爭還沒有結束，只要曹操還沒死，曹植都還有機會。可藝術家曹植同學遭受挫折後十分灰心，行止失儀，竟然乘車行馳在大馬路上，還開司馬門而出。

這可是僭越違法的行爲，就算曹植是曹操的兒子，也沒有資格行馳道中，開司馬門！

曹操聞此，氣怒不已，本以爲這些兒子當中，聰明的曹植最能成大事，今天才知道他原來這麼不知進退，從此，就對曹植漸漸疏遠了。

曹植失勢後，黨羽楊修也沒有躲過命運的利刃，臨死前說了一句，「我固自以死之晚也。」明白自己早就該死了。

雖然對曹植有些不滿，可曹操仍然有些捨不得。

建安二十四年，曹仁被關羽包圍，曹操欲任命曹植爲南中郎將，代理征虜將軍，派他去救曹仁。

曹丕得知後，就請曹植喝酒，爲他餞行，還在酒桌上不停勸酒。

曹植是個實在人，人家勸他就喝，最後喝得爛醉，連曹操召見的命令也無法接受。

曹操很失望，本來打算給曹植最後一次表現的機會，沒想到結果竟是如此。

曹丕、曹植太子之爭就此結束。

建安十六年，曹操封曹植爲平原侯、曹據爲范陽侯、曹豹爲饒陽侯，卻沒有曹丕的份，曹丕同學那時已經當了五官中郎將及副丞相，是明顯的接班人選。

卻還有一點疑問。

曹操臨走前，沒有召見曹丕，也沒有召見曹植，反而想見曹彰。

當時曹彰人在長安，等他趕至洛陽時，父親曹操已經永遠閉上雙眼。之後，曹彰跟曹植說：「先王召我來，就是想立你！」千古之謎都出在這句話上，曹操眞這麼想嗎？

筆者認爲曹操心裡狀態十分矛盾，既想立曹丕又捨不得私心疼愛的曹植，最後，他還是理性地選擇曹丕，因爲他明白，只有曹丕才能把自己打下的基業發揚光大！

第26章

最後一戰

事情弄到這般田地，關羽心想，荊州是回不去了，不如去益州吧，劉老闆一定會替自己做主的。不幸的是，他哪裡也去不了，因為孫權壓根不想讓關羽活下去！

104 關羽來襲

襄樊防線一旦失手，中原等於是赤裸裸地暴露在關羽面前，無險可擋，如何是好？曹操召開緊急會議，開始討論遷都的可能性。

劉備同志流浪了大半輩子，而今不僅不用四處流浪，還修成正果，搖身一變成了地主。劉備一發達，腰板也就硬了起來，想一鼓作氣打敗曹操，幹掉孫權，一統天下！

諸葛先生當年說的「跨有荊益」的計劃實現，劉備卻變了，變得自大，完完不把曹、孫二人放在眼裡，要一口氣吃掉曹操、孫權的地盤。

這是很危險的，諸葛先生的確說過，跨有荊益，就可以從荊州、益州兩路北伐中原圖謀天下，劉備牢牢記住這句話，可是卻似乎忘記出兵前提是「天下有變」四個字。

現在天下有變嗎？並沒有。

建安二十四年，關羽在東線發動攻勢，進攻樊城。他不會無緣無故發起進攻，極有可能是接到劉備的指示。

不過，令人起疑的是，劉備並沒有同時從西線出兵，諸葛先生說過，得東西兩線同時出兵才行。

關羽發兵樊城，水陸並進，曹仁被層層包圍，樊城危在旦夕。

消息傳來，曹操迅速做出反應，派于禁、龐德前去救援。

救場如救火，于禁同志風風火火、馬不停蹄地往前線趕，終於在城破之前趕到，暫解城圍。龐德同志更是一到前線就放出狠話，「我不殺關羽就是關羽殺我！」彷彿跟關羽有什麼深仇大恨似的。

兩軍相鬥，龐德同志衝上去便只跟關羽單挑，還一箭射中關羽的額頭，看來關將軍的武功不過爾爾。

龐德騎一匹白馬，關羽軍便送給他一個響亮的外號：白馬將軍。

如果這樣發展下去，關羽沒有一點機會。

不過，也許是于禁同志出門前忘了燒香，運氣差得要命，樊城這裡連續下了十幾天的大雨，把軍營全淹了。

要知道，曹操的部隊大多都是北方人，不會水不說，也沒有什麼水上交通工具。

關羽這邊就不同了，人家的兵不僅會水，還有戰船隨伺在旁。

只見雨越下越大，積水越來越多，漢水氾濫，整座樊城都泡在水中，城牆多處損壞，糧草斷絕，成了一座水上孤島。

于禁、龐德等人跑到大堤上避水，遭到關羽戰船圍攻，萬箭齊發。誰也沒想到，于禁竟然選擇了投降，他可是五良將之一啊！

龐德則表現出軍人的氣節，寧死不降，與關羽戰鬥到底，從早上打到午後，連飯都沒顧得上吃，最後彈盡糧絕，手下只剩三個人。他本來打算乘小船跑到曹仁那兒，可是一個浪頭過來便把船打碎，最後被關羽活捉，身亡。

關羽水淹七軍，降于禁、斬龐德的前線消息傳來，曹操這邊立刻震動！襄樊防線一旦失手，中原等於是赤裸裸地暴露在關羽面前，無險可擋，如何是好？曹操召開緊急會議，開始討論遷都的可能性。

這時，司馬懿、蔣濟則表達出不同意見，「劉備、孫權外親內疏，孫權絕對不願意看到關羽坐大，我們可以聯繫他，給他點好處，把江南那疙瘩封給他，讓他去背後捅關羽一刀，樊城之圍自解。」

曹操聽到兩人的意見和建議，連連點頭，「就照你們說的辦！」

曹孫聯盟

關羽軍這邊人心惶惶，身為主將的關羽也猶豫再三。這或許是曹操的詭計，曹操這人喜歡挖坑使絆玩陰的，絕不能上當！

打從關羽主持荊州工作，和孫權做了鄰居開始，孫權早就看劉備關羽不順眼。一開始，孫權同志本著鞏固兩國友好關係的理念，爲自己的兒子向關羽求婚，希望能結爲兒女親家。

沒想到關羽不僅不答應，還狠狠罵了使者一頓，孫權很生氣，但忍下來了。關羽似乎被劉備傳染，性格既自大又剛愎自用，甚至放出話來，「孫權你這個毛小孩，老子說滅你就滅你！」

孫權氣得火冒三丈，給你三分顏色就敢開染坊！別把我的忍讓當做懦弱，我孫權連曹操都不怕了，還怕你關羽？

最後，孫權開始改變戰略，打徐州不如打荊州，全據長江，圖謀天下。

劉備卻沒有察覺到孫權的變化，關羽當然更覺察不到，他們一廂情願地以為孫權會永遠和自己在一起。

沒有永遠的敵人，也沒有永遠的朋友，只有永遠的利益！

孫權親切接待曹操的使者，雙方氣氛親密友好，使者代表曹操對孫權做出的成就大力讚美。

孫權則表示願意和曹操合作幹掉關羽的立場，只是有個條件，絕不能把他們倆合作的事告訴關羽。

曹操表面上答應了，馬上便派徐晃等人趕赴襄樊救援。

徐晃命人把孫權要出兵打關羽的消息綁在箭上，射進樊城及關羽軍營內。

樊城的將士們看了士氣大振，互相慶賀，「兄弟們，咱們有救了！」

關羽軍這邊人心惶惶，身為主將的關羽猶豫再三。這或許是曹操的詭計，曹操這人喜歡挖坑使絆玩陰的，絕不能上當；如果孫權真來了，量他一時半會兒也打不下荊州。

樊城就在眼前泡著，城牆都快塌了，要撤兵實在不甘心。

關羽通知駐紮上庸的蜀將劉封、孟達，希望他們來幫忙打樊城，以免夜長夢多，卻遭到拒絕。

徐晃與關羽是老相識，兩人在陣前話家常，扯了一會兒淡，突然，徐晃下馬宣佈，「得關雲長頭，賞金千斤！」

關羽立刻就傻了，「哥，你什麼意思？」

「這是國家大事！」

雙方一場激戰，關羽敗走，樊城之圍得解。

老謀深算的曹操沒有讓徐晃追擊，反正另一邊有孫權動手，得罪人的事讓他去做就好，自己坐山觀虎鬥。

這時，魯肅同志已死，由呂蒙接替職務，他把辦公地點設在陸口，密切注視荊州關羽的一舉一動。

關羽也想到東吳可能會趁自己不在家時偷襲荊州，便在荊州留下一部分兵力，命令麋芳防守南郡、江陵，士仁則防守公安，同時命他們負責後勤保障。

不料兩人的工作沒做好，關羽很不滿意，罵道：「等我回來再收拾你們！」

為了打消關羽對東吳的顧慮，呂蒙故意請了病假，以治病為由回建業，讓陸遜暫代。那時根本沒幾個人知道陸遜是誰。

呂蒙白衣渡江

呂蒙把精兵藏在船艙中，讓搖槳的人換上白衣服扮成商人模樣，日夜趕路，要是路上碰到關羽的崗哨就說自己是幹買賣的……

陸遜一上任，就給關羽寫了封信，說關羽如何如何威猛，神勇使人崇拜，極盡吹捧之能事，還說自己只是一個百無一用的書生，得請關大英雄多多關照。

關羽本來就不把別人放在眼裡，讀完這封信後，更不知道自己姓啥名何，當眞以爲自己天下無敵。

不出所料，當陸遜接任駐防陸口後，關羽立即放下心防，將荊州守軍調往襄陽參與進攻。

關羽俘虜于禁數萬人，雖然他們是戰俘，但戰俘也是人，是人就得吃飯，關羽見軍糧不夠，便跑到孫權地盤上拿，連聲招呼都不打，態度極其惡劣，人民怨聲載道。

東吳的機會來了！

這時，呂蒙的「病」全好了，自從關羽調走荊州防軍，他腰不酸，背也不痛，腿更不抽筋了，一口氣能跑十里路，精神越來越好！

及時「病癒」後，呂蒙同志便不遠萬里奔赴前線。

途經潯陽時，呂蒙把精兵藏在船艙中，讓搖槳的人換上平民衣服扮成商人模樣，日夜趕路，要是路上碰到關羽的崗哨就說自己是幹買賣的，又是陪笑臉又遞煙的，轉身便俐落地給人一刀，悄無聲息地幹掉崗哨後，繼續前進。

就這樣迅雷不及掩耳，呂蒙軍一直到了南郡都沒被發現。

在南郡，呂蒙軍脫去僞裝，亮出兵刃直攻而去。

士仁和糜芳選擇開城投降，呂蒙大軍兵不血刃地進入南郡，還俘虜了關羽軍家屬，不僅不虐待他們，甚至反而發給他們撫慰金。

呂蒙嚴令士兵不得騷擾城中百姓，不拿群衆一針一線。偏偏有人就違反了！這人是呂蒙的老鄉，只是想拿別人的斗笠，蓋蓋軍中的鎧甲，防止日曬雨淋。

雖然是爲軍隊好，雖然他是呂蒙的老鄉，但違反了軍紀，就只有一條路。

呂蒙淚流滿面，把人斬了。

這阿蒙眞是個能人，人家攻城都是扛著雲梯往上衝，他則是能不打絕對不打，能避免傷亡儘量避免，先跟守將談判，而且派出的代表都是守將的老相識、老朋友，大打友情牌，回回成功，眞是把「不戰而屈人之兵」發揮得淋漓盡致。

想當年，呂蒙同志可是個文盲，大字不認識幾個，寫個報告什麼的都得找人代筆。孫權叫他平時多學習，他就說自己很忙沒空讀書。

孫權哼道：「我又不是讓你去搞學術研究，略爲涉獵就行，你還好意思說你很忙，我從小到大堅持讀書，好處很多，你很聰明，悟性高，多讀讀《孫子兵法》、《左傳》之類的吧！光武帝、曹孟德比你忙吧，人家天天看書，手不釋卷，你自己好好想想吧！」回去後，呂蒙同志謹遵領導教誨開始啃書，進步很快，後來魯肅同志跟呂蒙聊天時，對他的進步甚是驚奇。

呂蒙笑了，「士別三日，即更刮目相看！」

正因這段談話改變了魯肅對呂蒙的成見，臨死前才推薦呂蒙接替自己職務，也才有後來這白衣渡江的傳奇一戰。

107 死後成神仙

被追封為壯繆侯，這倒沒什麼了不起，凡是有名氣的三國人士，死後一般都能追封為侯，可到了後世可就了不得，關羽硬是把其他人遠遠甩到背後。

荊州被孫權攻佔的消息傳來，關羽軍中徹底炸鍋！樊城沒打下來，被徐晃揍了一頓不說，自己的窩反而被人端了，關羽登時傻眼，怎麼樣也想不到，一向的好盟友居然會在背後狠狠捅自己一刀！

在回去的路上，關羽不斷派人到呂蒙那兒瞭解情形。呂蒙熱烈歡迎並接待關羽的代表，帶他到城中四處參觀，考察民情，很多家屬也寫信託人帶回去，說自己得到呂蒙軍的厚待。

代表回去後，軍中將士紛紛前來打聽情況，一聽自己家中無恙，待遇比關羽管轄時還高，懸著的一顆心全放了下來，士氣自然跟著低落，感覺沒跟呂蒙拼命的必要。

事情弄到這般田地，關羽心想，荊州是回不去了，不如去益州吧，劉老闆一定會替自己做主的。

不幸的是，他哪裡也去不了，因爲孫權壓根不想讓關羽活下去！

孫權到達江陵，荊州各級官吏紛紛趕來投降，陸遜更率兵攻佔宜都、夷陵、秭歸等郡，直接切斷關羽入蜀之路。

此時，北有徐晃、曹仁，南有呂蒙，西有陸遜，東有孫權，四面楚歌下，關雲長插翅也難逃。

敗局已定，關羽軍也沒了鬥志，投降逃跑的人不計其數。

此時，關羽眼睛裡肯定也充滿淒涼，最後，領著殘兵進駐麥城（今湖北當陽境），孫權派朱然、潘璋徹底斷絕關羽生路。無力回天，關羽只好假裝投降。

建安二十四年十二月，關羽身邊只剩下十幾個騎兵，最後在章鄉被潘岳部下馬忠生擒，關羽及養子關平、都督趙累一併被斬首。

曾經的萬夫莫敵，如今灰飛煙滅。

關羽被殺的消息很快傳到了益州，劉備差點暈過去，他不僅永遠失去荊州，還永遠失去關羽。

地盤丟了可以再搶，人死卻不能復生。

孫權第一時間把關羽的腦袋送到曹操那，目的就是要告訴劉備，你們家的關羽是曹操指使我殺的，要算帳你找他，沒我的事。

曹操按照諸侯的葬禮規格厚葬關羽。他一直很欣賞關羽，現在關羽去了另一個世界，心裡多少有點難過。

悲痛後的劉備心中滿是仇恨，一心為關羽報仇，仇恨使他喪失理智，結果仇沒報成，連自己也搭了進去。

有些人說，關羽是劉備和諸葛亮借刀殺人故意殺死的，因為怕將來控制不住關羽，才故意不發援兵……對於這種吃飽撐著的評論，筆者只能搖頭以表心中鄙視。

關羽對劉備忠心耿耿，先前已經由曹操向全世界證明這一點。

再者，劉備對待關、張二人，就如父子兄弟一般，關羽更是劉備手下最猛的將領，他雖然生長在北方，但一到南方便能打水仗、治水軍，是「將荊州之軍以向宛洛」的最佳人選，劉備會殺這種人才？真是天大的笑話！

事實上，劉備不是不想救關羽，是根本來不及救！

此前，關羽傳過來的一直是捷報，加上孫權、呂蒙的動作實在太快，那年頭沒有電報電話，通訊極不發達，關羽都死了，劉備才得知荊州失守的消息，就算派援兵也為時已晚。

關羽死了，誰也沒想到，這位將領死後竟然成了萬人敬仰的神仙。

當時被追封為壯繆侯，這倒沒什麼了不起，凡是有名氣的三國人士，死後一般都能追封為侯，可到了後世可就了不得，關羽硬是把其他人遠遠甩到背後。

宋徽宗在崇寧元年追封關羽為忠惠公，從此以後，關羽走上了神壇之路，從「公」到「王」，從「王」到「帝」，地位節節高升。

清同治九年，雲長兄最驚人的封號出現了，足足有二十六個字——忠義神武靈佑仁勇威顯護國保民精誠綏靖翊贊宣德關聖帝君！

更讓人稱奇的是，關羽同志的廟宇在數量上佔據第一，具體有多少座不清楚，只知道光北京就有一百多座，其他地方更不用說。而且不止如此，關羽同志已經衝出亞洲，走向世界，連海外都有他老人家的身影。

關雲長搖身一變成了全民偶像，比神仙還神仙，連玉皇大帝、觀音菩薩都不一定有他風光！

第27章 大結局

當你們看到這段文字時，或許有人會指責嘲笑，有人會罵我。但我心裡怎麼想就怎麼說，不會遮遮掩掩，我曹操就是這樣的人，隨你們怎麼看，我就是我！

告別

曹操還交代了喪葬問題，特地強調要薄葬，不樹不封，不放金銀珠寶。曹丕同學也按他說的辦了，效果十分顯著。

建安二十五年正月，曹操在洛陽病倒，此時他已經六十六歲，很清楚自己剩下的時間不會太多。

一生四十多年的艱難打拼，曹操累了，也該歇歇腳步了，雖然沒能一統天下，但憑這份爲老曹家打下的風光，也沒什麼好遺憾的了。

曹操躺在病床上，閉著雙眼正在回想往事，一個個熟悉的面孔在腦海中浮現。董卓、呂布、袁紹、劉備、孫權……這些人有的被我打敗，有的打敗我，是戰場上可敬的對手。

郭嘉、荀彧、崔琰、陳宮、關羽……你們在另一個世界還好嗎？等我，讓我們做一

回眞正無私的交心朋友。

昂兒、沖兒，你們思念爲父嗎？我馬上就要去見你們了……

四十多年的刀光劍影，歸於平靜，在最後的歲月裡，曹操回歸成一個眞眞實實、有血有肉的普通人。

曹操的遺囑有他獨特的風格，與其他大人物十分不同。這份遺囑，沒有豪言壯語，沒有奮鬥歷程的回顧，更沒有自我吹噓，只有曹操心中最想說的東西。

讓我們來看看曹操的最後遺囑。

在遺囑中，曹操對自己的一生只有一句話：吾在軍中持法是也，至於小忿怒，大過失，不當效也。

然後請大家在自己死後各司其職，隨即文章便開始安排家務瑣事。

我的老婆及歌妓們平時都很辛苦，讓她們住在銅雀台，好好對待她們。在堂中，安置八尺長的床鋪，掛好靈幔，早晚按時供上乾肉乾飯。每月的初一、十五，對著帷帳表演歌舞。你們要經常登上銅雀台，眺望我長眠的西陵墓地。

剩下的香料分給諸位夫人，平時要是沒事幹，可以學學編織草鞋，萬一哪天我們老曹家破產了，至少可以賣草鞋爲生；把我的印綬放到箱子裡保藏好，衣物也要保藏好，實在不行，你們兄弟就分了吧。

我知道，當你們看到這段文字時，或許有人會指責嘲笑，有人會罵我。但我心裡怎麼想就怎麼說，不會遮遮掩掩，我曹操就是這樣的人，隨你們怎麼看，我就是我！

在這份遺囑中，筆者讀到一位有著兒女情長的真性情曹操，他用這段話告訴後人，他和大家一樣都是普通人。

有個人曹操一直十分掛心，就是糟糠之妻丁夫人。當年，曹操把丁夫人趕回娘家後，丁夫人一直沒再回來，他知道自己很對不起她。躺在病床上的曹操曾說：「我去了那邊，子修（曹昂的字）要是問我他媽媽在哪，我該怎麼回答？」

另外，曹操還交代了喪葬問題，特地強調要薄葬，不樹不封，不放金銀珠寶。曹丕同學也按他說的辦了，效果十分顯著，千百年來，曹操同志的墓穴不僅沒被盜，根本也沒人知道他到底被埋在哪兒。

奸雄終局

曹操勝利過，也失敗過，有過低谷，也有高潮，他是那個時代最優秀的統帥，也是那個亂世中最成功的人。

建安二十五年正月庚子，西元二二〇年三月十五日，魏王曹操崩，年六十六。

從二十歲出道，打黃巾、反董卓、占兗州、討陶謙、迎劉協，最後挾天子以令諸侯；征張繡、伐袁術、滅呂布、擊劉備、破袁紹，征烏桓、獨霸中原；征劉表，赤壁兵敗，曹孫劉鼎足而立；擊馬超，打孫權，降張魯，天下三分獨佔其二。

從洛陽北部尉、頓丘令、濟南相、兗州牧、司隸校尉、司空到丞相，從費亭侯到武平侯，再到魏公，最後直至魏王。曹操勝利過，也失敗過，有過低谷，也有高潮，他是那個時代最優秀的統帥，也是那個亂世中最成功的人。

行文至此，是該給曹操一個總評，但筆者想了很久，想出幾段話，最終也沒敢寫上，因為怎麼樣都比不上以下兩段文字。

漢末，天下大亂，雄豪並起，而袁紹虎視四州，強盛莫敵。太祖運籌演謀，鞭撻宇內，攬申、商之法術，該韓、白之奇策，官方授材，各因其器，矯情任算，不念舊惡，終能總御皇機，克成洪業者，惟其明略最優也。抑可謂非常之人，超世之傑矣。——《三國志》

王知人善察，難眩以偽。識拔奇才，不拘微賤，隨能任使，皆獲其用。與敵對陳，意思安閒，如不欲戰然；及至決機乘勝，氣勢盈溢。勳勞宜賞，不吝千金；無功望施，分豪不與。用法峻急，有犯必戮，或對之流涕，然終無所赦。雅性節儉，不好華麗。故能芟刈群雄，幾平海內。——《資治通鑑》

總而言之，言而總之，他不是個好人，更不是個壞人；他極其複雜，又極其簡單。千秋功過，任人評說。

當曹操閉上雙眼的那一刻，所有的一切都已化作煙雲，成為過去，離開了歷史舞台，之前無數人曾在此停留，之後也會有許多人演繹出屬於自己的傳奇。

·全書完

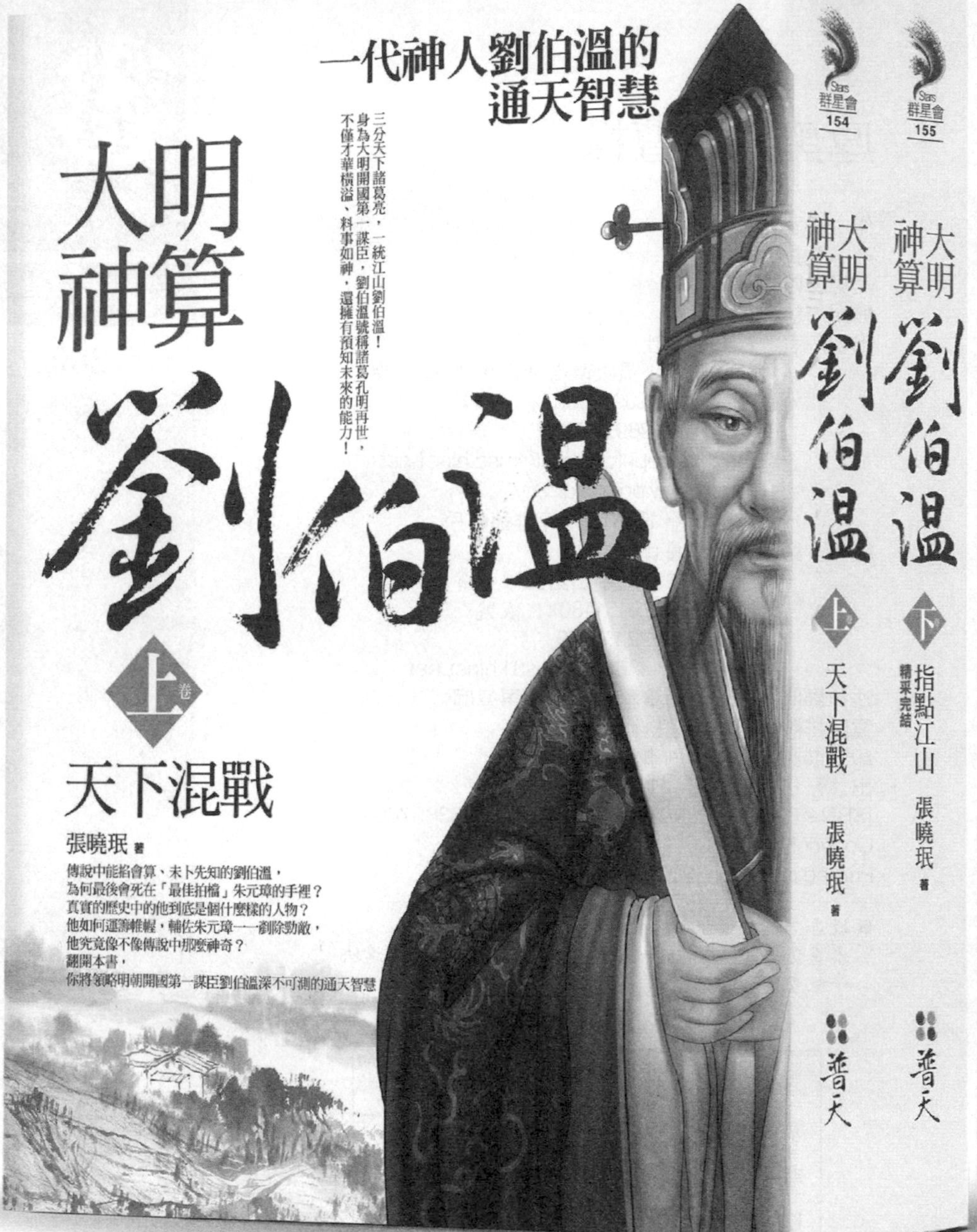
一代神人劉伯溫的
通天智慧
大明神算
劉伯溫
上卷
天下混戰
張曉珉 著
三分天下諸葛亮，一統江山劉伯溫！
身為大明開國第一謀臣，劉伯溫號稱諸葛孔明再世，
不僅才華橫溢、料事如神，還擁有預知未來的能力！
傳說中能掐會算、未卜先知的劉伯溫，
為何最後會死在「最佳拍檔」朱元璋的手裡？
真實的歷史中的他到底是個什麼樣的人物？
他如何運籌帷幄，輔佐朱元璋一一剷除勁敵，
他究竟像不像傳說中那麼神奇？
翻開本書，
你將領略明朝開國第一謀臣劉伯溫深不可測的通天智慧
Stars 群星會 154
大明神算
劉伯溫
上
天下混戰
張曉珉 著
普天
Stars 群星會 155
大明神算
劉伯溫
下
指點江山
精采完結
張曉珉 著
普天

群星會

200

厚黑奸雄曹操

作　　者　齊山峰
社　　長　陳維都
美術總監　黃聖文
編輯總監　王　凌
出 版 者　普天出版社
新北市汐止區康寧街 169 巷 25 號 6 樓
TEL / (02) 26921935 (代表號)
FAX / (02) 26959332
E-mail：popular.press@msa.hinet.net
http://www.popu.com.tw/
郵政劃撥 19091443 陳維都帳戶
總 經 銷　旭昇圖書有限公司
新北市中和區中山路二段 352 號 2F
TEL / (02) 22451480 (代表號)
FAX / (02) 22451479
E-mail：s1686688@ms31.hinet.net
法律顧問　西華律師事務所・黃憲男律師
電腦排版　巨新電腦排版有限公司
印製裝訂　久裕印刷事業有限公司
出 版 日　2021 (民 110) 年 2 月 第 1 版
ISBN◉978-986-389-760-6　條碼 9789863897606

國家圖書館出版品預行編目資料

厚黑奸雄曹操

齊山峰著. —第 1 版. —：新北市, 普天

110.02 面； 公分. - (群星會；200)

ISBN◉978-986-389-760-6 (平裝)

普天之下・盡是好書
普天出版家族
Popular Press Family
凌雲文創
A-Plus Creative Company